生活世界的哲学审思

罗明星　冉　杰　陈志伟　等　著

人民日报出版社

北京

图书在版编目（CIP）数据

生活世界的哲学审思 / 罗明星等著． -- 北京 ：
人民日报出版社，2024．7． -- ISBN 978-7-5115-8379-6

Ⅰ．B

中国国家版本馆 CIP 数据核字第 202496B6N7 号

书　　名：生活世界的哲学审思
SHENGHUO SHIJIE DE ZHEXUE SHENSI

作　　者：罗明星　冉　杰　陈志伟　等

出 版 人：刘华新
责任编辑：寇　诏
封面设计：人文在线

出版发行：人民日报出版社

社　　址：北京金台西路 2 号
邮政编码：100733
发行热线：（010）65369527　65369512　65369509　65369510
邮购热线：（010）65369530
编辑热线：（010）65363105
网　　址：www.peopledailypress.com
经　　销：新华书店
印　　刷：北京市海天舜日印刷有限公司

开　　本：710mm×1000mm　　1/16
字　　数：287 千字
印　　张：17.5
印　　次：2024 年 7 月第 1 版　　2024 年 7 月第 1 次印刷

书　　号：ISBN 978-7-5115-8379-6
定　　价：98.00 元

目 录

第一章 马克思主义视域下的道德

第二章 主体意识与共同体秩序

第三章　唯物主义视域下的历史与空间

第四章　西方资本主义的当代批判

马克思主义视域下的道德

论道德临界空间*

罗明星**

人类的道德生活是空间场域的生活，就像马克思所言："空间是一切生产和一切人类活动所需要的要素。"① 主体的人不仅在道德空间中生活，也在道德空间中创造。通过设置善恶边界建构道德临界空间，为主体的道德行为提供量度指引，促进共同体道德生活的有序化，正是主体道德创造活动的生动体现。

一、道德临界空间的性质

通常，道德空间被看成是道德主体置身其中的社会价值场域，是主体道德意识与道德行为的汇集之地。作为道德空间的限制性概念，道德临界空间是基于道德空间引申出来的伦理概念，是道德善恶发生质态转化的空间场域，其空间阈值受制于主体对善恶边界的主观认定。道德临界空间的善恶边界即主体根据自己能够承受的恶的极限与善的极限设置的心理边界，边界的内外之别直接表征着主体道德判断的善恶之性。虽然我们很难用精确的物理方法丈量道德临界空间的范围，但无疑，作为此在的道德主体，每个人都有对道德临界空间善恶边界的自我界定，并通过对善恶边界的守护维持主体道德人格的完整。道德主体之间亦通过内隐约定达成道德临界空间的承认共识，并

---

　*　本文载于《现代哲学》2022-01-25。

**　罗明星，广州大学马克思主义学院教授，主要研究方向为"道德理论与道德教育"。

①　《马克思恩格斯文集》第 7 卷，人民出版社 2009 年版，第 875 页。

基于彼此尊重实现道德信任，进而促成和谐道德氛围的社会性建构。

道德临界空间的边界由道德临界点集合而成。道德临界点是道德空间性质发生质态转换的心理节点，是道德空间维持其价值平衡的最低条件，只要道德临界点没有被突破，道德空间的平衡态就会保持稳定，道德规制力的有效性就会在道德主体之间存续。由于道德临界空间的边界有善恶两极，依存于善恶边界的道德临界点也有恶的临界点与善的临界点的分界。

恶的临界点即道德主体能够承受的恶的极限。在极限范围之内，主体基于维持共同体的责任可以体现出最大限度的宽容，恶不仅可能被理解，被接纳，甚至可能被善意对待。但超越临界点的恶，则可能突破主体的道德心理底线，构成事实上的道德伤害，主体可能用消极情绪进行道德自卫，用攻击言语进行道德抗争，甚至用激烈行动进行道德对决。我们可以借用费尔巴哈关于沙子的比喻进行说明。费尔巴哈说，一个人将沙子洒在衣袖上，已然是玩笑，但若洒在眼睛里，则是不可原谅的恶毒。在这里，"沙子洒在眼睛里"就是费尔巴哈对恶的临界点的界定：沙子没有洒在眼睛里，意味着主体能够承受的恶的极限没有被突破，行为可以被理解和宽容；反之，沙子洒在眼睛里，则意味着主体能够承受的恶的极限被突破，行为就变得不可原谅。一般来说，只要恶的临界点没有被突破，道德空间中恶的边界就会保持相对完整，主体之间的道德关系就可得以善性维持。

善的临界点即道德主体能够承受的善的极限。在常识中，基于对人之欲望的无限性认知，我们会将主体欲望理解为绝对性的开放存在，即主体会无节制地接受他主体的善意施与。但真实的生活情景并非如此，作为理性的存在者，主体会在自己的空间世界设置善的临界点。在该临界点以内，主体可以接受他主体的善的施与，并伴生道德情感上的感动与感恩。然而，超越临界点的善，却可能给主体造成客观的道德压力，添加不自觉的道德债务，甚至形成非人道的道德绑架。因为作为善的接受者，主体虽然获得了非自给性的利益关照，却无意之中将自己摆在了弱势主体的位置，容易萌生道德人格上的自我否定。所以，尽管善的临界点常常被忽略，但在实际道德生活中善的临界点的设置却是普遍的道德事实。

道德临界空间存在的依据是什么？这是认知道德临界空间存在本性不可规避的现实问题。

恶的临界空间的存在，与其说是人对自己同类的宽容，不如说人类是人对自己灵魂的道德救赎，因为作为道德生活的主体，即便是最善良的人，我们也存在作恶的可能。毕竟，人终究是欲望的存在者，虽然理性可以控制欲望，但理性总有犯困的时候，即使仅仅是理性对欲望的偶然性失控，无约束的欲望也可能立马回归自然状态下的狂野，将主体推入与人为敌的丛林之境，将不义之举施与自己的对象性存在。而且，即便主体能够成为自己欲望的永远主人，理性的主体也可能身不由己的走向不可控制的"平庸的恶"。"平庸的恶"① 是阿伦特针对极权主义提出的道德概念，但是，非极权主义境遇下的"平庸的恶"似乎仍然不可避免，不合理的制度性设置、非理性的社会思潮等，都可能将人裹挟到恶的境遇之中，让人成为平庸的作恶者。所以，在道德临界空间中为恶留下一片容身之地，实质上是主体的"我者之我"与"他者之我"在精神世界真诚对话的结果，是自我人格维持其同一性的必然选择。

保留恶的临界空间，忍受一定限度的恶的纷扰，也是一个人获得真实道德生活的内隐前提。康德认为，每个人都有一种"趋恶的自然倾向"②。这就意味着，恶的存在是道德生活的必然。假如在道德空间中绝对排斥恶的存在，任何形式的恶都被明令禁止，道德空间场域处于彻底的"无菌"状态，这将是道德主体幸运中的不幸，因为这道德的"伊甸园"虽然美好，可惜不在人间。事实上，摒弃临界空间中的道德之恶，至多只是超越真实生活的道德浪漫主义幻想，假若一个人生活在绝对纯化的道德空间，不曾遭受任何形式的恶的污染，可以想象的结果是，就像卫生的洁癖容易让人生病一样，道德上的洁癖也容易让人走向精神上的脆弱。而且，在每个人都存在恶的道德事实面前，恶的道德空间的"零度"设置，必将把真实的人拒斥于道德生活之外，人将因对象性主体的消逝导致类本性的否定，进而在孤独中窒息于道德生活的美好。因此，恶的临界空间的存在，是人在道德交往关系中获得主体资格不可缺少的先在条件，也是道德生活由可能走向现实的基本前提。

善的临界空间的存在，则表征着人作为理性存在者的高贵与圣洁。马克·吐温说，人是这个世界上唯一知道廉耻和需要知道廉耻的动物。善的临界空间设置，正是对人作为廉耻动物的生动注解。临界空间为适度的利他性利益

---

① ［美］阿伦特：《艾希曼在耶路撒冷——一份关于平庸的恶的报告》，安妮译，译林出版社2017年版，第306页。

② 李秋零主编：《康德著作全集》第6卷，中国人民大学出版社2019年版，第36页。

转让提供了可能，主体可以在善的施与中实现爱的表达，让人性的美好以生命感动的形式得以呈现，让属人的生活世界充满温馨，恰如马克思所说"我认识到我自己被你的思想和你的爱所证实。"① 在不突破临界点的善的空间内，善的施与与善的接纳，实质上是主体之间道德权利与道德义务的互认，客观上为主体通过道德行动实现道德价值开辟了绿色的伦理通道。对超越临界空间的善的拒绝，则体现着人在利益面前的道德自律，它可以有效避免善行过度可能给共同体带来的道德误伤。

二、道德临界空间的特点

道德临界空间既有一般社会空间的共性特征，亦有专属自己的空间特性。

道德临界空间是价值空间。查尔斯·泰勒认为，"框架是我们赖以使自己的生活在精神上有意义的东西，没有框架就是陷入了精神上无意义的生活"②，道德临界空间正是通过善恶边界的"框架"设置，赋予空间中的道德主体以生命活动的价值意义。实际生活中，临界空间的道德镜像直接标示着道德主体的价值取向，临界空间阈值则为主体的道德人格提供了经验性直观。空间阈值是表征临界空间大小的量的概念，从临界空间阈值的大小即可判定一个人的道德人格的高低。如果一个人善的临界空间阈值大于恶的临界空间阈值，即一个人可以接受的善的极限大于其可以忍受的恶的极限，如一个人至多可以接受他人施与的 1000 个单位的善，却只能容忍他人施与的 500 个单位的恶，这就是一个具有自私倾向的人。反过来，如果一个人善的临界空间阈值小于恶的临界空间阈值，即一个人可以接受的善的极限小于其可以忍受的恶的极限，如一个人至多可以接受他人施与的 500 个单位的善，却能容忍他人施与的 1000 个单位的恶，这就是一个具有利他精神的人。

道德临界空间是契约空间。它是主体之间关于善恶边界的内隐约定，是基于知觉、信任与责任的心理契约的达成，是自觉意识支配下的道德行为的

---

① 《马克思恩格斯全集》第 42 卷，人民出版社 1979 年版，第 37 页。
② ［加］查尔斯·泰勒：《自我的根源——现代认同的形成》，韩震等译，译林出版社 2012 年版，第 28 页。

默契。道德临界空间本身是关系意义上的概念，正是对象性主体赋予了道德空间以"临界"的意义，没有对象性主体的存在，就没有主体之间的承认共识的形成，道德空间也就失去了边界意义。费希特早在《自然法权基础》中指出，主体间彼此要求对方自由行动，又把自己的行为领域限定在对另一方有利的范围内，这样就形成了一种在合法关系中获得客观有效性的共识。道德临界空间正是主体之间有效性共识的空间表达，是基于彼此道德需要对自身行动设置的道德心理边界。主体之间彼此遵守内心的边界约定，在不突破空间临界点的前提下支配自己道德行为，这既是对契约精神的遵守，也是立足于契约精神的人类友爱情感的生动表达，在此过程中，主体"意识到我和别一个人的统一，使我不专为自己而孤立起来"。①

　　道德临界空间是博弈空间。道德临界空间的博弈本质上是主体之间的利益较量，但博弈追求的结果并不是简单寻求一方对另一方的利益优势；相反，主体间的相互博弈是为了谋求他者的承认，是"为承认而斗争"。② 于是，通过博弈，主体在妥协的基础上实现了相互承认，彼此的善恶极限被认知和理解，最后以温和的方式形成了道德空间的边界约定。当然，道德临界空间的博弈也体现为临界境遇给主体带来的内心煎熬。雅斯贝尔斯对临界境遇曾经有过生动描述：我不得不死亡，我不得不受难，我不得不抗争，我听命于偶然。雅斯贝尔斯虽然是在死亡的意义上言说临界境遇，但主体在置身临界空间边界的时候，有时的确面临着道德上的"生死考验"，是扬善还是从恶，主体往往必须在是否跨越道德空间临界点的一线之间进行决断。跨越了临界点，就意味着共同体道德平衡态的破坏，意味着主体之间和谐道德关系的破裂；不跨越临界点，主体就需要动用强大的意志力，在精神世界恪守理性自我的终极权威，通过坚定维护善恶边界以确保道德临界空间的完整。

三、道德临界空间的分类

　　道德临界空间可以区分为不同类型，每一种类型的道德临界空间均有特

---

① ［德］黑格尔：《法哲学原理》，范扬、张企泰译，商务印书馆 2021 年版，第 199 页。
② ［德］霍耐特：《为承认而斗争》，胡继华译，上海人民出版社 2021 年版，第 68 页。

定的空间阈值，具有不同的价值功能。其主要形态包括三种：

其一，公共性道德临界空间与私人性道德临界空间。公共性道德临界空间是多元主体在公共生活中形成的善恶发生质态转化的边界场域，是在利己性与利他性的整合中所形成的人类生存的共在空间，具有非独占、非排斥且相互依赖、相互分享的社会关系属性。公共性道德临界空间的善恶边界并非天然生成，而是多元主体共有的普遍理性即公共理性的通约结果，正如霍布斯所说，我们不能每一个人都运用自己的理性或良知去判断，而要运用公众的理性，也就是要运用上帝的最高代理人的理性去判断。①

由于公共性道德空间是非限制性的开放空间，道德主体身份的多元化、数量的集聚化以及流动的频繁性，使得以公共理性为基础的道德心理契约的达成相对困难，临界空间的道德边界往往难以清晰界定。但是，公共性道德临界空间一经形成，就会对空间场域的道德个体形成强大约束力，公共舆论的强大外律力量可以编织出无形的道德之网，让试图突破善恶临界点的人面对不堪承受的良心之重。与之相对，私人性道德临界空间是私人生活中形成的善恶发生质态转化的边界场域，是具有排他性质的限制性道德空间。由于立足于私人情感的角色互认比较容易，彼此的道德信任促成了高阶位心理契约的达成，预制了私人性道德空间中相对清晰的善恶边界。较之于公共性道德临界空间，私人性道德临界空间的阈值更大，无论之于恶还是之于善，主体均能够展示出更多的道德宽容。由之可以得到的启示是，如果社会要同时提升公德与私德水平，就必须营造合宜的公共性与私人性道德临界空间。

其二，同位性道德临界空间与错位性道德临界空间。同位性道德临界空间指称的是道德空间中分属于不同主体的道德临界点处于重合状态，即不同主体能够承受的极限之恶与极限之善均处于等值水平。同位状态体现着主体道德认知的高度协调及道德心理的理想契合，主体之间不仅有道德价值取向的一致，而且有道德评价尺度的一致。同位性道德临界空间的形成，实质上是普遍正义在道德主体之间的互认。正如卢梭所说："世上是存在着一种完全出自理性的普遍正义的；但是，这一正义要在我们之间得到认同，就应当是相互的。"②

---

① ［英］霍布斯：《利维坦》，黎思复、黎廷弼译，商务印书馆2009年版，第355页。
② ［法］卢梭：《社会契约论》，李平沤译，商务印书馆2013年版，第41页。

　　在同位性的道德临界空间中，我就是对象化的你，你就是对象化的我，你我的对象性互在构成了真实的"我们"，"我们"通过对共在的善恶边界的遵守成就了各自的主体性。错位性道德临界空间则是不同主体在道德空间中善恶临界点处于非同位状态，表征着道德主体之间善恶观念的非一致性。比如，A 能够承受的恶的极限是 1000 单位，B 能够承受的恶的极限是 800 单位，A 与 B 在恶的临界点之间就出现了 200 单位的错位。道德临界空间的错位程度取决于主体道德认知的差异程度，主体之间道德认知差异愈大，则道德临界空间的错位就愈大；反之，主体之间道德认知差异愈小，则道德临界空间的错位就愈小。道德临界空间的错位往往是主体之间道德矛盾发生的直接原因，由于人们习惯用自己的善恶临界点去推度对象性主体的善恶边界，忽略了彼此之间临界空间的错位现实，往往会在不经意间突破对方的善恶底线，引发事实上的道德矛盾。

　　所以，在道德临界空间存在错位的情况下，为了避免道德上的误判，应该遵循临界空间最小化原则，即以双方都认可的重叠区域界定空间阈值，将道德行为限制在对象性主体可接受的善恶边界之内，而不应该放大到自己界定的单向度的临界空间之中。

　　其三，对称性道德临界空间与非对称性道德临界空间。通常，对称是指依据一假设的中心线（或中心点），在其上下或左右配置等量对应的结构形式。将这一界定引入道德空间，对称性道德临界空间即善的临界点与恶的临界点在空间上处于对称位置，或者说，善的空间阈值与恶的空间阈值处于对等状态。其价值性的表述就是，主体可以接受的恶的极限与可以接受的善的极限处于等值水平。对称性道德临界空间体现着道德权利与道德义务在主体精神世界的平衡，是一种带有理想主义色彩的道德生活状态。事实上，主体在现实生活中不可能精确度量善与恶的空间阈值，所谓的道德临界空间的对称性只能是基于主体主观判断的相对对称。对称性道德临界空间体现着主体的道德理性，是权利与义务对等的正义原则在主体精神世界的自我建构。与之相反，非对称性的道德临界空间即善的临界点与恶的临界点在空间上处于非对称位置，善的空间阈值与恶的空间阈值处于非对等状态，主体可以接受的恶的极限与可以接受的善的极限处于非等值水平。非对称性道德临界空间表征着主体的道德人格水平，当我们对现实生活中的人进行的利己与利他的区分就是基于道德临界空间的非对称性表达。可以说，道德临界空间的对称性与非对称性，创造了道德之善与道德之恶，让社会生活在利己与利他之间呈现出绚丽的道德色彩。

四、道德临界空间的价值

海德格尔说，人的"良知只在而且总在沉默的样式中言谈"①。道德临界空间的存在，正是主体内在良知呼唤的结果，临界空间通过对人的道德限制让人获得了真正的道德自由，让人的心灵"解脱了它的客观存在的窄狭局限，抛开它的尘世存在的偶然关系……实现它的自在自为的存在"②。

道德临界空间为主体的道德行为提供了清晰的行动边界。由于"与空间方向感相联系的迹象存在于人类心灵极深处"③，因此，道德空间可以提供一种精神直觉，让人在特定的境遇中做出惯性化的道德选择。但是，人在道德空间中又不能仅仅依靠精神直觉做出选择，还必须有对道德行为边界的清晰认知，只有这样，主体才可以在不突破道德临界点的道德空间内行使最大限度的道德自由。道德临界空间的意义就在于，主体并不是简单依据抽象的道德规则进行价值上的善恶判断和行为上的利益取舍，而是依据对象性主体的道德空间边界规范自己的道德行为。这样，主体在道德临界空间上的守约之举传递了类主体的相互尊重，不仅在伦理上符合普遍性的道德公义，而且在心理上满足了对象性主体的情感需求。同时，道德临界空间亦为主体提供了可以预期的道德后果，对道德临界点具有敏感知觉的主体深知，守护道德空间中的善恶边界，就是守护属于自己的道德生活。

道德临界空间让主体在理性的道德判断中获得自由的道德生长。道德临界空间预制了主体的道德反思机制，即主体在防御性地设置恶的临界点的同时，亦为自己设置了不可逾越的可能给他人带来伤害的恶的极限；在设置善的临界点的同时，亦内在规定了自己之于他人可以施与的善的极限。为了让自己的临界空间与对象性主体的临界空间最大限度重合，让道德临界空间成

---

① ［德］海德格尔：《存在与时间》，陈嘉映等译，商务印书馆 2019 年版，第 378 页。
② ［德］黑格尔：《美学》第 1 卷，朱光潜译，商务印书馆 2019 年版，第 121 页。
③ ［加］查尔斯·泰勒：《自我的根源——现代认同的形成》，韩震等译，南京译林出版社 2012 年版，第 40 页。

为彼此真实的拥有，主体的人不断实现与对象性主体的角色互换。正如列维纳斯所说，在瞄准和追逐着我的恶中，他人遭受的恶能触及我；我在自身的痛苦中察觉他人的痛苦，仿佛在我悲叹自己遭受的恶和痛苦。① 临界空间建构带来的道德反思，促进了主体的良心发现，让善良意志以主观形态走向客观真实。同时，由于交往对象的变化，主体必须依据对象性主体的道德偏好界定与之适应的道德空间阈值，于是，道德临界空间的置换活动客观上成为主体道德知识增长与道德判断能力提升的过程，成为主体道德经验积累与道德信心自我确证的过程，主体在道德临界空间中让自己愈来愈成为自己道德上的主人。

道德临界空间为共同体道德秩序的建构创造了条件。道德临界空间的形成过程是主体之间道德心理契约的缔结过程，作为非正式的、未公开说明的相互期望的内隐约定，心理契约促进了主体对共同体内部道德共感关系的深度确认，为共同体道德秩序的建构提供了基础性的伦理支撑。恶的临界空间设置，意味着生活中偶发的非原则性的恶的行为可以被原谅，体现着主体对自己同类的宽容与大度，这大大降低了生活世界的道德矛盾发生概率，避免了无意义的道德苦难的滋生。善的临界空间设置，既保留了主体的善的施与权利，又避免了无节制的善的放纵，保证了共同体成员之间爱的情感的可持续性。主体对道德临界空间边界的遵守，体现着其对共同体责任的道义担当，客观上促进了共同体成员之间的信任增加与情感增益。可以说，共同体秩序的建构就是维持道德临界空间的平衡，只要主体共同扼守临界空间的道德边界，共同体就能维持其道德上的和谐与美好。

五、道德临界空间的建构

人类的道德活动过程就是道德临界空间的建构过程。道德临界空间并不如康德所言是"先天的感性直观的纯形式"，而是能动的主体通过道德实践对属己的生活方式的建构。恩格斯指出："人是唯一能够挣脱纯粹动物状态的动

---

① 刘文谨：《从苦恼到朝向他者——列维纳斯关于恶的现象学》，《上海师范大学学报》哲学社会科学版 2019 年第 6 期。

物——他的正常状态是一种同他的意识相适应的状态，是需要他自己来创造的状态。"① 道德临界空间正是主体的人基于意志自由对生存状态的自我创造。

道德临界空间建构受诸多因素影响，其中，利益计较值、关系亲密度及价值契合度的影响最为直接。利益计较值是主体对利益产生道德情感反应的临界值，未达到计较值水平的利益，不足以引起主体的道德关注。利益计较值的大小直接关涉道德临界空间阈值的大小，一般来说，利益计较值愈大，道德临界空间的阈值愈大，善恶临界点被突破的可能性愈低。反过来，利益计较值愈小，道德临界空间的阈值愈低，善恶临界点被突破的可能性愈大。所以，优化道德临界空间内在结构，必须通过社会经济发展整体提升主体的利益计较值水平。关系亲密度即主体之间情感关系的紧密程度。如果主体之间是亲戚、朋友、邻里等熟人关系，对象性主体与自己有交往中的情感积淀，关系亲密度相对较大，道德临界空间的契约性建构就相对容易。但是，如果主体之间是随机性的陌生人关系，对象性主体于自己是未知的必然性存在，关系亲密度相对较低，合宜的道德临界空间建构就相对困难。历史上，为了拓展陌生人之间的道德临界空间，宗教文化让陌生人基于宗教信仰建立世俗化的亲密关系，民族文化则通过血缘或地缘中介铸造情感的紧密性，这些措施客观上通过密切主体关系实现了道德临界空间的拓展。价值契合度即主体之间价值理念的统一程度，通常，具有相同价值理念的人更容易缔结道德心理契约，营造更开放的道德临界空间。虽然实际生活中价值理念差异是生活的常态，但因为有效社会交往不能"以自我为中心相互介入"，② 人性的共通性可以在一定程度上弥补价值理念的差异性，让拥有不同价值理念的主体结成事实上的道德共同体。就如我们所见，有神论者与无神论者、自由主义者与保守主义者、功利论者与道义论者，尽管其在价值理念存在差异甚至对立，却仍能在共同体中维持道德临界空间的平衡，做到与对象性主体的和谐相处。

压缩性建构与拓展性建构是道德临界空间的两种基本建构方式。压缩性建构就是通过挤压道德临界空间，降低临界空间阈值，实现道德场域的生态改善，为道德生长创设条件。压缩恶的临界空间，就是将恶的临界点朝"零度"方向位移，降低恶的容忍指数，最大限度避免恶的道德伤害，尤其在公

① 《马克思恩格斯文集》第 9 卷，人民出版社 2009 年版，第 408 页。
② [德] 尤尔根·哈贝马斯：《交往行为理论》，曹卫东译，上海人民出版社 2004 年版，第 101 页。

共生活领域，对恶的临界空间压缩，往往是纯化社会道德风气的绝然之举。例如，为了营造讲诚信的社会化道德生态，将欺骗之恶的临界空间压缩至"零值"状态，以强大的社会法权力量和道德力量规制欺骗行为，让所有的欺骗行为均付出高昂的利益代价，就可以对欺骗行为进行有效抑制。压缩性建构也可以体现为对善的临界空间的挤压，毕竟，善的无度不仅使善本身贬值，而且无节制的善的施与也会为恶的滋生提供异化了的道德土壤。因此，压缩性道德临界空间的建构仅仅是一种技术手段，并不具有特定意义的价值指称，其善恶性质应该依据真实的道德情景进行具体解读。拓展性建构则是通过道德临界空间的边界延伸，扩大临界空间阈值，为道德生长提供更加开放的空间支持。恶的临界空间拓展可以提升主体对恶的容忍极限，善化共同体交往氛围，主体从他主体的友善中可以享受更多的道德自由。但是，假若恶的临界空间拓展过度，拓展性建构就可能走向拓展性破坏，恶的宽容就可能成为恶的放纵。善的临界空间拓展具有同样的道德机遇与道德风险，提升主体对善的接纳极限，既可能催生奉献性的道德善举，也可能助长嗜好嗟来之食的无耻之耻。所以，道德临界空间拓展并不具有天然的道德合理性，拓展性建构只有在适宜的道德限度内，才有利于共同体道德自组织能力的完善，有利于主体道德水平的提升。

　　道德临界空间建构的困难在于，善恶的主观性制约了主体之间善恶临界点的精确定位，弱化了道德临界空间的边界清晰度。善恶是一种主观极强的自我意识，由于"自我意识只有在一个别的自我意识里才获得它的满足"[①]，而主体的我相对于对象性的你，我总是你的自我意识的局外人，虽然我们共处此岸世界，但你的自我意识是什么，对我的自我意识而言，永远是彼岸世界的秘密。正是由于寄存于自我意识之中的善恶分属于两个不同的主体世界，所以，道德临界空间中的善恶临界点永远只能是主体的彼此推度，善恶边界也只是一种无形与近似的心理存在，这就是为什么即便是最默契的知己也可能有逾越善恶临界点而发生道德碰撞的时候，尽管碰得头破血流，却找不到伤口的所在。所以，善恶主观性带来的道德边界模糊，是道德临界空间建构必须恒久面对的道德难题，尽管如此，人类还是必须建构自己的道德临界空间，因为主体的人必须也只能在有边界的道德空间中生活。

　　[①]　[德]黑格尔：《精神现象学》上卷，贺麟、王玖兴译，商务印书馆 2019 年版，第 137 页。

基于德性法律论证理论的程序正义标准[*]

冉　杰[**]

一、问题的提出：对现有解题路径的批判性反思

法律论证理论将立法、司法和执法等法律决策过程看成是一个论证过程，即依照一定标准来证明法律决策的正确性的过程，这些标准既包括正义标准、自由权标准、事实标准等实质性标准，也包括法律决策应该遵循的程序性标准或程序正义标准。从广义的法律论证理论角度看，西方学界主要从德性伦理学理论和人文主义两条路径来解决法律决策的程序正义标准问题，但都存在着一定的理论困难而令人质疑，因而这仍然是一个需要进一步解决的问题。

（一）德性伦理学理论有关法律论证程序正义标准的思想及缺陷

德性伦理学理论包括古典的德性伦理学理论、基于主体的德性伦理学理论和基于善的德性伦理学理论。德性伦理学理论以人性之外的共同善（包括特定社会共同体的共同善和最高的共同善）或善人为依据的立场[③]，可以为建

　＊　本书基金项目：国家社会科学基金一般项目"乡村振兴视域下基层干部依法治理乡村的能力提升研究"（18BKS110）。本文载于《江汉论坛》2022-12-15。

　＊＊　冉杰，中共党员，现任广州大学马克思主义学院副院长、教授、硕士生导师，兼任广东省科学社会主义学会（政治学会）理事、广东省中国特色社会主义理论体系研究中心广州大学研究基地特聘研究员。主要从事法理学、中国特色社会主义法治建设和法治教育的研究与教学。

　③　现代德性伦理学也被称为新亚里士多德主义。Michael Slote 认为，德性伦理学与关于德性的理论的最大区别在于将德性看成是理解其他伦理概念或道德本身意义的核心，除早期亚里士多德为代表的伦理理论外，它包括基于主体的德性伦理学理论和基于善的德性伦理理论。本文的立场与 Michael Slote 一致，并因此认为：其一，苏格拉底、柏拉图、亚里士多德、阿奎那的伦理学是德性伦理学，因为他们的伦理学正是以德性为其伦理学的核心概念的。这也合乎学界的主流看法。其二，关于德性的理论不是德性伦理学，不纳入本文的考察范围内。其三，关涉法律论证的德性伦理学的各种理论都可以被看成是一种法律论证理论。

立法律论证的程序正义标准提供重要的启发，但也存在着较大的缺陷。

第一，以共同善作为依据可以满足法律论证程序正义标准的公共性要求。法律论证的公共性必然要求其程序的公共性，因而程序正义标准的建立必须以具有公共性的原则作为依据。共同善作为特定社会共同体的善或最高的共同善恰恰具备这一特点。

第二，以善或善人作为依据可能满足法律论证程序正义标准的正当性要求。要证明某一法律决策或评价所依据的程序标准是正确的，必须证明这一程序标准是正当的。而程序标准的正当性在根本意义上取决于其依据的正当性。以善或善人作为依据可以满足这一需求，因为善意味着正当。

第三，以特定社会共同体的共同善作为依据还可以满足法律论证程序正义标准的经验性需求。程序标准是为了保障实质标准的实现，但是在实质标准确定之后，什么样的程序标准才能保障这些实质标准得以实现？这不纯粹是一个演绎的问题，而是需要经验的支持。实质标准的实现受社会现实中各种因素的影响，这些因素在时间和空间中变化。而特定社会共同体的共同善是由特定社会共同体所确定的，它会随着社会共同体的不同和同一社会共同体的历史变化而变化，充分反映了特定社会的经验，从而能够满足程序标准的经验性要求。

第四，德性伦理学理论存在着较大缺陷。基于主体的德性伦理学理论是以善人作为依据来解决法律论证问题的，但对于谁是善人、善人在面对行为人所面对的场景时会怎么做等问题没有给出一个确定的答案，而且早期的德性伦理学理论和基于善的德性伦理学理论都没能给出一个具有公共性的共同善，因而它们都不能满足法律论证程序正义标准的公共性要求。

（二）人文主义的法律论证程序正义标准及其理论困难

与德性伦理学理论以人性之外的共同善或善人为依据建立法律论证程序正义标准的路径不同，人文主义试图依据人性来解决问题。这虽然摆脱了神性的桎梏，将法律论证标准的公共性建立在人性的普遍性之上，但它一开始就面临着以下理论困难：从人性的事实推导出价值意义上的"应该"是否符合逻辑？人性的多样性及其相互之间的矛盾如何能够确保我们的选择没有争议从而满足法律论证的公共性需求？这些困难会在其具体理论形态中一一呈现出来。

第一，功利主义不能证立法律论证的程序正义标准。从边沁开始，功利主义者试图建构其程序正义标准。功利主义者根据不同行动方案给社会带来的利益或减少的不利的量来决定行为选择：给社会大多数人带来的利益越多的行动方案是正确的，反之则是错的。功利主义虽十分契合人们趋利避害的本性，但是功利主义存在着难以解决的理论难题，其最大的难题是计算问题。因为，快乐和痛苦都是人的心理感受，对其进行精确的量化是不可能的；功利主义对快乐和痛苦的计算是为行为决策提供依据的，因而是预测性的计算，但是由于受预测范围、未知因素的限制，这样的预测性计算是很不准确的。另外，功利主义的最大多数人的最大幸福概念无疑会牺牲少数人的利益，正因为如此，罗尔斯认为功利主义是不正义的。[①] 因而从本质上说，尽管功利主义能够确立起以效益为核心的程序标准，但它不能证立这些标准。

第二，社会契约论不能证立法律论证的程序正义标准。社会契约论认为，社会中的公民之间或者公民与政府之间存在着一种契约，社会是一个争取共同利益的集体协议的结果，个人放弃其自然权利的一部分或全部，以换得组建一个能够为他们的权利提供安全性、稳定性和保护的中央政府，或作为其一部分。例如，卢梭认为通过社会契约创建的是一种能以全部共同的力量来维护和保障每个结合者人身和财产的结合形式，使每个人在这种结合形式下与全体相联合的人所服从的只不过是他本人，而且同以往一样自由。[②] 社会契约论实际上是一种人文主义的程序正义理论，它以人是理性的自我利益最大化者和每个人都是自主的为理论基础，力图建构起具有普遍性的法律决策的程序正义标准：每个人平等参与，提出自己的想法，在自愿的基础上形成合意。

但是社会契约论存在着如下几个困难：其一，认为过去存在真实契约的社会契约论者需要说明，为什么那些契约对现在的人们还有约束力？其二，认为社会契约只是假想的学者则可能面临着更为艰巨的问题——为什么人人都要遵守这种"假想的同意"（尤其是一群想象中的人的"假想的同意"）?[③]

---

① John Rawls, *A Theory of Justice*, Massachusetts：The Belknap Press of Harvard University Press, 1999, p. 23.
② ［法］卢梭：《社会契约论》，李平沤译，商务印书馆 2011 年版，第 18–19 页。
③ ［美］布赖恩·H·比克斯：《牛津法律理论辞典》，邱昭继等译，法律出版社 2007 年版，第 221 页。

其三，即使真的存在这种契约，人们通过契约达成的合意一定是正确的吗？这些问题的存在表明，社会契约论可能是误导性的。①

第三，商谈理论不能证立法律论证的程序正义标准。商谈理论基于人的交往理性。哈贝马斯认为合理性问题是哲学研究的传统主题②，一切合理性问题都可以依据交往理性得到解决。交往理性概念的核心内涵是通过商谈（论证）达成共识③，商谈的进行必须遵循一系列话语伦理规则④。阿列克西据此建立起了法律论证的一般性程序规则：一是基本规则，要求参与论辩的言谈者均不得自相矛盾，意思表示要真实⑤；二是理性规则，要求赋予参与论辩的言谈者平等、自愿参与论辩的权利，同时必须承担理性论辩的义务⑥；三是论证负担规则，要求参与论辩的言谈者承担为自己的主张进行论证的义务⑦；四是要求参与者的论证要符合逻辑形式⑧；五是证立规则，任何人提出的规范性命题所预设的规则必须具有普遍性，能够被所有人接受，并且能经得起批判的和历史的检验，而且自己也接受该规则的约束⑨；六是过渡规则，论辩领域没有限制，任何人在任何时候都能够转入不同领域的论辩⑩。

阿列克西精心设计的程序性规则肯定了平等、自由和理性的价值，对于通过论辩形成有效共识有重要的参考价值，但也存在着较大缺陷：首先，一

---

① ［美］布赖恩·H·比克斯：《牛津法律理论辞典》，邱昭继等译，法律出版社 2007 年版，第 221 页。

② ［德］尤尔根·哈贝马斯：《交往行为理论》，曹卫东译，上海人民出版社 2004 年版，第 1 页。

③ ［德］尤尔根·哈贝马斯：《交往行为理论》，曹卫东译，上海人民出版社 2004 年版，第 10 页。

④ 转引自章国峰：《关于一个公正世界的"乌托邦"构想》，山东人民出版社 2001 年版，第 152 页。

⑤ ［德］罗伯特·阿列克西：《法律论证理论——作为法律证立理论的理性论辩理论》，舒国滢译，中国法制出版社 2002 年版，第 234–235 页。

⑥ ［德］罗伯特·阿列克西：《法律论证理论——作为法律证立理论的理性论辩理论》，舒国滢译，中国法制出版社 2002 年版，第 239–241 页。

⑦ ［德］罗伯特·阿列克西：《法律论证理论——作为法律证立理论的理性论辩理论》，舒国滢译，中国法制出版社 2002 年版，第 244–246 页。

⑧ ［德］罗伯特·阿列克西：《法律论证理论——作为法律证立理论的理性论辩理论》，舒国滢译，中国法制出版社 2002 年版，第 247–250 页。

⑨ ［德］罗伯特·阿列克西：《法律论证理论——作为法律证立理论的理性论辩理论》，舒国滢译，中国法制出版社 2002 年版，第 252–255 页。

⑩ ［德］罗伯特·阿列克西：《法律论证理论——作为法律证立理论的理性论辩理论》，舒国滢译，中国法制出版社 2002 年版，第 256 页。

般的语用—论辩规则不能应用于法律过程①。在法律争论中，一方或双方当事人不愿意根据理性讨论的要求去行为。② 如果让当事人来决定是否遵守规则，那将会阻碍争议的理性解决。因此，决定当事人是否应遵守什么程序规则那是法官的事。③ 其次，商谈理论的论辩程序规则都是纯形式的，一个纯形式的程序规则如何能够确保得出内容正确的结论？

第四，综合性程序正义理论不能证立法律论证的程序正义标准。在致力于法律程序正义标准建构的理论中，有的学者并不是仅仅立足于某一种理论，而是试图综合各种理论来为其正当程序标准提供支持。综合性程序正义理论吸取各方思想建立了评价法律程序正确与否的三个标准：经济效益标准、道德收益标准、过程价值标准④。根据这三大标准，综合性程序正义理论提出了自己的正当程序规则或标准：无偏私；获取听审的机会⑤；提供裁判理由⑥；形式正义，包括一致性、遵循先例和遵从规则等。

综合性正当程序理论融合了英美 20 世纪 60 年代以来的相关学说，吸取了各学说的优长并将其置于一个融贯的理论体系中，产生了较大影响。但是，其本身仍然存在着以下缺陷：首先，其关注的主要是司法程序，对立法程序等法律程序关注不够。其次，建立起来的正当程序规则依据的理论有功利主义理论、社会契约论和商谈理论，而正如前文所分析的，这些理论本身具有缺陷，这也使得其正当程序规则一开始就建立在不太牢固的基础上，这无疑降低了其理论和实践价值。

---

① EvelineT. Feteris, ADialogical Theory of Legal Discussions: Pragma-Dialectical Analysis and Evaluation of Legal Argumentation, *Artificial Intelligence and Law*, 2000, 8, p. 129.

② EvelineT. Feteris, ADialogical Theory of Legal Discussions: Pragma-Dialectical Analysis and Evaluation of Legal Argumentation, *Artificial Intelligence and Law*, 2000, 8, p. 129.

③ EvelineT. Feteris, ADialogical Theory of Legal Discussions: Pragma-Dialectical Analysis and Evaluation of Legal Argumentation, *Artificial Intelligence and Law*, 2000, 8, p. 130.

④ ［美］迈克尔·D·贝勒斯：《法律的原则——一个规范的分析》，张文显等译，中国大百科全书出版社 1996 年版，第 32 页。

⑤ ［美］迈克尔·D·贝勒斯：《法律的原则——一个规范的分析》，张文显等译，中国大百科全书出版社 1996 年版，第 51 页。

⑥ ［美］迈克尔·D·贝勒斯：《法律的原则——一个规范的分析》，张文显等译，中国大百科全书出版社 1996 年版，第 103 页。

二、德性法律论证理论的基本立场

德性法律论证理论对德性伦理学理论稍加改造，以人类繁荣作为最高的共同善并以此为依据来确证法律论证的程序正义标准，一方面试图解决现有德性伦理学理论的公共性问题，另一方面力图避免人文主义从事实推出"应该"的逻辑困难和人性的多样性问题，企图为解决法律论证的程序正义标准问题提供一个新的方案。

（一）价值选择行为由事实、价值规范和共同善构成

德性法律论证理论坚持基于善的德性伦理学的立场，认为人类价值选择行为由事实、价值规范（德性）和共同善三部分构成，力图避免人文主义的理论困难。

事实判断是客观的，可以被经验证实或否证，而价值判断引导我们的感情、态度和行为，是主观的、有歧义的和不能被感觉证实的。① 二者存在着本质的差别，不能相互直接推导。很多学者从不同角度具体地分析了从事实判断推出价值判断的错误。例如，图尔敏认为，有人将善看成是客观事实属性或将善与人的主观情感联系起来，这两种具体的错误有一个共同的渊源：将善或正当看成是客体的属性或主体的反应，这都是事实问题，不需要理由，即善没有理由。②

德性法律论证理论不从事实判断推出价值判断，而是从共同善推出价值规范（判断），克服了人文主义从"是"直接推出"应该"的错误。因为，善包括共同善本身就是价值选择的结果，就是"应该"，不是能够为人们所共同感知的经验存在物或其属性，因而它不是事实。它是实践的目的，反映了人们的欲求或希冀③，体现了人类的自由本性，是人们自由选择的结果，是人

---

① Kurt Baier, *The Moral Pointof View: A Rational Basis of Ethics*, NewYork: Cornell University Press, 1958, p. 65.

② Kurt Baier, *The Moral Pointof View: A Rational Basis of Ethics*, NewYork: Cornell University Press, 1958, p. 44.

③ ［古希腊］亚里士多德：《尼各马可伦理学》，廖申白译注，商务印书馆 2003 年版，第 3-4 页。

们基于生活经验设定的远离、高于生活经验的生活理想。正因为如此，亚里士多德认为基于善或共同善的道德德性（价值规范）在我们身上的养成既不是反乎自然，也不是出自于自然的。①

（二）人类繁荣是法律论证的最高依据

德性法律论证理论认为必须存在最高的共同善作为法律论证的最后依据。有学者认为存在生命、知识、游戏、审美体验、交往、实践合理性和宗教等并列的基本共同善，而不存在更高的、可以统摄它们的善。② 就个体而言，这样说也许是对的，但就社会公共生活而言，这样说就不正确了。因为这些善并不总是相互协调一致的，比如知识与宗教之间就有冲突；而且，由于资源等因素的限制，这些善可能无法同时得到满足，或满足的程度会有差异。这时，如果没有一个最高的善，那么这些善之间的冲突就无法解决，而这就会使公共的生活成为不可能。所以，在共同的善中必须存在着一个最高的共同善。

这个最高的共同善是什么？不同于现有德性伦理学思想将最高的共同善界定为幸福、生活得好等的立场，德性法律论证理论将最高的共同善确定为人类的繁荣，以满足法律论证的正当性和公共性需求，运用语义场分析方法可以对这一最高的共同善作出如下界定：

第一，繁荣是一种生存活动。繁荣的同义概念包括兴旺、昌盛、荣盛等，而反义概念包括萧条、委顿等，这些概念的共同之处在于它们描述的都是处于特定状态的人或物的生存活动，因而繁荣的上位（义）概念（即属加种差定义方法中的属）是生存活动，也就是说繁荣可以被界定为一种生存活动。

第二，繁荣是多而富有生气的生存活动。"繁"是多的意思。如《淮南子·氾论训》有云："齐人有盗金者，当市繁之时，至掇而走。"③ 而"荣"本意是指草木开花（绽放），如《桃花源诗》中的"草荣识节和"，后来引申为生机勃勃的存在，如《归去来辞》中的"木欣欣以向荣"。④ 在英文中，表述繁荣的词有"prosperity"和"flourishing"，不过，作为与亚里士多德的

---

① ［古希腊］亚里士多德：《尼各马可伦理学》，廖申白译注，商务印书馆 2003 年版，第 36 页。
② John Finnis, *Natural Law And Natural Rights*, Oxford: Clarendon Press, 1980, pp. 86-90.
③ 夏征农主编：《辞海》，上海辞书出版社 1999 年版，第 3373-3374 页。
④ 夏征农主编：《辞海》，上海辞书出版社 1999 年版，第 4625 页。

"eudaimonia" 对应的英文表达，学界一般使用的是 "flourishing"，因为它的动名词特征符合 "eudaimonia" 的动名词特征。"flourishing" 的动词含义是 "tobloom" "togrowluxuriantly"，也就是 "开花、绽放" "繁茂地生长" 的意思，与汉语中 "繁荣" 的意思是一致的。[①] 由此，可以看到，繁荣与兴旺、昌盛近义，但也有差异。兴旺偏重于描述生机，而昌盛着力于多。与此不同，繁荣与萧条、委顿、破败是反义关系，后面的几个词反映的是一种少而缺乏生气的生存活动。根据繁荣与这些同位概念的差别，可以将它界定为多而富有生气的生存活动。

第三，繁荣包括自然的繁荣和人类的繁荣，也包括经济、政治、文化等方面的繁荣。这些是繁荣的下位概念，是繁荣的外延，是繁荣的具体表现形式。

第四，可以由此将人类的繁荣界定为人类多而富有生气的生存活动。它主要包括政治繁荣、经济繁荣、文化繁荣等形式。

要完全准确地理解人类繁荣这一概念还需要准确把握其成为可能的条件。在这里，对于人类繁荣的充分条件是什么的问题，人们似乎难得有清楚而一致的观点。不过，这并不意味着人类繁荣不可把握，如果从它的必要条件着手的话。

（三）人类繁荣有其必要条件和客观要求

第一，人类繁荣首先意味着许多人的健康存在，因为只有在许多人健康存在的条件下，人类的存在才可能是很多人有生气的存在。因此人类繁荣需要以作为类的人的健康存在为必要条件，而这必然要求尊重人的生命健康权。

其实，人类很早就意识到有着健康生命的人的存在对于人类社会的重要性。古巴比伦的《汉谟拉比法典》中规定了侵犯人身的犯罪，禁止非法侵犯人的生命健康权。[②] 我国夏朝立法规定：与其杀不辜，宁失不经。惧失善也。[③] 这反映了我国早期立法者就认识到了生命的价值。西周时期的刑法规定：凡杀人者，踣诸市，肆之三日。[④] 这是通过严刑峻法来抑制杀人行为，同

---

① 《The Chambers Dictionary》，现代出版社 1995 年版，第 643 页。
② 何勤华、李秀清主编：《外国法制史》，复旦大学出版社 2002 年版，第 13 页。
③ 浦坚编著：《中国古代法制丛钞》，光明日报出版社 2001 年版，第 12 页。
④ 浦坚编著：《中国古代法制丛钞》，光明日报出版社 2001 年版，第 63 页。

样表达了对生命的敬重。

到了近代，生命健康权被西方学者看成是一种天赋人权，为许多国家作为立法的依据并在法律实践中加以保护。例如美国的《独立宣言》宣称：所有人被造物主赋予了不可剥夺的权利，其中包括生命权。[1] 我国当今法律制度也有很多专门用于保护生命健康权的规定，如刑法中杀人罪、伤害罪、绑架罪、放火罪等的设置就是旨在保护生命健康权。

正是充分认识到生命健康权对人类社会的价值，《世界人权宣言》第三条规定：人人享有生命、自由和人身安全权。由此可以看到，对于生命健康权的尊重已经成为国际社会、人类整体的共识。

第二，从人类繁荣的概念可以推出它需要以人与人之间的和谐关系为条件，要求建立和维护和谐的人际关系。因为，没有人与人之间的和谐关系，各种冲突特别是战争就会严重威胁人们的生命健康，损害财产安全，影响人们致力于社会建设，从而阻碍人类社会的繁荣。人类和谐关系的重要性可以通过法学家和法律制度对人类和平的重要性的认识和肯定来加以说明。

在近代，西方学者将人类和平上升到自然法则的高度。例如，霍布斯指出：自然法的第一或基本规则，即追求和平、维护和平。[2] 格劳秀斯也指出：人类的显著特征是向往和平且井然有序的社会生活。[3]

我国宪法也充分肯定了和平的重要性。宪法序言中指出，我国在国内实现民族团结，对外，坚持独立自主的对外政策，坚持和平共处五项原则，坚持反对帝国主义、霸权主义、殖民主义，为维护世界和平和促进人类进步事业而努力。也正是看到了人类和平的价值，《联合国宪章》第 33 条规定：任何争端之当事国，于争端之继续存在足以危及国际和平与安全之维持时，应优先选择和平方法，求得解决。

第三，人类繁荣也要以人与自然的和谐关系为条件，要求建立和维护和谐的人与自然的关系。因为，人类生存和发展的物质条件是自然提供的，只有人与自然之间的和谐关系才能保证人类的持续发展和繁荣。

---

① *The Declaration of Independence & The Constitution of the United States*, NewYork：BantamDell, 2008, p. 53.

② ［英］霍布斯：《利维坦》，中国政法大学出版社 2003 年版，第 91~92 页。

③ 转引自［爱尔兰］约翰·莫里斯凯利：《西方法律思想简史》，王笑红译，法律出版社 2010 年版，第 193 页。

对于建立和维护人与自然之间的和谐关系，中国的先民早就有清楚的认识，夏朝时期就有了相应的法律制度：春三月，山林不登斧，以成草木之长。夏三月，川泽不入网罟，以成鱼鳖之长。且以并农力执，成男女之功。夫然，则有生而不失其宜，万物不失其性，人不失其事，天不失其时，以成万财。①我国当今宪法也规定：国家保护和改善生活环境和生态环境，防治污染和其他公害。国家组织和鼓励植树造林，保护林木。

保护环境，建立和维护人与自然的和谐关系，现今已经成为国际社会的共识，为此出现了一系列有关自然环境保护的国际条约，包括《控制危险废物越境公约》《生物多样性公约》《联合国气候变化框架公约》等。这些条约反映了人们对自然环境恶化的认识和对良好生态环境的追求。

第四，人类繁荣还需要以社会生活机会的开放为条件，要求不得不合理地限制生活机会向社会所有人开放。因为，繁荣在逻辑上要求以人们释放其活力为前提，而要做到这一点，必须为人们提供释放活力的空间，这就要求社会在不违反公共利益的情况下，向所有人开放所有的生活机会，赋予人们满足自己的欲求、追逐自己的梦想的自由权。

开放社会生活机会、赋予人们自由权对人类的价值，为许多思想家所认识到。例如，斯宾诺莎认为自由对于科学与艺术是绝对必须的，因为若是一个人判断事物时不能完全自由，受到约束，则其从事于科学与艺术就不会有什么收获。② 洛克也认为法律的目的不是废除或限制自由，而是保护和扩大自由。③ 不仅如此，开放社会机会、赋予人们自由权对人类繁荣的价值也为大量实践所证明，我国改革开放所取得的成就就是一个很好的例证。也正因为如此，《世界人权宣言》才将自由权看成是人人应该享有的基本权利。

三、德性法律论证理论能够解决法律论证的程序正义标准问题

由上文关于德性法律论证理论基本立场的阐述可知，德性法律论证理论

---

① 浦坚编著：《中国古代法制丛钞》，光明日报出版社 2001 年版，第 13 页。
② ［荷］斯宾诺莎：《神学政治论》，温锡增译，商务印书馆 1982 年版，第 274 页。
③ ［英］洛克：《政府论》下篇，叶启方、瞿菊农译，商务印书馆 1996 年版，第 36 页。

解决问题的框架仍然是德性伦理学理论的框架，只是将人类繁荣作为最高的共同善，以克服人文主义和现有德性伦理理论的逻辑困难和公共性问题，并以此为依据来解决法律论证理论问题。

（一）依据人类繁荣能够确立程序正义标准

德性法律论证理论从人类繁荣推出德性，即从既有的价值立场推出"应该"，具有逻辑的必然性。的确，无论是从人们追求快乐而逃避痛苦的本性，还是从人的理性、情感、自由或其他的人性因素事实，都不能直接推出"应该"。但是德性伦理学与此不同，从德性伦理学的善可以合逻辑地、必然地推出德性（"应该"）。因为，德性伦理学的善是合乎德性的（优秀的）社会角色活动，德性是善的内在且必要的属性。只要善存在，相应的德性必然存在；只要关于善的命题成立，相应地，关于其德性的命题一定成立。德性和善之间的这种关系也为麦金太尔所认识到。他说，在德性伦理学那里，德性与善之间的确是一种目的和手段的关系，但是这种目的和手段的关系不同于功利主义的目的和手段之间的关系。功利主义的目的和手段之间是偶然关系，一个目的可以有多个实现手段，一个手段也可以用来实现多个目的。而德性与善之间的关系不是这种偶然关系，而是一种必然的、内在的关系。德性的践行是人类善的生活的必要的和核心的部分，而不仅仅是实现这种生活的准备性活动。因此在亚里士多德的框架内说没有德性的践行也还有其他获得善的手段是毫无意义的。① 善与德性的这种必然关系意味着知道了善就知道德性是什么，因此可以说依据人类繁荣能够确立法律论证的程序正义标准。

（二）依据人类繁荣所确立的程序正义标准具有公共性

最高的善可分为宗教的最高善和世俗的最高善。宗教的最高善不能成为法律论证的依据，因为它只对具有特定宗教信仰的人有约束力，不具有公共性。因而，能够作为法律论证依据的最高善只能在世俗的善中寻找。世俗的最高善包括幸福、生活得好和人类的繁荣等。根据上面的分析可知，人类繁荣具有一系列客观要求。客观的就意味着不是因人、因时、因地而异的，即

---

① Alasdair MacIntyre, *AfterVirtue: A Studyin Moral Theory*, Notre Dame, Ind. : University of Notre Dame Press, 1984, pp. 139-140.

是普遍的，而普遍的当然就是公共的。正是因为这一点，人类繁荣相比其他世俗的最高善而言具有比较优势。

第一，相对于幸福的优势。历史上，除宗教将神作为最高的善之外，将幸福作为最高的善的立场在世俗生活中有十分巨大的影响力。但是，将幸福作为最高的善有很大的缺陷。首先，现实生活中，幸福是一个主观性极强的概念，人们之间分歧甚大。对此，Rosalind Hursthouse 说道：就"幸福"而言，基于对它的未受到古典式作者影响的当代理解，其麻烦是它包含着主观的东西。宣布我是否幸福，或我的整个一生是否是幸福的一生，这是我的事，而不是你的事。而且，也许除了自欺和受到没有意识到的神秘力量的控制的情形，如果我认为我是幸福的，那么我就是——它是某种我不可能弄错的事情。① 为了克服这一困难，她提出了所谓"真正的幸福"或"值得拥有的幸福"的观念②，可是这看上去并不比幸福概念好多少。其次，功利主义的幸福并不能消除人们之间的争议。因为，最大幸福概念是一个计算概念，而在一个充满未知因素的世界里，要准确地计算结果是不可能的。再次，亚里士多德将幸福界定为沉思，但沉思真的是所有人都应该追求的最高的善吗？它难道不是亚里士多德这样的哲学家的个人偏好吗？总之，对于什么是幸福，人们充满分歧，这显然不能满足法律论证标准的公共性要求。与此不同，如果将人类繁荣作为最高的共同善的话，就不会出现这一困难。而且，繁荣本身包含幸福，因为繁荣能使人感到幸福。另外，从用语的准确性来说，亚里士多德所说的"Eudaimonia"不是一种情感体验而是一种活动，所以繁荣一词比幸福更好。

第二，人类的繁荣相对于生活得好的优势。亚里士多德本人将"Eudaimonia"理解为生活得好。③ 前面也说过，繁荣的近义词如兴旺就表示生活得好或生存得好。那么，这里为什么不将生活得好作为最高的共同的善？首先，Rosalind Hursthouse 说它的缺点在于它不是一个日常用语，而且它还缺少相应的形容词，这带来了一些不方便。④ 其次，好的存在（或生活）在汉语中的俗成意义一般是指生活的物质方面，然而亚里士多德的原意是指人的肉体与

① Rosalind Hursthouse, *On Virtue Ethics*, NewYork：Oxford University Press, 1999, pp. 9-10.
② Rosalind Hursthouse, *On Virtue Ethics*, NewYork：Oxford University Press, 1999, pp. 10.
③ ［古希腊］亚里士多德：《尼各马可伦理学》，廖申白译注，商务印书馆 2006 年版，第 9 页。
④ Rosalind Hursthouse, On Virtue Ethics, NewYork：OxfordUniversityPress, 1999, pp. 10.

灵魂活动的圆满的实现，尤其是指人的灵魂的最好的思想活动的圆满实现。①因而，使用这一概念无疑会使人对德性法律论证理论产生误解。再次，既然生活得好有上述缺陷，而繁荣又是它的近义词，那么，用语义相对确定的繁荣来代替它就不仅不存在缺憾，而且会有更多优点。

第三，人类的繁荣可以包容所有其他的善，比如菲尼斯所说的生命、知识、游戏、审美体验、交往、实践合理性和宗教等七种基本的善，也可以包括亚里士多德的沉思。因为这些善对人类繁荣都是有利的，或者是它的内在要求。例如，生命就是人类繁荣的内在要求。

（三）依据人类繁荣所确立的程序正义标准具有正当性

依据人类的繁荣，德性法律论证理论能够证立其所确立的程序正义标准的正当性。以人性为依据的诸路径都不可能从特定的人性事实必然地推出价值选择意义上的应该或正当行为的标准（因为合乎人性的不一定是应该的、正当的），而如上所述，德性法律论证理论能够从善必然地推出正当行为标准，如果这里的"善"确实是善的，那么由它推出来的诸规范性标准的正当性就能够得到保证。

这里的问题是：人类繁荣真是一种善吗？在德性伦理学理论视域中，善是社会角色优秀的活动。如果人类繁荣是一种善，那么它就是人类这一群体性主体的优秀活动。如前所述，人类的繁荣被界定为人类多而富有生气的生存活动，这样一种活动的优秀品质很容易被直观把握和经验证明，而且能够在与其他生命种群的生存状况比较的境况下被清楚地认知。因此，人类繁荣是一种善，除非有人能够有充分的理由证明它不是一种善。

的确可能存在一种反对的声音，认为人类的繁荣会损害个人的利益、导致个人的枯萎。对此诘难的辩护是：其一，人类的繁荣能够与个人的繁荣并存。个体利益能够与集体利益协调起来，而且从人类繁荣的客观要求可知，它尊重个人的生存和发展空间，而这正是个人繁荣的条件。其二，人类繁荣的确反对只顾自己而不顾他人的个人繁荣，确实会损害这种个人的利益、导致这种人的枯萎。但是，在社会中限制和排除损人利己的人或行为是一种恶吗？

---

① 这是廖申白的理解。见［古希腊］亚里士多德：《尼各马可伦理学》，廖申白译注，商务印书馆 2006 年版，第 9 页注①。

四、德性法律论证理论确立的程序正义标准[①]

如果关于德性法律论证理论能够确证法律论证的程序性正义标准的上述论证能够成立，那么以人类繁荣作为最高的依据，遵照其内在的客观要求进行推衍，确立法律论证的程序正义标准也许是值得尝试的。

（一）德性法律论证理论确立的立法程序标准

在当代各国拥有丰富的立法实践经验、业已制定了系统的立法程序规则和立法活动具有鲜明的现实指向的大背景下，基于社会现实[②]，依据人类繁荣来确立法律论证的立法程序标准，就必须处理好立法程序规则与立法结果之间的关系，以及人类繁荣的规范性要求与现有立法程序规则的关系。

第一，立法程序规则与立法决策结果之间关系的处理。二者存在工具–目的关系，立法程序规则必须具有产生正确的法律制度的可能性。因为，立法程序规则是为立法行为服务的，它必须以立法行为所追寻的结果为目的。如果失去与立法结果的关联，立法程序规则将丧失其法律性质，从而不可能作为法律论证的程序标准。对于这一点，无论是主张程序本身就能带来正确结果的程序本位主义理论还是主张程序为正确的决策结果服务的程序工具主义理论，都将之纳入其基本立场。

第二，人类繁荣的规范性要求与现有立法程序关系的协调。现有立法程序规则是人们在长期的法律实践过程中生成和发展起来的，是人类的智慧成果，将之弃置一旁而另起炉灶是对人类文化资源的巨大浪费，因而应该优先适用。但是，现有立法程序规则的确存在不完善之处，所以需要依据人类繁荣的客观要求对其进行系统的审视。也就是说，现有立法程序规则必须符合人类繁荣的一般性实践要求。根据本文前面关于人类繁荣客观要求的演绎分析及其经验证明，从立法程序规则角度看，这些一般性要求包括：一是根据

[①] 法律论证的程序标准包括立法、司法和执法程序标准，由于执法程序标准与司法程序标准大体一致，所以本文仅讨论现有立法和司法程序标准。

[②] 赵中源：《新时代社会主要矛盾的本质属性与形态特征》，《政治学研究》2018 年第 2 期。

人类繁荣追求和平而内在包含的人人平等的要求，可以合乎逻辑地推导出——除被依法剥夺政治权利的人之外，所有人都享有立法权，而且在参与立法的过程中具有与他人平等地表达意见、论辩和表决等权利；二是根据人类繁荣的人与自然和谐关系建构的内在要求，可以推出——立法程序规则的安排必须符合节约利用资源、合理利用资源的要求；三是根据人类繁荣的开放生活机会、赋予人们自由权的普遍性要求，人们有选择参与和不参与立法的自由权，在参与立法的过程中有自由表达意见、进行论辩和表决的权利。

第三，无论是更改还是新增立法程序规则，都必须符合人类繁荣的要求，至少不会漠视人类的生命健康权，破坏人与人之间、人与自然之间的和谐关系，限制现有生活机会向所有人开放。因为，德性法律论证理论将人类繁荣作为最高的也是最后的依据，其必要条件和客观要求是人类的生命健康得到保障、人际关系和人与自然关系的和谐、社会生活机会向所有人开放，这是正确行为的底线。

根据上述分析，一个立法行为在程序上是正确的，当且仅当：

（1）从它适用的程序规则导引出正确的立法结果具有现实的可能性。

（2）它优先适用的程序规则是其社会共同体的决策者所确定的现有程序规则。

（3）它优先适用的由其社会共同体的决策者所确定的现有程序规则必须符合以下一般性要求：①除被依法剥夺政治权利的人之外，所有人都享有立法权，而且在参与立法的过程中具有与他人平等的表达意见、论辩和表决等权利；②立法程序规则的安排必须符合节约利用资源、合理利用资源的要求；③人们有选择参与和不参与立法的自由权，在参与立法的过程中有自由表达意见、进行论辩和表决的权利。

（4）更改或新增立法程序规则得有助于人类的繁荣，或至少不会：①漠视人类的生命和健康；②破坏人类之间和人类与自然之间的和谐关系；③限制现有的生活机会向所有人开放。

（二）德性法律论证理论的司法程序标准

第一，司法程序规则与司法决策结果之间关系的处理。司法程序规则与裁判结果之间具有工具-目的关系，必须具有导引出正确的司法裁判的现实可能性。理由同以上关于立法程序的论述。

第二，人类繁荣的规范性要求与现有司法程序规则之间关系的协调。基于与立法程序相同的理由，一方面要尊重人类司法实践成果，充分利用现有司法程序规则；另一方面要依据人类繁荣的规范性要求对现有司法程序规则进行检视。这些规范性要求包括：一是要尊重司法过程当事人的生命健康权。对刑事司法而言，应当严禁刑讯逼供，这是人类繁荣所要求的尊重人们的生命健康权规范的逻辑推衍。二是人们具有平等的参与司法过程的权利。在司法过程中，参与人具有平等的提出请求、表达意见、论辩和申述的权利，司法人员（法官）要平等对待案件当事人。这是和谐人际关系建构所要求的人人平等规范的内涵。三是司法程序规则的设计要符合节约利用资源、合理利用资源的要求。这是建立和谐的人与自然关系的一般性要求。四是除刑事公诉案件和强制执行外，人们有参与或不参与司法程序的自由权，在司法过程中有自由表达意见、论辩和申述的权利。这符合机会开放的实践要求。

第三，对现有司法程序规则进行修改或新增规则，要使其有利于人类的繁荣，至少不得漠视人类的生命健康权，破坏人与人之间、人与自然之间的和谐关系，限制现有生活机会向所有人开放。理由可参见以上关于立法程序的论述。

据此，一个司法决策在程序上是正确的，当且仅当：

（1）从它所使用的司法程序规则引导出正确的司法裁判具有现实的可能性。

（2）它优先适用的司法程序规则是司法人员（法官）适用或发现的现有法律所确认的。

（3）它优先适用的由司法人员（法官）适用或发现的现有法律所确认的程序规则必须符合以下一般性要求：①尊重司法过程当事人的生命健康权，对刑事司法而言，严禁刑讯逼供；②人们具有平等的参与司法过程的权利，在司法过程中，参与人具有平等的提出请求、表达意见、论辩和申述的权利，司法人员（法官）要公平对待案件当事人；③符合节约利用资源、合理利用资源的要求；④除刑事公诉案件和强制执行外，人们有参与或不参与司法程序的自由权，在司法过程中有自由表达意见、论辩和申述的权利。

（4）对现有司法程序规则的修改或新增得有助于人类的繁荣，或至少不会：①漠视人类的生命和健康，②破坏人类之间和人类与自然之间的和谐关系，③限制现有的生活机会向所有人开放。

（5）对（3）和（4）的援引必须以法律或有效的司法解释为依据。

"我"的道德与"你"的道德

——主体交互中的道德教育*

罗明星**

"我"与"你",是用以指代教育者与受教育者的主体称谓,表征着教育者与受教育者在教育共同体中的平等关系。这一解释受益于马丁·布伯对人与人关系的理想性解读。马丁·布伯认为,人与人的关系应该是"我"与"你"的关系,"我"与"你"是平等独立的人格主体,"我"在对自身主体性进行绝对确证的同时,也以"我"的整个存在、整个生命、整个本真接近于"你","你"便是世界,便是生命,便是神明。"我"与"你"偶然相遇,却必然共存,"我"用平等、尊重、友爱和感通,建构属于"我"与"你"的生活世界。当"我"与"你"置于道德教育的语境之中时,道德教育就成为"我"以"你"为目的的对象性活动,是作为教育者的"我"的道德生长为作为受教育者的"你"的道德的过程。在此过程中,"我"的道德与"你"的道德同时出场,"我"与"你"的交互活动本质上成为"我"的道德与"你"的道德的互动过程。

一、"我"是否拥有"我"的道德

"我"拥有"我"的道德,是教育者"我"对受教育者"你"施以道德教育的前提。"我"拥有"我"的道德,即道德与"我"是一体性存在,就

---

* 本文载于《江汉论坛》2019-12-15。

** 罗明星,广州大学马克思主义学院教授,主要研究方向为"道德理论与道德教育"。

像黑格尔所言，道德已经成为"主观意志的法"，成为"我"的"自为地存在的自由"①。在此状态下，道德被"我"所认知、认同并践行，"我"实现了伦理者与教育者的身份统一，相信自己所传授的道德，并以同样的虔诚向受教育者传授道德，"我"是一个道德的道德教育者。正因为"我"拥有"我"的道德，所以"我"才获得了对"你"进行道德教育的资格。

　　然而，"我"并不必然拥有"我"的道德，因为"我"的道德也许根本就不存在。早在两千多年前，苏格拉底就坦言："我不以为我们中间有谁知道任何真正美的和善的东西，但我是比他好些，因为他什么也不知道，却自以为知道；我既不知道，也不自以为知道。"② 苏格拉底的谦虚，恰好说明了教育者"我"在道德上的无能，"我"既然连什么是道德都不知道，何谈拥有"我"的道德？柏拉图得到导师苏格拉底的真传，他坚定地认为，"善理念"仅仅存在于理念的世界里，道德并不是人的创造，教育者根本就没有属于自己的道德，更没有能力将道德知识植入受教育者的大脑。"教育实际上并不像某些人在自己的职业中所宣称的那样。它们宣称，它们能把灵魂里原来没有的知识灌输到灵魂里去，好像它们能把视力放进瞎子的眼睛里去似的。"③ 柏拉图在否定教育者拥有道德的同时，也断然否定了教育者对受教育者传授道德的可能性。

　　退一步讲，即使"我"拥有"我"的道德，"我"的道德亦可能是"非我"的存在。"非我"的道德即被教育者自我意识所冷落、排斥甚至否定的道德，与"我"是异己性存在。在"非我"道德状态下，教育者处于道德人格的分裂状态，"我"是一个不道德的道德教育者，因为"我"向"你"传授自己都不相信的道德。"我"的道德为什么会成为"非我"的存在？伯格森的道德理论也许可以为我们提供解释。在伯格森看来，道德是以规则形态存在的社会性义务，是一种非人格的、专断的压力，这种压力不是个体自由意志的选择，而是社会习惯发出的强制命令。作为个体，"无论我们服从的是执行社会命令的某个人，还是来自社会本身的命令，我们都能模糊地感到期间

① ［德］黑格尔：《法哲学原理》，范扬、张企泰译，商务印书馆1961年版，第111页。
② 北京大学哲学系外国哲学史教研室编译：《古希腊罗马哲学》，商务印书馆1961年版，第146页。
③ ［古希腊］柏拉图：《理想国》，郭斌和、张竹明译，商务印书馆1986年版，第277页。

发散着一种非人格的强制。"① 所以，人总是生活在具有强制力的道德必然性之中，尽管有时候渴望摆脱这种必然性，但意识到摆脱这种必然性可能使自己陷入另外的更加盲目的必然之中时，便产生了对道德必然性的妥协。虽然人"渴望在道德律和欲望之间达致和谐，但人却从不会成功"。② 可以绝对地说，任何道德，不管在形式和内容上如何接近人本身，它与人性的可能性冲突都不会有任何改变。这就意味着，道德之于"我"并不天然是属己的存在，如果没有理性对欲望的精神胜利，道德于教育者而言就是"非我"的存在，"我"就没有属于"我"的道德。

那么，"我"怎样才能真正拥有"我"的道德？必须具备两个条件。第一，社会道德个体化为"我"的道德。道德永远有两种存在样态，即社会道德与个体道德。社会道德是以社会为本位的道德，它以社会整体利益为价值指向，是道德社会性的直接表征。个体道德是以自我为本位的道德，它以自我利益为价值指向，是道德个体性的直接表征。按理说，社会道德与个体道德具有天然的一致性，用康德的话说就是："我能够意欲的，就是我的准则应当成为一种普遍的立法。"③ 正是因为道德是普遍意志的达成，而个体意志又是普遍意志的构成部分，因此社会道德与个体道德本该是一体性存在。但是，由于社会的人与个体的人在现实利益上并不天然一致，总是存在社会利益与个体利益的现实冲突，因此社会道德与个体道德就可能发生背离。同样，在教育者的道德世界里，"我"的社会道德与"我"的个体道德也可能产生背离。由于社会道德是"我"传授的道德，个体道德是"我"行动的道德，只有当"我"传授的道德与"我"行动的道德保持一致，即社会道德与个体道德实现了一体性同构时，"我"才在精神世界实现了道德上的人格统一，"我"才真正拥有了"我"的道德。

第二，规范性道德德性化为"我"的道德。道德作为规范，强调用道德规则对社会成员进行制约和引导，反映的是社会对个体的道德要求，体现着道德的他律性。正如让·皮亚杰所说："所有道德都是一个规则体系，而且，

① [法] 亨利·伯格森：《道德与宗教的两个来源》，王作虹，成穷译，贵州人民出版社 2000 年版，第 2 页。
② 高国希：《当代西方道德：挑战与出路》，《学术月刊》2003 年第 9 期。
③ [德] 康德：《实践理性批判》，韩水法译，商务印书馆 1999 年版，第 31 页。

所有道德的实质都要在人所学会的那种对于规则的尊重中去求得。"① 但是，如果道德之于"我"仅仅是规范性存在，就说明道德只是作为外律力量作用于"我"，"我"并不真正拥有道德。道德只有转化为德性，成为"我"精神世界的自构性存在，"我"才真正拥有属于"我"的道德。按照德性伦理学家荷斯特豪斯的解读，德性伦理关心的是人"在"的状态，而不是"行"的规条，它以人的幸福和美好生活为目的。所以，作为德性的道德比作为规范的道德更加人性。虽然作为德性的道德对人的规诫性特质并没有改变，但由于其尊重"我"的尊严并以"我"的幸福为目的，所以更容易为"我"所确认。对教育者而言，规范性道德并不会天然转化为德性道德，它需要"我"的主观努力，在道德社会化的漫长旅程中方可达及。

二、"我"的道德是否是"你"需要的道德

作为受教育，"你"在什么样的条件下接受"我"的道德？必要的条件是，"我"的道德必须是"你"需要的道德。道理很简单，可以用生活的常识进行类比：只有当"你"口渴的时候，"我"的水才会成为"你"的需要，"你"才会喝下"我"的水；只有当"你"饥饿的时候，"我"的苹果才会成为"你"的需要，"你"才会吃下"我"的苹果。同样，只有当"你"道德匮乏的时候，"我"的道德才会成为"你"的需要，"你"才会接受"我"的道德。否则，尽管"我"的道德美好而崇高，然而并不契合"你"的道德需要，"我"的道德对于"你"至多只是无意义的价值存在，"你"可能会关闭自己精神世界的大门，将"我"的道德拒之门外，甚至让"我"成为遭受冷落的局外人。即便"我"基于教育者的法定权威，让"你"屈从于"我"的道德，"你"对"我"的道德的接受至多也只是一种教育幻象，因为"我"的道德并没有真实进入"你"的精神世界，"你"的表面屈从其实隐藏着内心的轻蔑，"我"的道德本质上是在以某种方式蒙受羞辱。正因如此，如果要"我"的道德在"你"的精神世界保留尊严，继续美好和崇高，"我"的道德

---

① ［瑞］让·皮亚杰：《儿童的道德判断》，傅统先、陆有铨译，山东教育出版社 1984 年版，第 1 页。

必须是"你"需要的道德。

然而，道德教育的困难在于，"我"不了解"你"的道德需要。"我"为什么不了解"你"的道德需要？因为道德需要是个性化的"你"的需要，"我"最多只能了解作为受教育者的"你们"的需要。"你们"的道德需要是一个非精确的模糊化概念，是针对受教育者作为共同体的抽象性表达，作为归纳语言，反映着"你们"普适性的道德需求。"我"了解"你们"的道德需要是可能的，因为道德的发端正是建立在"你们"的共识之上。比如，当"勿偷窃"被作为具有约束力的道德律令时，就意味着它成为了一种共同体达成的普遍意见。因此，"你们"的道德需要是一个共同意志，是一个基于人的类本性和人的发展史可以解读的共同意志，"我"可以在抽象意义上实现对"你们"的道德需要的合理表达。比如，"我"说"你们"有向往自由、公正的道德需要，就是一个毋庸置疑的真理性认知。

但是，"我"了解"你们"的道德需要，并不代表"我"了解"你"的道德需要，因为"你"并非抽象的存在者，而是具有灵性的活生生的生命个体。"你们"的道德需要并不等值于"你"的道德需要。比如，诚信虽然是"你们"的道德需要，但可能会受到曾经因为诚信蒙受欺骗的"你"的强烈排斥。即便"你们"的道德需要契合"你"的道德需要，"你们"的道德需要与"你"的道德需要亦可能存在巨大的量态差异。同样以"诚信"为例，"你们"的诚信需要可能以全体公民为对象，对社会所有人都讲诚信，但"你"的诚信需要可能仅仅以具有亲缘关系的人为对象，只对亲朋好友讲诚信。而且，"你"是一个具有高度可变性的主观存在，"你"的道德需要会随着"你"的人生境遇的改变而改变，其不确定性客观上构成了"我"了解"你"道德需要的现实困难。甚至，当"你"都不知道"你"的道德需要时，"我"作为"你"的对象性存在，怎么了解"你"的道德需要？所以，了解"你"的道德需要，至多只是善良的教育者的美好愿望，很可能让"我"的努力成为无价值的徒劳。

虽然"我"很难了解"你"的道德需要，但"我"可以了解"你"的利益需要，并以利益需要为中介，达致对"你"的道德需要的了解。这一结论的得出源自一个公理性的伦理常识，即利益是道德的基础，任何道德关系均是利益关系的反映。所以，真正聪明的教育者，不会纠缠于对受教育者道德需要的直接认知，"我"会将注意力转移到对"你"的利益需要的关注，建立"你"的利益需要与道德需要之间的逻辑关联，进而从"你"的利益需要推导出"你"的道德需要。"我"在满足"你"的利益需要的同时，已经实现了"我"的价值表达，进而实现了对"你"的道德需要的满足。比如，"我"知道"你"是父母不在身边的留守儿童，孤独必然给你带来心理上的困扰，当"我"通过教育行动让"你"远离孤独时，"我"不仅实现了对"你"的精神利益的满足，也实现了"善良"美德的道德传授。所以，当"我"了解"你"的利益需要时，亦以婉转方式了解了"你"的道德需要，"我"的道德传授就实现了有的放矢，道德教育的成功概率自然也会得到提升。所以，了解"你"的利益需要，既是人本主义教育理念的张扬，也是道德教育走向成功的必然选择。

三、"我"的道德能否成为"你"的道德

"我"的道德成为"你"的道德，一直是教育者的美好期盼，代表着道德教育中的浪漫主义。但是，这一命题在理论上存在局限，在实践上则走向了失败。在方法论上，这是一种带有强烈机械主义色彩的简单化思维。它将道德简单化，将道德视为固态性的完美价值存在，遮蔽了道德作为文化的价值相对性、言说复杂性、情景可变性等；它将教育简单化，能动的道德教育过程被理解为道德的"移植"过程，即"我"头脑中的道德向"你"头脑中的道德的线性运动过程，忘却了精神样态的道德并不具备空间意义上的运动属性。在价值论上，这是一种带有强烈霸权主义色彩的不平等思维。它对教育者进行了先在性的道德优越感预设，以"我"的道德优越于"你"的道德为前提，赋予"我"的道德成为"你"的道德以合理性。事实上，从来没有人承认教育者的道德高于受教育者的道德，教育者也从来没有优越于受教育者的道德自信。教育者面临的尴尬是，没有正视也不敢正视这样一个尖锐的问题：既然"我"的道德并不优越于"你"的道德，凭什么"我"的道德应成为"你"的道德？

如果穷根究底地追问为什么"我"的道德不能成为"你"的道德，最直接和最彻底的回答也许是：因为"我"不是"你"，所以"我"的道德不能成为"你"的道德。"我"与"你"，虽然是教育关系中的互构性存在，彼此

通过对象性关联获得主体身份确认，但同时"我"与"你"又是人格意义上的平等主体，是具有独立位格的主体存在。"我"不是"你"，这是不可变更的客观事实；同样，"我"的道德不是"你"的道德，"我"的道德不能成为"你"的道德，这也是不可变更的客观事实。列宁曾经说，每个人对于他人都是一座神。言外之意是，每个人相对他人都是神秘而神圣的生命个体。如果"我"的道德成为了"你"的道德，说明"我"以破坏人格平等的方式对你实施了精神入侵，"我"以非人性的方式损害了你作为人的神圣性。

翻开人类的道德教育史，让"我"的道德成为"你"的道德，虽然一直是教育者的追求，可是从来没有成功过。我们以对儿童的道德教育为例，看看"我"的道德在"你"面前怎样遭遇了失败。众所周知，儿童阶段是道德教育的最佳年龄。朱熹曾经将儿童比喻为"圣贤坯璞"，希望通过精心雕琢，按照教育者的意志将儿童打造成完美的道德之玉。"我"的教育逻辑是，在"你"还没有形成对成年人的道德批判力之前，"我"已经通过自己的文化霸权和教育霸权让"你"实现了道德归顺。问题是，尽管"我"以爱的名义实现了对"你"的道德自主权的剥夺，"我"的善恶观、幸福观、荣辱观等却未能有效植入"你"的大脑。即使"我"用自己儿时的道德需求类比现实生活中"你"的道德感受，也因为"我"的儿童时代与"你"的儿童时代已经迥然不同，"我"永远没有能力跨越时空的鸿沟，"我"的道德也永远没有成为"你"的道德。

当然，有人可能会说，如果没有"我"的教育，"你"的道德从何而来，成为"你"的道德的道德难道不是"我"的道德？可以肯定地说，成为"你"的道德的道德真的不是"我"的道德，"你"的道德只能是"你"自己的道德。因为，主体道德意识的形成从来就是自构而非他构的过程。按照亚里士多德的观点，道德的德性是习惯养成的结果，是人的实践的产物。他举例说，人不是先有了勇敢的德性而后才有勇敢的行为，恰恰相反，人的勇敢的德性来源于人的勇敢的行为。所以，即便没有教育者"你"的存在，"我"也能够成为自己道德的创造者。当然，"我"的道德不能成为"你"的道德并不意味着"我"的道德对"你"的道德毫无意义。事实上，"我"的道德总会通过教育行动对"你"的道德产生影响，这种影响经过"你"的理性思考交融于"你"的道德生长。

四、"我"的道德怎样影响"你"的道德

当"我"对"你"进行道德教育时，"我"的道德对"你"的道德的影响是如此真实而客观，其至少有三个方面的表现：

其一，"我"的道德对"你"的道德的证实性叠加。如果"我"的道德与"你"的道德价值趋同，说明"我"与"你"有相同的道德旨趣，"我"与"你"由分离的个体缔结为一体化的"我们"，由"我"与"你"构成的"我们"成为了道德上的同盟者。得益于共同的道德情感带来的心灵愉悦，"你"会对"我"开放自己的精神世界，用真诚和钦佩对"我"的道德表达尊重。"我"的道德对"你"的道德的意义在于，"我"通过自己道德的合理性证明，为"你"的道德的合理性提供了外部确证，让"你"获得了心理上的道德骄傲，从而让你更加相信自己的道德。"我"的道德对"你"的道德的证实性叠加效应，既可能是对"你"先天的道德认知图式的美化，也可能是对"你"后天的道德经验的充盈。总之，因为"我"的道德教育，"你"对自己的道德有了更高层次的自我确认。应该说明的是，"我"的道德在"你"身上的成功，与其说是"你"接受了"我"的道德，不如说是"你"接受了"你"的道德，"我"的道德的作用仅仅在于坚定了"你"对"你"的道德的自信。

其二，"我"的道德对"你"的道德的证伪性解构。在道德教育过程中，"我"的道德亦可能相斥于"你"的道德，或者"我"的道德否定了"你"的道德。在此情景下，由于社会已经习惯将教育者的道德置于社会的道德高地，并赋予"我"以高尚者的道德特权，以致形成了一种愚蠢但却有效的社会共识："你"的道德必须服从于"我"的道德，只有"我"的道德否定"你"的道德，并通过证伪解构"你"的道德，道德教育才算成功。但客观上，"我"的道德对"你"的道德的否定至多是一种观念上的否定，或者准确地说，是以主观形态存在的精神否定，其并不构成对"你"的道德的事实否定。在"你"的精神世界里，只要"你"不主动接受这种否定，"我"的道德就不可能构成对"你"的道德的真实否定，"你"的道德仍然是"你"的道德，甚至，"你"的道德反而构成了对"我"的道德的否定。

但有必要加以说明的是，即便"我"的道德没有为"你"所接受，其至"我"的道德被"你"所否定，也并不意味"我"的道德教育的失败。因为"我"的道德影响了"你"的道德，"你"通过对"我"的道德的否定，实现了对"你"的道德的自我建构。在这个意义上，可以说没有失败的道德教育，只要"我"的道德教育引起了"你"的道德注意，促进了"你"的道德思考，"我"就实现了道德教育的目的。有的人可能会质疑，"我"的正确道德被否定，就意味着"你"陷入了道德泥潭，怎么能说是道德教育的成功呢？"我"的可能的回答是：作为受教育者，"你"陷入道德泥潭，并不是因为教育者"我"的缘故。相反，"我"的正确道德虽然遭到"你"的否定，但在客观上冲击了"你"的错误道德，这是积极而合理的冲撞，有利于"你"的道德反思与道德改良。在这个意义上说，"我"失败的道德教育也是一种成功。

其三，"我"的道德对"你"的道德的差异性修正。对同质道德而言，"我"的道德与"你"的道德虽然具有价值取向上的一致性，但可能存在量度上的价值差异。比如，"我"与"你"都是集体主义的推崇者，"我"赞赏至上性的大公无私，"你"赞赏非至上性的先公后私，"我"与"你"具有相同的道德理念但有不同层次的道德表达；"我"与"你"都看重德性的养成，"我"认为德性养成的关键在于内心自律，"你"认为德性养成的关键在于社会他律，"我"与"你"有相同的道德情怀但有不同的道德思维。如此情形下，"你"可能既不证实也不证伪"我"的道德，而是基于自己的道德需要，针对"你"与"我"的道德差异，在对"我"的道德进行理性审视的基础上，对"你"的道德进行选择性修正，让"你"的道德更加适合"你"的生活方式。"你"之所以可能对自己的道德进行修正，是因为"你"与"我"在道德对话的基础上，通过语言和行动彼此"了解和采取对方的态度、扮演对方的角色，从而建立了最简单的相互理解关系"。① "你"的道德修正，本质上是对"我"的道德认同，代表着"我"与"你"道德认知逻辑的一致，是我们彼此的道德幸运。

综上可见，"我"的道德与"你"的道德是道德教育必须面对的关键问题，如何正确处理"我"的道德与"你"的道德的关系，不仅关联道德教育

---

① 钱伟量：《道德意识的个体发生机制》，《中国社会科学》2000 年 4 期。

的有效性，而且关联道德教育的道德性。"我"拥有"我"的道德，"你"拥有"你"的道德，"我"不能让"我"的道德成为"你"的道德。"我"对"你"的道德教育的成功，仅仅在于"我"的道德促成了"你"的道德的自我建构。所以，只有"我"的道德与"你"的道德的共存，才有道德的"我"与道德的"你"的共在。

论虚拟社交中的"道德人设"*

罗明星　龚利鑫**

伴随着信息技术的不断发展，"网络空间已经成为人们生产生活的新空间"①，置身于网络空间的虚拟社交也更加活跃，从而衍生出"道德人设"的网络伦理问题。由于虚拟社交中人的"直观只能在对象向我们被给予出来时才发生"②，加上网络赋予人的身份遮蔽特性，使得主体在虚拟社交中拥有了极大的主观形塑权，可以按照自己的意愿将设定的直观展示于交往对象。于是，为了追寻美好的社交状态，主体开始刻意装饰自己在虚拟社交场域的道德形象，道德人设亦由此产生。一般来说，道德人设体现着主体对自我道德形象的内在自觉，表征着个性化的道德偏好，本身并不构成伦理意义上的道德禁忌。但是，当道德人设远离主体实然的道德状态时，则可能引发道德人设的虚假、异化与坍塌。所以，引导虚拟社交中道德人设的合理建构，不仅是促进虚拟社交场域道德诚实的需要，也是维护网络空间和谐稳定的必然要求。

一、虚拟社交中"道德人设"的本质规定

人设，即人物设定，包括对人物的人像设定、性格设定、风格设定、基

*　本文基金项目：国家社会科学基金项目"公共突发事件中的道德风险及其治理研究"（20BKS190）；广东省科技创新战略专项资金项目"公共突发事件中青年道德情感引导研究"（pdjh2021b0401）。本文载于《江汉论坛》2023-05-15。

**　罗明星，广州大学马克思主义学院教授，主要研究方向为"道德理论与道德教育"。龚利鑫，暨南大学马克思主义学院博士研究生。

①　《习近平谈治国理政》第3卷，外文出版社2020年版，第318页。
②　[德]康德：《纯粹理性批判》，伟卓民原译，华中师范大学出版社1991年版，第59页。

本信息和身份背景设定等。人设起源于动画和游戏，却流行于网络空间。① 从公众人物到普通个人，"人设"已然成为一个生活常用语汇。在虚拟社交中，"人设"是网络主体为了获取社交利益、根据个人喜好建构的社交形象，"道德人设"则是"人设"概念基于道德生活的伦理表达，是现实生活中的人基于利益考量，通过一系列设计、编辑、设定、扮演等手段，在虚拟社交场域塑构的具有一定观感的道德人格面具，比如"热心大哥""人权卫士""公益先锋""绿茶女""恶霸男"等。道德人设的呈现样态不拘一格，道德境界也各有高低，但无一例外，道德人设均是主体在虚拟社交中对自己道德形象的理想性建构，表征着主体对个人德性的自我评价。

（一）虚拟社交中"道德人设"的基本特征

虚拟社交中的道德人设具有鲜明的主观性。这种主观性既体现为主体对道德人设与个人社交利益之间关系的清晰认知，也体现为主体对道德人设之道德意蕴的充分考量。主体通常会评估虚拟社交群体的道德偏好，并顺应社交群体的道德需要进行自我道德形象设计，以期在虚拟社交场域获得最大化的道德认同。资深主体甚至会在道德的过度与不及之间进行精微评估，从而最大限度地张扬道德人设的可接受性。由于虚拟社交对象只是作为符号的存在与主体栖身于特定的网络时空，在现实生活场域彼此只是陌生的局外存在，因此，主体的主观性极易在缺乏道德规制的情景下非理性张扬。

道德人设亦具有明显的生成性。虽然特定的道德人设具有相对稳定的伦理属性，但道德人设本身却并不是绝对的静态性存在。由于主体对虚拟社交对象的认知是一个渐进的过程，虚拟社交活动本身也在实时更新，因此，迎合社交对象偏好的道德人设也总是处于动态生成的过程之中，主体会根据虚拟社交场域道德生态的变化及时修正或完善自己的道德人设，让道德人设以自己理解的最优形象展示于虚拟交往空间。生成性符合主体道德生活的实践本性，使主体的道德灵性通过时间的流动在虚拟空间得以表达。

道德人设还具有显然的价值性。价值性是道德人设区别于其他人设的最显著特征，无论道德人设以怎样的道德面具直观于交往对象，其蕴含的价值

---

① 徐强、胡婵：《从人格到人设：数字化时代人格面临的新挑战》，《南通大学学报》（社会科学版）2021 年第 1 期。

善恶总是实存的道德事实。虽然主体在本意上都希望以正面的道德形象展示于虚拟交往空间，在客观上以诚实、善良、公正、勤奋等进行装饰的道德形象也的确成为道德人设的价值主流，但不可否认，虚拟社交场域亦确实存在故意呈现丑陋、凶狠等形象的道德人设，这样的道德人设可被理解为主体道德认知的异化，是现实世界的善恶颠倒在虚拟世界的客观呈现。当然，道德人设的价值定性绝不简单以形象的外在直观为依据，主体真实的道德品质及其与人设之间的契合程度才是评价道德人设善恶的终极依据。

（二）虚拟社交中"道德人设"的内在结构

虚拟社交中的道德人设作为一种被建构的道德人格面具，其实质是主体为了在客体面前呈现自己，将现实中的自己在虚拟社交场域进行的符号化重构、图像化塑造与理念化设定。因此，道德人设的内在结构便包含代表主体自我形象设定的"主我"、代表客体心中形象的"客我"以及代表主体真实状态的"真我"。其中，"主我"是指主体心目中的自己，正如米德在"主客我理论"中所指，"主我"是"个体察觉到的我"；"客我"是指别人心目中的自己，是"自我意识的社会关系性的体现"[①]；"真我"则是现实生活中的自己，近似但不全然等于荣格指称的"真实属性的我"，是隐藏在道德人设背后的主体身份、性格、品质等实然存在。

道德人设中的"主我""客我"与"真我"处于相互关联的状态。其中，"主我"犹如内驱力，潜蕴着主体由内向外的欲望冲动，代表主体心目中认识到的自我，以及想要设定、呈现的自我；"客我"犹如外驱力，是客体对主体由外向内的评价性规约，包含客体对主体的形象绘制，以及客体对主体的内心期盼。尽管虚拟社交场域中主客体的形象是符号化的呈现，但虚拟终端背后的主客体却是现实的人，因此，主体在内驱力与外驱力双重驱动下的道德人设依然会受到主体在现实社会中的"真我"限制。"真我"包含着主体的真实性格、真实德性与真实身份等客观信息，客观上成为平衡"主我"与"客我"内外驱动力的制动力，界定着主体道德人设的道德阈值，促进"主我"与"客我"在相向驱动中达成道德人格的平衡。

---

① [美]乔治·赫伯特·米德：《心灵、自我与社会》，霍桂桓译，华夏出版社1999年版，第189页。

（三）虚拟社交中"道德人设"的主要类型

为了在虚拟社交中展示自己的美好形象，实现自身价值认同与成就感满足，主体往往会主动利用虚拟社交的隐身特性，对自身道德形象进行理想化设计。主体既可坚持内心操守，自律而节制地塑构人设，也可放纵社交利益追求、超越德性规制，甚至无根据地塑构人设。因此，虚拟社交中的道德人设根据主体塑构的真实程度，可以划分为适度型道德人设、过度型道德人设和虚假型道德人设三种类型。

其一，适度型道德人设，即主体立足于"真我"的实然道德状态，在"主我"的道德形象设计和"客我"的道德形象期待之间保持相对平衡的道德人设。由于主体通过道德自律制衡了内心欲望，道德人设的塑构程度低，形象稳定性好，在虚拟社交场域体现出交往的内心真诚，因而容易为交往对象所接纳。同时，因为"主我"与"真我"实现了有效通约，避免了主体在现实世界与虚拟世界的人格分离，降低了人设坍塌的可能性，适度性道德人设亦因此获得了合理性证成。

其二，过度型道德人设，即主体超越"真我"的实然道德状态，刻意提升"主我"的道德形象指数，放大"客我"的道德形象期许，旨在通过形象吸引力实现交往利益最大化的道德人设。过度型道德人设虽然在道德形象的量度上逾越了道德事实，但人设的本质仍然以主体的道德真实为基础，民间对此类人的评价是："自己本身是一个好人，但自己认为的好比自己实际的好会更好一些。"为了展示自己个人的道德魅力，主体会夸大自己的正直、善良、勇敢等品质，但是，只要主体的道德形象修饰没有突破交往对象的心理阈值，其道德人设就可以为交往对象所接受，其道德上的矫情甚至可能被解读为一种生活中的可爱。但是，一旦道德人设的过度修饰突破了交往对象的心理底线，主体精心打造的道德形象就可能发生坍塌。这有点像生活中的容颜化妆，适当的淡妆点缀可以光彩照人，但过度的浓妆艳抹却可能令人生厌。

其三，虚假型道德人设，它是主体完全无视"真我"的道德事实，为了实现自己的社交利益，采用完全虚构、凭空嫁接等方式无中生有地对其人设进行完美塑构，捏造出的一个完全处于虚幻状态的人设。在主体真实的道德面貌暴露之前，虚假型道德人设的确可以通过不对称的道德信息展示，让主体获得虚拟社交场域的道德优势。但是，虚假型道德人设毕竟是一种道德形象上的"虚胖",是一种道德本质上的虚荣,是一种功利僭越道义的道德上的虚伪,因此,一旦主体的真实信息被披露,主体就会被定义为虚拟社交场域的欺骗者,其精心打造的道德人设就会瞬间瓦解。所以,塑造虚假型道德人设是虚拟社交场域的短视行为。

二、虚拟社交中"道德人设"的生成机理

道德人设虽然是主体道德形象的自我建构,但建构道德形象是一个复杂的过程,既要有主体对"真我"的认知,又要有立足"真我"的"主我"的形塑,期间尤其要考量"客我"的映射。正如库利在"镜中我理论"中所言,个人是通过他人的评价、态度等所造的"镜子"来认识和把握自己的。[①]拉康也提出,"我"是客体的投射,镜像是"可见世界的门槛",它以虚拟的意象映照着机体与现实的关系。[②] 这意味着,主体的道德形象直接受制于自己与他人之间的交往关系,他人对自己的看法、印象、评价及态度等是主体道德人设的重要影响因子。

(一) 从"真我"认知到"主我"呈现

主体对"真我"的认知是道德人设生成的逻辑起点。道德人设构建的第一个步骤,便是从"真我"认知到"主我"呈现。戈夫曼在"戏剧理论"中提出,"全体社会成员是在社会这个舞台上扮演不同社会角色的演员,他们在社会互动中表演自己,从而管理和控制他人对自己所形成的印象。"[③] 道德人设的生成,其实就是戈夫曼所指的角色扮演,只不过这个舞台变成了虚拟社交场域。"真我"认知是角色扮演的前置条件,是道德人设的生成基点。主体在主观意志的驱动下,对自己的道德实然状态进行评估,并在评估结果与交往效益之间建立因果联想,进行利益权衡,对既有道德事实既可表达尊重与

---

① [美] 查尔斯·霍顿·库利:《人类本性与社会秩序》,包凡一、王湲译,华夏出版社 1989 年版,第 118 页。

② 《拉康选集》,褚孝泉译,上海三联书店 2001 年版,第 59 页。

③ [美] 欧文·戈夫曼:《日常生活中的自我呈现》,冯钢译,北京大学出版社 2008 年版,第 29 页。

肯定，亦可表达轻蔑与否定。不管态度如何，主体总是要通过对"真我"的评价来实现对"主我"的界定。如果主体客观理性地认知"真我"，实事求是地面对"真我"，就会有与"真我"相匹配的适度的"主我"；如果主体的认知僭越"真我"，用道德的华丽遮蔽"真我"，就会有与"真我"不匹配的过度的"主我"；如果主体的认知罔顾"真我"，用虚假的道德无节制地美化"真我"，就会有与"真我"背道而驰的虚伪的"主我"。

"主我"是主体心目中的"我"，是主体对自己所扮演的社会角色的理性觉知，是道德人设的初步生成。角色扮演中的剧本构思、剧情创设、演员化妆排练等过程，对应到道德人设塑构中就是人设的模型酝酿、图纸勾勒、形象修饰等。在这一系列的操作中，主体完成了利益目标设置、交往成本考量与道德风险评估，作出了符合自己意志的道德行为选择。在"主我"呈现过程中，主体以理想化的道德人格为蓝本，在交往利益最大化的期盼中进行人设的勾画，包括自己心仪的道德形象创制、合理的道德境界预设以及真实信息披露程度的计算等。"主我"的呈现内容幻化出多样化的景观：人像设定，如将美颜自拍照发给聊天对象；性格设定，如通过聊天陪伴来营造一种有耐心的性格，或通过在群聊中用激烈的言词进行批判来彰显自己的道德正义；风格设定，如通过幽默语音对话进行风格定调；基本信息和身份背景设定，如通过朋友圈实现个性化符号铺设。主体通过虚拟交往中"主我"的道德呈现，为自己融入网络共同体奠定人际关系基础，让"真我"通过"主我"获得道德上的实际效应。

（二）从"主我"呈现到"客我"再现

呈现的目的，是为他者所注视。正如萨特在《存在与虚无》中所指出："我看见自己是因为有人看见我。"① 主体意识到自己是"为他"的存在，只有把自己投射出去，被他者"看到"后，才能确认本己的"我"的存在。在这个过程中，客体会对"主我"呈现出来的角色进行认识，获得某种印象。随着主客体互动的深入，这种印象会越来越丰富、越来越深刻，直到"印象被心中留下一个复本"②，"客我"的再现便由此完成。"客我"再现出来的印

① ［法］萨特：《存在与虚无》，陈宣良等译，生活·读书·新知三联书店1987年版，第337页。
② ［英］休谟：《人性论》，关文运译，商务印书馆1980年版，第19页。

象，是客体对"主我"呈现状态的能动反映，是客体基于对"主我"的认知在头脑中实现的"主我"再造。

从"主我"呈现到"客我"再现，经历了一个循序渐进的复杂过程。起初，客体对"主我"的认识处于"知道"自己"不知道"的环节，客体在虚拟社交中第一次面对"主我"的呈现，意识到"主我"只是一种数字表象，"主我"的承载者是一个陌生的局外人，客体对"主我"的信息处于"不知道"或"不想知道"的封闭状态。后来，随着主客体在虚拟社交场域中的慢慢互动，客体对"主我"的认识逐渐进入"知道"自己"知道"的环节，客体对主体发布的信息发生兴趣，对"主我"呈现的虚拟角色开始产生熟悉感，并基于个人道德标准对"主我"的形象进行善恶评价，开始在认知世界建构主体的主观印象。当客体对"主我"深入了解之后，客体对"主我"的认识开始进入"不知道"自己"知道"的环节，由于对主体虚拟社交风格了如指掌，甚至可以实现对主体细节信息的潜意识捕捉，出现了"我都不知道原来已经那么了解他了"的情形，至此，"客我"再现也基本完成，主体在客体心目中的道德形象开始走向成熟。当然，由于虚拟社交场域中的客体具有多元性与流动性，客体对主体的道德观感往往呈现出纷繁复杂的样态，主体总是基于最大概率原理解读"客我"的具体内涵。

（三）从"客我"修正到"人设"完成

当然，"客我"作为对"主我"的道德认知，它并不是一成不变的。马克思、恩格斯曾经有言："人们的观念、观点和概念，一句话，人们的意识，随着人们的生活条件、人们的社会关系、人们的社会存在的改变而改变。"①这句话同样适用于虚拟社交场域。在虚拟交往过程中，随着主客体互动的不断加深，主体交往行为表征、客体道德心态以及虚拟社交场域道德氛围的变化等，均可导致客体心目中"客我"形象的改变。"客我"的变化虽然具有绝对性，其存在形式却可以保持相对稳定。原因在于，经过一系列调整修正之后，"客我"在客体视界往往会达成一种有条件的平衡，以相对稳定的道德形象定格于客体的认知视野。

由于客体对"客我"的道德形象定位直接表征着客体对主体的道德评价，

---

① 《马克思恩格斯选集》第 1 卷，人民出版社 2012 年版，第 419 页。

关涉主体在虚拟世界的交往利益，因而主体的道德人设总是需要最大限度地匹配"客我"的道德形象设置。但是，由于主体面对的客体多元而非单一，因此，道德人设的型塑并不是围绕单一客体开展，而是在众多客体中寻求"客我"形象的最大公约数，以绝大多数人最可能接受的道德形象为设计尺度。尽管如此，由于不同客体的道德境界与道德审美需求不同，同一道德人设在不同客体身上仍然会产生不同的道德应答。而且，虚拟社交场域中的客体会彼此交流对主体道德人设的评价，并藉此更新、修正对主体道德人设的观感。所以，主体往往高度重视客体对自己道德人设的道德反馈，并依据反馈信息重新反省"主我"，观照"客我"，不断提升道德人设的可接受性。正是在持续性的完善之中，主体最终形成一个比较稳定、比较统一的道德人设，将自己满意的道德形象展示于虚拟社交场域。

三、虚拟社交中"道德人设"的多重矛盾

虚拟社交中的道德人设一经形成，就会定格为相对稳定的符号化直观。但是，相对稳定之中蕴含着绝对变化，主体必须始终对道德人设进行设置、反思和修改，在道德应然与道德实然、道德事实与道德价值、认知评价与反馈评价等多维道德向度上进行判断和选择，道德人设也因此呈现出动态平衡的伦理特征。

（一）"应然之我"和"实然之我"的动态博弈

道德人设的型塑过程是主体道德心理的活动过程，其中蕴含着"应然之我"和"实然之我"的互动博弈。"应然之我"是应该的"我"，是理想意义上的道德之"我"。在虚拟社交中，"应然之我"既指主体心目中想要成为的"我"，其源自"主我"的内生性驱动；也指虚拟社交中客体期待着的"我"，其源自"客我"的外生性驱动。"实然之我"是现实生活中本真的"我"，指涉的是隐藏在虚拟社交之外的"真我"。在道德人设的生成过程中，"实然之我"与"应然之我"是同一个"我"的两个位格，二者的统一体现着道德人格的完整，二者的分离则意味着道德人格的分裂，因此，主体不得不在自己的精神世界中致力于实现二者的平衡。但是，由于"实然之我"与"应然之

我"总是蕴含着现实与理想的矛盾，二者的互动博弈也就成为了主体精神生活的常态，这种博弈常常让主体陷入诚信与否的煎熬和义利取舍的挣扎。

在诚信博弈的心理空间，主体面临着自己是否应该诚实地将自己真实的形象、性格、身份、道德水平等信息展现给虚拟社交对象的焦虑。如果选择将真实的自己呈现于社交场域，也就是依照"实然之我"塑造道德人设，主体可能会暴露有损客体美好期待的道德瑕疵，这不是主体希望看到的结果。如果选择隐藏自己的道德缺陷，把设定、扮演的美好形象呈现出来，亦即依照"应然之我"塑造道德人设，主体又面临着不诚实守信的良心责难。在义利博弈的心理空间，主体同样面临着类似的道德困扰。若依照"实然之我"塑造道德人设，固然遵守了道义，但却可能缺乏形象上的道德感召力，并不符合主体的社交利益；若依照"应然之我"塑造道德人设，虽然满足了主体的社交利益诉求，却又失去了内心的道义支持。可以说，道德人设的生成，总是包含着"实然之我"与"应然之我"的内在矛盾，如何有效地处理这一矛盾直接彰显着交往主体的道德智慧。

（二）"主我"与"客我"的辩证互构

主体通过解构"应然之我"与"实然之我"的道德矛盾，便形成了相对清晰的人设图纸。经过一系列设定、扮演操作，在虚拟社交空间亮出自构的道德形象，"主我"作为呈现之我被客体所认识，客体在认识"主我"的过程中形成"客我"，"客我"作为印象之我反过来成为主体认知的对象。在主客体的互动过程中，"主我"不断对"客我"进行吸纳，"客我"亦不断对"主我"进行考量，这样，"主我"与"客我"通过相互认知、相互转化与相互修正，实现着彼此的辩证互构。

"主我"与"客我"的相互认知，体现为客体对主体的呈现之我的认识，以及主体对客体的印象之我的觉知。前一个过程，是"客我"的诞生过程，其蓝本是主体的呈现之我，由于呈现之我以主体的"主我"为依据，因此，"客我"本质上是对"主我"的认知建构；后一个过程，是客体将对象化的印象之我反馈给主体，主体收到反馈信息，在"主我"世界形成对"客我"的认知评价。在相互认知的过程中，"主我"的道德信息被"客我"所认同并内化为"客我"的道德构件，"客我"反馈的道德信息亦被"主我"认同与接纳，成为"主我"道德生长的精神养料，这样，"主我"与"客我"就实现了事实上的相互转化。① 也是在同一过程中，"主我"与"客我"实现了道德形象的相互修改，主客体均可以对照原有的认识，通过比较与衡量，实现主体道德形象的再造。

"客我"与"主我"的辩证互构，对主体的道德人设塑造具有直接意义。由于"客我"根源于"主我"，主体不得不保持自我评价的道德谨慎，让道德人设获得可以信赖的"主我"支撑；由于"客我"规制着"主我"，主体不得不关注道德人设的客体尺度，在客体可接受的道德框架下建构"主我"。这样，在"客我"与"主我"的交互作用中，道德人设获得了更真实、更广泛的道德肯定。

（三）认知认同与反馈认同的自我统一

道德人设的最终生成，需要完成主体对道德人设的自我认同，即认知认同与反馈认同的自我统一。认知认同是主体对"主我"道德范型的自我确证，即主体通过对"主我"内隐的道德质性及外显的道德形象的全面认知，进而在情感上接纳自己心目中的自己，并在持续接纳自己的过程中进一步在信念上肯定自己。反馈认同是道德主体对"客我"进行"我思"的反身确证，是"意识不再仅仅知觉对象，而它又意识到它自己回返到自身"② 的过程。在这个过程中，主体不仅知觉"客我"，而且对"客我"所包含的关涉自己道德形象的反馈信息进行接收，并依此信息进行道德上的自我反思与自我评价，最终实现自我确证。主体的认知认同与反馈认同只有实现自我统一，才能实现完整意义上的道德人设建构。

但是，主体的认知认同与反馈认同并不具有必然的统一性。由于认知认同的对象是"主我"，反馈认同的对象是"客我"，"主我"与"客我"的主客体归属差异极容易引申出认知认同与反馈认同的价值差异。所以，为了规避差异，认知认同与反馈认同的自我统一必须以"真我"为基点。认知认同是道德主体对本己的道德认识与肯定，虽然对象是"主我"，但终极指向却是"真我"。只有当主体对"主我"的认知最大限度地接近"真我"时，基于"主我"建构的道德人设才最可能被真实的自己所接受。反馈认同是主体根据

① 周瑞春：《网络"人设"中的自我认同及其伦理之维》，《天府新论》2020 年第 1 期。
② ［德］黑格尔：《精神现象学》上卷，贺麟、王玖兴译，商务印书馆 1979 年版，第 80 页。

"客我"的反馈信息对自己进行道德审视，并希望通过来自客体的道德肯定获得道德自信。同样，只有当"客我"蕴含的反馈信息最大限度地接近"真我"时，主体才能立足"真我"对反馈信息进行反身确证，从而获得内在的道德肯定。可见，认知并认同"真我"，对认知认同与反馈认同的自我统一具有决定意义。以"真我"为基点，认知认同与反馈认同才能实现道德评价上的彼此印证，避免"主我"与"客我"在主体精神世界的分裂，让道德人设以统一人格内置于主体的自我意识。必须说明的是，认知认同与反馈认同的自我统一过程，实质上是认知认同与反馈认同的动态平衡过程，正是在这一平衡过程中，道德人设展现出活性与魅力。

四、虚拟社交中"道德人设"的异变症候

虚拟社交中的道德人设是网络世界的道德图像。海德格尔指出："从本质上看来，世界图像并非意指一幅关于世界的图像，而是指世界被把握为图像了。"① 借用海德格尔的阐释，我们可以说，虚拟社交中的道德人设作为虚拟世界的主体形象，正是一种图像化存在，是现实主体在虚拟符号系统中的描述性存在，是内在性"主我"与外在性"客我"有机同构的人格摹本，是被图像式把握的"视觉自我"。但是，由于"主我"与"客我"之间的道德标准差异，为了迎合交往对象的道德期盼，作为图像存在的道德人设就存在被主体过度主观定义的可能，其引发的虚拟社交症候值得关注。

（一）"主我"隐藏导致虚拟社交中的"道德人设"虚假

在虚拟社交中，当主体被客体图像式把握，成为视觉对象的"客我"的时候，主体在现实世界的真实信息也被虚拟社交场域的图像符号所遮蔽，"主我"的隐藏就成为可能。在"真我"难以被把握的虚拟社交空间，主体为了获得赞美、爱慕、信任等社交利益，可能放松对自己的道德约束，在"主我"中刻意隐藏"真我"，并基于利益需要对"主我"进行道德虚构，从而导致道德人设的虚假。

① ［德］马丁·海德格尔：《林中路》，孙周兴译，上海译文出版社 2004 年版，第 78 页。

虚假的道德人设构建本质上是违背诚信的不道德行为。主体为了特定社交利益对人设进行超越"真我"的道德扮演与修饰，客观上是对交往对象施以有意识的道德欺骗，是故意诱导交往对象对主体道德人格产生误读，可能导致交往对象道德情感的廉价付出，甚至导致对交往对象道德善良的恶意亵渎。一旦主体的真实信息被交往对象所知悉，主体的道德信誉就可能面临破产，尤其是特定主体利用道德人设进行网络欺诈被公开之后，不仅会导致主体道德人设被全面否定，而且会直接冲击社会的道德信心。即便主体虚假的道德人设没有暴露，其危害性也显而易见。由于沉迷于虚假道德人设带来的成就感与荣誉感，主体为了追求更高的社交利益，可能进一步通过"主我"对"真我"进行深度隐藏，最终沉迷于虚假人设不能自拔。同时，长期迷恋于虚假道德人设带来的人生美好，主体甚至会产生"虚拟社交依赖症"，从而厌倦现实社会，进而丧失在现实世界的生存活力。

（二）"客我"束缚形成虚拟社交中的"道德人设"异化

道德人设是主体为了彰显自己的道德形象而建构的利益化存在，主体为了维持自己的道德人设，除了需要对照人设控制自己的言行举止，还必须时刻关注"客我"的变化与波动，并依照"客我"动态调整自己的言行。其难度取决于人设的类型，如果是适度型道德人设，由于"主我"与"真我"保持一致，主体正常展示"真我"就行；反之，若是过度型或虚假型道德人设，主体就时刻处于演员在线状态，必须在"主我"与"客我"的错位之中，以冷落甚至否定"真我"的方式进行角色扮演。在此过程中，主体其实已经非主体化，主体面对他者的凝视由主转客，他者则在凝视中反客为主。本质上，"客我"已然成为了束缚主体的精神桎梏，本是为了彰显主体性的道德人设亦发生异化，成为了主体屈从的对象。

卢梭曾经说过："只有为了自己的利益，才会转让自己的自由。"① 对虚拟交往中的主体而言，过度的或虚假的道德人设不一定给其带来利益，但必然让其丧失自由。在"客我"的无形束缚下，主体需要时刻以幻化了的高尚人设面对世人，让"真我"以隐匿的方式躲避他者，不敢丝毫暴露。但是，随着网络通信技术的发展，无论是虚拟世界还是现实世界，到处都是无孔不

---

① 《卢梭文集》，中国戏剧出版社 2008 年版，第 249 页。

入的无形的"他者"。因此，主体的人设扮演场域其实已不限于虚拟空间，甚至在现实空间仍要保持扮演，唯恐现实中的原形暴露导致网络中的原形曝光。长此以往，身体压抑叠加心理压抑，主体可能产生精神上的深度焦虑。在迎合"客我"的道德期待中，主体会产生无奈感、委屈感、挫败感等负面情绪，产生人生评价上的自我否定。所以，尊重"客我"但不拘泥于"客我"，认同"客我"但不屈从于"客我"，始终在"客我"面前保持理性的自我，是避免道德人设走向异化的关键。

（三）"真我"露馅造成虚拟社交中的"道德人设"坍塌

道德人设终究不是真实主体，而是被建构出来的虚拟主体，但作为虚拟主体的道德人设只有匹配真实主体，才能实现道德人格的完整，获得虚拟社交场域的道德肯定。互联网的开放性与共享性决定了虚拟世界与现实世界的深度交融，虚拟世界的信息随时面临着来自现实世界的检验，因此，刻意扮演的非真实的道德人设必然会有"真我"露馅的时候。"真我"一旦露馅，道德人设也就会随之坍塌。"真我"的露馅，既可能缘于主体道德人设型塑过高，"真我"的实然水平不足以支撑人设的道德扮演；也可能缘于主体道德人设型塑虚伪，"真我"的实然状态否定了人设的道德伪装。不管基于什么样的原因，道德人设均事实上背离了社交客体的应然期待，从而可能导致主体道德信誉的社会性破产。

道德人设坍塌会带来严重的社会危害。就人设主体而言，因为长期享受道德人设带来的美好，一旦虚化的人设坍塌，就会在至上的道德赞美与至下的道德贬抑之间产生极度的心理反差。由于道德人设并非瞬间生成，而是主体经过一系列设定、扮演和一段时间的用心经营而形成的，所以道德人设坍塌意味着曾经的努力白费，意味着人造希望的颠覆与幻灭，主体会产生深深的挫败感。在此情况下，主体极容易产生"破罐子破摔"的消极心理，甚至引发道德上的自我堕落和生活上的自我放纵。就社会而言，频繁出现的道德人设坍塌，尤其是社会名人的道德人设坍塌，会加深人们对虚拟社交对象道德怀疑，让人与人之间少了一份真诚、多了一份警惕，不仅不利于虚拟社交领域诚信生态的建构，也不利于日常生活领域的道德和谐。

五、虚拟社交中"道德人设"的建构引导

网络世界的开放性、匿名性与虚拟性为虚拟社交场域的道德人设提供了天然的技术支持，虚拟社交为主体提供的有别于现实世界的互动感、获得感与成就感客观上成为了主体难以拒绝的利益诱惑。因此，在虚拟社交已经成为现代人生活方式的背景下，杜绝虚拟世界的道德人设既不可能也不现实。我们能做的就是科学引导主体道德人设的合理建构，让主体在道德律令的规范下更好地享受虚拟社交场域中的道德自由。

（一）强化道德主体的"内生性"，促进人设的道德人格统一

在社交场域展示自己美好的一面，尽可能获取社交对象的好感，进而获得愉快的社交体验，是社交主体通常会选择的下意识行为。就像生活中我们已经习惯的那样，一个人精心修饰自己的仪表，让自己以优雅的形象呈现于公众，我们会认为这是符合社交礼仪的道德选择。在虚拟社交场域亦是如此，主体尽量规避自己的道德瑕疵，展示自己的道德美好，以期获得虚拟社交对象的尊重与肯定，自然也就无可厚非。换言之，主体在虚拟社交中通过道德人设来获取道德赞美，是其正当的道德权利。但是，正如现实生活中的妆容必须保持适度一样，虚拟交往中的道德人设也应该以道德尺度为规约，让道德人设与道德"真我"的道德差异保持在交往主体可以接受的范围。只有这样，才能实现道德人设的长期稳定，避免主体在虚幻人设中迷失自我，才可以反过来借用人设来完善自己的真实人格。强化主体的道德内生性，通过主体有意识的道德自律与道德作为，实现"真我"与"主我"的道德人格统一，是让道德人设走向完善的重要路径。

道德人设的构建应该立足于自身实际，"主我"应尽量向"真我"接近，避免远离"真我"带来的"主我"膨胀和对"客我"的解构。主体应构建一个量力而行的道德人设，不应受非理性欲望的驱使，让道德人设走向虚幻。主体应时常对自己进行道德审视，以道德人设作为镜像，反思现实生活中的道德行为，力求让人设内隐的道德品质与主体外显的道德行为保持一致。同时，主体还要主动优化"真我"，对照道德人设的人格标准，修炼自己的内在

德性，使自己真实的道德水平与道德人设呈现的道德水平的现实差距不断缩小。比如，对应善良的道德人设，主体要在实际生活中慈悲为怀，行善积德；对应勇敢的道德人设，主体要在现实生活中克服懦弱，体现敢作敢为的生命担当。可以说，"真我"与"主我"和"客我"的契合度越高，现实的道德人格与人设的道德人格统一度越高，道德人设的生命力就越强。

（二）弱化道德客体的"外生性"，避免人设的道德人格虚化

主体之所以会被"客我"束缚，最根本的原因是来自客体的道德评价对于主体的道德人设具有终极意义。主体为了增加道德人设在虚拟社交中的认可度，不得不接受"客我"对主体的约束力。当这种外生压力被无限放大时，主体就可能丧失意志自由，通过对"客我"的盲目迎合建构人格虚化的道德人设。因此，避免被"客我"非理性束缚的关键，便是要弱化客体的外生性，让"客我"的约束力受制于"主我"的约束力，即便是来自"客我"的约束力也要通过"主我"的自愿确认，才能让其构成对主体的现实约束。正如康德所说："劝告我们做什么和我们有责任做什么之间毕竟有一个巨大的区别。"[①] 对道德人设而言，来自"客我"的道德期盼至多只是局外的"劝告"，并不是主体应该无条件接受的绝对的道德律令。主体如果对"客我"的道德期盼绝对屈从，就必然丧失道德人设的定义权，让道德人设成为异化于自己的人格存在。相反，主体如果保持"主我"的独立性，就能将道德人设的定义权始终掌握在自己手中，就可以立足"真我"对道德人设进行型塑，"客我"的道德期盼只有在"主我"的默许中才能成为现实的规戒力量。

因此，为了减少客体的外生性对道德人设的约束，主体必须让自己的内心变得更为强大，通过道德社会化让个体道德与社会道德有机融合，将具有普适性的社会道德转化为内心的道德法则，将现实社会的道德律令置于虚拟社交中道德舆论的优先位置，使"主我"的道德规制力比"客我"的道德约束力更强大，只有这样，主体才能获得道德人设塑造中的意志自由。在虚拟社交实践中，为了削弱"客我"的约束力，主体要淡化对"客我"的依赖，切不可盲目迎合虚拟社交群体的心理期待，要避免因为沉迷于虚假的道德虚

① ［德］康德：《实践理性批判》，邓晓芒译，人民出版社 2003 年版，第 49 页。

荣而导致道德人设的人格虚化。同时，主体要始终坚守自己的道德信念，铭记作为现实生活主体的道德责任，抵制不切实际的虚拟社交利益诱惑。唯有如此，客体的外生性对主体的非理性约束才可被有效规避，主体才能根据"主我"而非"客我"构建道德人设，让道德人设更加接近现实世界中的真实自己，将道德人设的道德风险降到最低，从而更好地展现道德人设的道德魅力。

（三）提升道德环境的"纯洁性"，营造表里如一的道德人设氛围

虚拟社交中的道德环境是影响主体社交意识与社交行为的一切道德因素的总和，道德环境的纯洁性是表征虚拟社交场域道德净化程度的概念。道德环境的纯洁性的高低取决于社交空间善恶指数的力量对比，善的指数越高，道德环境的纯洁性越高。道德环境的纯洁性直接关涉道德人设的合理性，因此，营造风清气正的虚拟社交氛围，是塑造理想道德人设的现实要求。当然，道德环境的纯洁性并不意味着虚拟社交空间道德的绝对纯化，也不是对恶性行为在道德空间的绝对排除，而是追求社交场域善性行为的力量最大化。

就道德人设而言，提升道德环境纯洁性的关键在于营造表里如一的道德氛围。"表里如一"出自《朱子全书·论语》，本意是指表面和内心像一个东西，形容一个人的言行和思想完全一致。在现实生活中，表里如一既是一种行为规则，也是一种道德操守。在虚拟社交场域，表里如一强调"真我"与"主我"的统一，强调人设的虚拟道德人格与现实道德人格的一致。而且，表里如一不仅是针对网络个体的品质要求，也是针对网络社群的普适性道德律令。表里如一的道德氛围一经形成，就会通过网络舆论形成强大的道德规制力，过度与虚假的道德人设将会面临被舆论围剿的道德风险，社交主体将不得不审慎度量自己的人设行为。

表里如一的道德人设氛围的营造，核心是提升虚拟社交主体的道德自律能力，使其在道义与功利的内心博弈中始终坚守道德理性，避免功利欲求对道德诚信的非理性僭越。同时，我们的社会应该从"注重新时代人民生活的内涵、品质与价值"① 的高度，将虚拟社交生活纳入规范化管理，通过制度力

---

① 赵中源：《新时代社会主要矛盾的本质属性与形态特征》，《政治学研究》2018 年第 2 期。

量和技术力量建立道德人设的外在约束机制，压缩过度与虚假道德人设的生存空间，让主体的道德人设自觉走向道德上的合理。可以肯定，随着虚拟社交场域道德环境的纯洁化，主体的道德人设将越来越走向规范化，虚拟交往中主体的人生体验将越来越美好。

人类解放何以转向日常生活批判

——列斐伏尔"改造道德秩序的革命设想"对马克思思想的诠释*

黎庶乐 郑智元**

列斐伏尔把对马克思人类解放的思考放在了他的《日常生活批判》第2卷中的两个改造日常生活的革命设想——"改造道德秩序的革命设想"（Le premier projet est d'ordre éthique）与"恢复美学本性的革命设想"（Ls second projet est de nature esthétique）之中。在列斐伏尔看来，"改造道德秩序的革命设想"本来就存在于马克思思想之中，但此时人类解放的宏观整体性掩盖了日常生活的个体性，使得日常生活仍然处于遮蔽的状况之中。"改造道德秩序的革命设想"正是在马克思的思想基础上，通过揭示现代世界日常生活"再隐私化"现状与现代资本主义社会的特殊异化机制，从而构建日常生活为总体性革命的真正策源地，进而实现人类解放的日常生活转向，其与日常生活微观具体的社会学紧密关联。而"恢复美学本性的革命设想"则是由"总体人"的理想演变而来的，它试图恢复日常生活因现代资本主义的统治而丧失的非同质化的丰富性，最终通向瞬间解放的革命理想。然而，目前学界尚未关注列斐伏尔这一中期的重要思想，因而也就没有关注到列斐伏尔的《日常生活批判》第2卷中的日常生活微观具体的社会学与瞬间（moment）解放的革命理想两条线索之间的区分与关联。其实，《日常生活批判》第2卷的副标题虽为"日常生活社会学基础"，但在其具体论述的过程中却发生了两条线索

* 本文系广东省哲学社科规划学科共建项目"马克思人类解放理论及其当代价值研究"（GD18XZX02）、国家社科基金一般项目"马克思主义社会空间理论的范畴与逻辑研究"（20BZX007）的阶段性成果。本文载于《学术研究》2021-12-20。
** 黎庶乐，广州大学特聘广州学者教授，博士生导师。广州市高层次人才，兼任中国辩证唯物主义研究会价值论研究专业委员会第四届理事会理事，广东省习近平新时代中国特色社会主义思想研究中心广州大学基地特聘研究员，广州市哲学学会秘书长。郑智元，广州大学马克思主义学院。

的交织与错位，使得第 2 卷的内容已经逐渐偏离了其副标题所涵盖的范围，走向瞬间理论的建构。而对于列斐伏尔而言，要调和这一矛盾，就要将"改造道德秩序的革命设想"作为"恢复美学本性的革命设想"的基础，将日常生活社会学作为瞬间理论的基础。因此，"改造道德秩序的革命设想"是列斐伏尔在现代资本主义的现实基础上通向人类解放的全新起点。

一、唯物史观中历史现实的日常生活话语转换

"改造道德秩序的革命设想"虽然出现在列斐伏尔的中期思想中，但它的内涵生成过程却贯穿于列斐伏尔的早中期思想。它不仅继承了马克思对原有稳固的道德秩序的解构，而且将这一思想向异质性方向更深地推进。因而，分析列斐伏尔"改造道德秩序的革命设想"的逻辑起点，也是厘清他与马克思思想继承关系的关键点。在马克思看来，人类解放必须被置于历史现实中才能实现，归根到底就是要变革现存的资本主义生产关系。列斐伏尔的思想正是建立在对马克思的历史现实的进一步阐发之上，即通过将人在一定社会历史条件下的历史境遇转化为具有天然个体异质性的日常生活情境，从而完成马克思主义的日常生活话语转换，由此开辟了日常生活这一全新场域。早期列斐伏尔着眼于从哲学上通过逻辑推论的方式实现日常生活转向，这一过程是通过三个方面来实现的。

第一，发展异化理论，实现批判对象的转换。在列斐伏尔看来，马克思的批判路径是由早期意识形态批判到后期通过政治经济学研究来实现对资本主义的历史现实批判的转变。这一思想转变并非对其异化理论的抛弃，而是对其思想进行深化的结果。"有关拜物教的经济理论实际上是有关异化的哲学理论在客观的（科学的）层面上的延伸"，[①] 从而他重构了马克思从《1844 年经济学哲学手稿》到《资本论》的内在逻辑。在此基础之上他进一步指出，拜物教理论所诠释的物化形式仅仅是资本逻辑下最为深刻的异化，但异化还存在着诸多其他形式。在列斐伏尔看来，异化理论已经经过了从早期的普遍

---

① 亨利·列斐伏尔：《日常生活批判》第 1 卷，叶齐茂、倪晓晖译，社会科学文献出版社 2018 年版，第 2 页。

的异化概念阶段到后期将异化建立在资本主义现实之上的拜物教理论阶段的过程，必须向日常生活推进，即发现普遍存在于日常生活之中的其他异化形式。因此，列斐伏尔通过实现马克思主义批判对象的转换，从而将日常生活引入研究视域。

第二，以辩证法确立日常生活的批判前提与革命意义。在列斐伏尔看来，辩证法首先揭示出日常生活与人的存在的复杂样态。"人、人的思想和人的现实一直都是辩证地发展着的"，而"辩证法……控制、组织和说明了辩证地发展着的人、人的思想和人的现实这个复杂观念，赋予了这个复杂观念一个具体逻辑的严谨性"。① 在此基础上，辩证法就使得异化、拜物教等抽象概念在日常生活的复杂存在中获得了具体的规定性，从而为日常生活提供了批判前提。其次，辩证法使得日常生活具有了变革历史的宏大意义。列斐伏尔认为，作为日常生活批判的马克思主义不仅仅满足于揭露和批判社会生活细枝末节中的真实的、实际的生活，从本质上说，它更是直接面向人类解放的理想。而辩证法正是使日常生活批判能够"通过一个合理的综合，从个人到社会——从个人层面到达社会层面乃至国家层面"，② 进而赋予日常生活以宏大的革命意义。因此，将辩证法运用于日常生活批判是列斐伏尔实现历史现实的日常生活话语转换的关键一步。

第三，阐发日常生活的基本内涵来指明早期人类解放实现路径。日常生活的基本内涵是列斐伏尔研究的重要内容，也是廓清日常生活批判研究的关键。早期的日常生活内涵，就其最直接的构成而言，包括了两方面内容：观念生活和现实生活，即"人在想什么、要什么、说什么、信什么，这是一方面，人的属性、行动，则是另一方面"。③ 早期日常生活批判正是研究二者在日常生活中的区分，并进一步揭示出被意识形态所包裹与遮蔽的生活和真实的生活，从而达到批判性地认识日常生活的目的。在列斐伏尔看来，没有哪个阶级比无产阶级更接近日常生活、更能从自身的状况中发现人类解放的积极力量。因为无产阶级没有观念的生活，有的只是直接面对生活的苦痛与遭

---

① 亨利·列斐伏尔：《日常生活批判》第 1 卷，叶齐茂、倪晓晖译，社会科学文献出版社 2018 年版，第 166 页。

② 亨利·列斐伏尔：《日常生活批判》第 1 卷，叶齐茂、倪晓晖译，社会科学文献出版社 2018 年版，第 136 页。

③ 亨利·列斐伏尔：《日常生活批判》第 1 卷，叶齐茂、倪晓晖译，社会科学文献出版社 2018 年版，第 133 页。

受压迫。"现代无产者首先不是一个拥有现成观念的人……一个人之所以过上了无产者的生活，不过是因为不幸境遇的耦合。"① 所以，无产阶级"产生出一个伟大的和正确的思想：有关社会整体和人类整体的思想、创造性劳动的思想"，② 进而其可以通过积极的行动来改变自身处境，从而实现自身的解放。

由此可见，列斐伏尔最初通过马克思历史现实的日常生活话语转换，建立起了早期的日常生活批判理论。然而，他在这里仍然未真正确立日常生活成为研究焦点的必然性。因为列斐伏尔早期的日常生活批判概念并非来自现代资本主义的日常生活，而是来自马克思思想中内在于历史现实的日常生活批判维度。这一通过哲学方式实现的日常生活的话语转换并没有超出马克思思想的范围，他接着要完成的是将日常生活话语转换落实到现代资本主义日常生活中。因此，列斐伏尔实质上将马克思人类解放置于其思想发展的两个阶段来完成：一是在早期，其通过对马克思唯物史观内含的日常生活批判维度的分析，实现历史现实的日常生活话语转换；二是在中期，其对现代资本主义社会日常生活现实的关注使日常生活成为人类解放的全新场域。只有到了第二阶段，列斐伏尔才真正确立了日常生活成为研究焦点的必然性。

二、现代资本主义社会日常生活的异化机制构建

在完成日常生活话语转换之后，列斐伏尔在"改造道德秩序的革命设想"的建构过程中进一步阐明了现代资本主义社会的日常生活的特殊形态与异化机制，进而将马克思人类解放的宏伟计划诠释为一个日常生活的革命设想。在列斐伏尔看来，马克思所处的自由资本主义时期的总体的异化形式已经为现代资本主义时期的离散的异化形式所取代。现代资本主义社会通过日常生活的"再隐私化"（re-privatization）的现实使得日常生活碎片化，最终揭示了现代世界日常生活的异化机制。正如列斐伏尔所言："再

---

① 亨利·列斐伏尔：《日常生活批判》第 1 卷，叶齐茂、倪晓晖译，社会科学文献出版社 2018 年版，第 131 页。

② 亨利·列斐伏尔：《日常生活批判》第 1 卷，叶齐茂、倪晓晖译，社会科学文献出版社 2018 年版，第 132 页。

隐私化既调整也确立了现代世界的日常生活。"① 与马克思宏观总体的人类解放不同的是，列斐伏尔对日常生活异化的深刻把握意味着一个深入日常生活的人类解放革命计划。正是因此，人类解放才得以真正聚焦到日常生活的微观场域。也因此，基于"再隐私化"提出的现代日常生活的特殊异化机制是解读列斐伏尔"改造道德秩序的革命设想"的关键。而要理解这一点，就必须阐明列斐伏尔是如何通过对需要理论的发展以及道德秩序内涵的转换来完成对日常生活的异化机制的逻辑建构的。

第一，需要理论的重新发现。马克思、恩格斯在《德意志意识形态》中指出，人的需要是人进行以生产活动为主要形式的生命活动的根本原因，它的形成和满足既是受社会关系制约、作用的结果，又是形成和推动社会关系变化、发展的原因，因而人的需要深刻地反映了人的生存状态和本质特征。② 但是在资本主义生产方式下，需要的满足是与生产活动相分离的，具体劳动是与抽象劳动相分离的。人的具体需要唯有借助社会总需求的形态，经由抽象劳动获取以货币价值形式存在的交换价值，最终通过市场交换才能够实现。资本主义社会的发展越发抽空了人的具体需要，进而形成了资本深刻统治与奴役人的局面。在列斐伏尔看来，这并不意味着具体需要真的被消除了，"朝着所谓的'具体的'方向看去……我们可以轻而易举地看到，数不胜数的需要正在被表达出来"。③ 因此，需要理论的重新发现意味着发现需要在现代资本主义社会的新的存在形态：表现为大众需要的社会需求的总集（强调异质性）④ 基础上的需要的日常生活形态，即需要作为在日常生活中具体被满足的需要。这正是构建日常生活异化机制的底层逻辑。

第二，由需要与欲望的分离而来的日常生活异质性建构。对于列斐伏尔而言，马克思并没有在唯物史观中阐明需要与意识的关系问题。他认为，需要始终是由生理性决定的，并不存在对象的需要。而意识始终是对某一对象

---

① 亨利·列斐伏尔：《日常生活批判》第 2 卷，叶齐茂、倪晓晖译，社会科学文献出版社 2018年版，第 312 页。

② 《马克思恩格斯全集》第 3 卷，人民出版社 1960 年版，第 514—515 页。

③ 亨利·列斐伏尔：《日常生活批判》第 2 卷，叶齐茂、倪晓晖译，社会科学文献出版社 2018年版，第 240 页。

④ 在这里需要指出，与表现为大众需要的社会需求的总集不同的是，社会总需求以量化的同质性抹杀了需要的具体性，而大众需要则强调社会需要的内在异质性。由此，大众需要是消费社会最为重要的理论基点。

的意识。因此,需要和意识之间应该存在着一个推动对象产生的关键节点,这一关键节点正是列斐伏尔所说的欲望。欲望正是需要在日常生活中具体被实现的形态。"对于我们来讲,实际问题是如何把一般需要转变成这个的需要或那个的需要。"① 因此,欲望的提出正是列斐伏尔对马克思需要理论的发展。在欲望概念的基础之上,列斐伏尔通过进一步阐述面向不同具体对象的欲望之间不可通约的性质来建构日常生活的异质性。需要与欲望的分离是日常生活异质性建构的基础。

第三,道德秩序的内涵转变。在列斐伏尔看来,道德秩序已经不再囿于法、国家、道德这些被置于日常生活之上的政治实体或意识形态,而是内化于日常生活之中,暗中构设日常生活的隐蔽结构。由此,道德秩序具有广泛的存在样态。"所有的事物都在需要和欲望之间:作为整体的社会(生产活动和消费方式)、文化、过去和历史、语言、规范、指令和禁止、价值和好恶的层次结构。"② 事实上,它是在一定的历史时空中存在着的某种需要与欲望之间的映射法则。这一映射法则所产生的并非僵死的结构,而是在历史当中不断变动着的总体平衡。

第四,揭示现代世界日常生活"再隐私化"的现状。与马克思所处的自由资本主义时期不同的是,现代资本主义社会已不再以总体颠倒的形式实现对人的控制,而是"以倒退的形式"为人的日常生活留出一定的空间。这正是日常生活的"再隐私化"的现状。从表面上看,"再隐私化"是现代资本主义对日常生活的妥协,是其向日常生活的回归,其表现有三点:一是"核心家庭"的形式得到表达的现代家庭生活的回归;二是由工作时间减少与技术进步带来的闲暇时间的大幅增加;三是媒体技术的进步带来的世界在日常生活之中的图景化。由此造成的结果是,人似乎重新过上了自己的日常生活,在日常生活现实当中,既有其乐融融的家庭生活,又有足够的实现自我的自由时间和能力。但实际情况却是:家庭生活的回归不过是家庭取代个人成为需要表达的主体;闲暇时间的大幅增加不过是制造填充闲暇时间需要的消费;世界的图景化不过是源源不断地唤醒潜在的大规模需要的媒介。简言之,"再

---

① 亨利·列斐伏尔:《日常生活批判》第2卷,叶齐茂、倪晓鸣译,社会科学文献出版社2018年版,第240页。

② 亨利·列斐伏尔:《日常生活批判》第2卷,叶齐茂、倪晓晖译,社会科学文献出版社2018年版,第242页。

隐私化"带来的是需要的外部必然性，而与此相对的是，基于欲望的个体性的满足却是偶然的。① 因此，"再隐私化"实际上是现代资本主义社会有预谋的让步，它利用"再隐私化"，将异化隐藏于日常生活之中，从而建构起了现代世界日常生活的特殊异化机制。

第五，构建日常生活的异化机制。列斐伏尔认为，通过揭示"再隐私化"的现状，现代资本主义社会的总体颠倒被消解到日常生活的碎片化之中，即日常生活的"小事情异化"。② 从这个意义上说，日常生活的异化机制表现在三个方面。一是异化不再是具有内在同质的总体性，它使得需要的每一次具体实现都孤立地处于"异化—去异化—新异化"的不断变化过程中。二是需要的外部必然性又使得人们不得不为了日常生活的需要而忙碌劳累，并沉溺于偶然的欲望满足。三是异化被重构为日常生活之中的矛盾，这一矛盾不再是无产阶级与资产阶级间的激烈对抗，而是在日常生活之中，异化的和没有被异化的部分之间的冲突。因此，日常生活的异化机制使得人们被拘束于日常生活之中，实际上日常生活也正是被当作历史的避难所，人们在日常生活中挖掘着抵御历史的壕沟，③ 从而呈现出去宏大化、去历史化的倾向。

由此可见，列斐伏尔中期思想中的日常生活概念已经较早期有了较大的区别，④ 其实质就是对日常生活更深的异质性的发现。在"再隐私化"现状和现代资本主义社会日常生活的特殊异化机制之下，日常生活不再是现实生

---

① 亨利·列斐伏尔：《日常生活批判》第 2 卷，叶齐茂、倪晓晖译，社会科学文献出版社 2018 年版，第 312 页。

② 张一兵：《日常生活批判与日常生活革命——列菲伏尔与德波日常生活批判理论的异同》，《中国高校社会科学》2020 年第 5 期。但实际上，学术界并没有注意到"小事情异化"这一思想的理论建构是在《日常生活批判》第 2 卷中才完成的。因此，无论是以"小事情异化"来指称列斐伏尔早期的思想，还是将列斐伏尔早期的思想诠释为"小事情异化"都是不尽合理的。

③ 亨利·列斐伏尔：《日常生活批判》第 2 卷，叶齐茂、倪晓晖译，社会科学文献出版社 2018 年版，第 317 页。

④ "列斐伏尔在其思想前期与中期发生了一次思想转变"，这一观点已经为学界所认可。刘怀玉教授称这一次思想转变为"从一般的日常生活批判或意识形态的哲学的日常生活批判研究，转向现代社会的日常生活批判研究"（参见刘怀玉：《现代性的平庸与神奇：列斐伏尔日常生活批判哲学的文本学解读》，北京师范大学出版社 2018 年版，第 57 页）。仰海峰教授则就这一思想转变进行更加细致的研究，指出列斐伏尔的思想转变是与其对现代世界的转变的理解相一致的，即现代世界已经由生产社会向消费社会转型（参见仰海峰：《列菲伏尔日常生活批判理论的逻辑转变》，《学术月刊》2009 年第 8 期）。本文认可学界提出的基本观点，但指出不同的是，在这一逻辑转变的过程当中，列斐伏尔在《日常生活批判》第 2 卷中实际上尚未形成消费社会的理论，而是形成了对现代资本主义日常生活的深刻把握，即有关日常生活"再隐私化"的特殊形态与现代资本主义特殊异化机制的思想。

活与观念生活的整体结合，而是诸多碎片结合而成的一个无底的辩证的场域。所以，在列斐伏尔看来，马克思曾经的观点——"经过一个历史的却独特的行动，即无产阶级的革命活动，异化会完全消失"——对现代社会而言已经成为了一种从哲学的绝对中推出的观点，[①] 而他自己早期的通过无产阶级积极的行动实现"总体人"理想的人类解放路径也已经不再行得通了。这对他而言意味着大规模改造日常生活的革命理想不复存在，从而他走向了"改造道德秩序的革命设想"的微观革命。

三、日常生活的微观革命

在上述两个部分的内容基础上，列斐伏尔确立了日常生活的微观革命作为"改造道德秩序的革命设想"的核心，从而发展了马克思的人类解放思想。在列斐伏尔看来，国家消亡论是马克思人类解放思想的重要内容，而"改造道德秩序的革命设想"则为国家消亡论做注解。由此，马克思的国家消亡理论就被解读成消亡以国家为表现形式的资本主义道德秩序的革命。这就是说，"改造道德秩序的革命设想"继承了马克思国家消亡论的内涵，但又改变了国家消亡论的宏观视野。因为现代资本主义以渗透个体日常生活的方式对人进行控制，所以人类解放的革命也应该采取日常生活微观革命的形式。这意味着必须阐明"改造道德秩序的革命设想"三个方面的内涵：一是其独特的微观视域；二是其对国家消亡论内涵的改造；三是由其通向"恢复美学本性的革命设想"的人类解放路径。只有这样，才能真正完整地呈现出列斐伏尔关于人类解放的独特理论内涵。

第一，基于"再隐私化"和日常生活的异化机制，"改造道德秩序的革命设想"必然是一场发生在日常生活之中的微观革命。这表现在三个层面。首先，就其内容而言，"改造道德秩序的革命设想"意味着实现需要与欲望运动层面上的变革。"这个计划明确要求，承认人的需要和欲望的相关性……认识

---

① 亨利·列斐伏尔：《日常生活批判》第2卷，叶齐茂、倪晓晖译，社会科学文献出版社2018年版，第414页。

二者之间的关系，让这种关系透明。"① 这一内容自然而然地将"改造道德秩序的革命设想"引向碎片化的日常生活世界。其次，就其行动而言，"改造道德秩序的革命设想"拒绝了国家消亡理论所阐发的诸多宏观总体革命形式，即否认了在现代世界通过总体的独特的无产阶级革命行动从外部实现日常生活变革的可能性，从而转向了日常生活的微观行动。最后，就革命的主体与依赖的力量而言，由于随"再隐私化"而来的总体颠倒的消解，原先因激烈对抗的阶级矛盾而产生的鲜明的无产阶级主体已经消失，因而"改造道德秩序的革命设想"的革命主体必然是日常生活之中的离散个体。由此，"改造道德秩序的革命设想"排除了宏观革命的形式，从而获得了其独特的微观视域。

第二，"改造道德秩序的革命设想"保留了国家消亡论的基本内涵，在微观领域重构其存在形态。如果说在马克思那里，国家消亡论以消亡资本主义国家为目标，那么在列斐伏尔看来，这一目标的实质乃是消亡国家具体表达和实施道德观念的形式，从而使"具体表达和实施道德观念的是个人的，是把自己上升到较高的道德层次上的日常生活"②。由此，列斐伏尔将国家消亡重构为一场微观领域内的"改造道德秩序的革命设想"的革命。但是由于日常生活个人化的特征，"改造道德秩序的革命设想"的变革只能是在个体层面上的扬弃，这就使得"改造道德秩序的革命设想"天然地具有了文化革命的特质。③ 国家消亡论并不仅是政治上的革命，而且思考了从资本主义国家到社会主义国家再到国家自然消亡的彻底转变，这其中必然伴随着经济形态与文化、意识形态的变革，因而日常生活的"国家消亡"同样不仅仅局限于某个具体的领域。因此，"改造道德秩序的革命设想"所思考的仍然是日常生活的完全转变，而要达成这一目标，仅仅着眼于文化观念的变革是远远不够的。正如列斐伏尔所说："在客观道德和法律的王国里，人的社会权力已经异化了。这些人的社会权力必须返回个人生活，重新被吸收到个人生活里，以便改变个人生活。"④ 总而言之，"改造道德秩序的革命设想"意味着人与一切

---

① 亨利·列斐伏尔：《日常生活批判》第 2 卷，叶齐茂、倪晓晖译，社会科学文献出版社 2018 年版，第 266 页。

② ［法］亨利·列斐伏尔：《日常生活批判》第 2 卷，第 266 页。

③ 必须指出的是，学界在谈到列斐伏尔的革命计划时均使用"文化革命"这一概念为其定性。但事实上，由于论及革命的视域不同，以宏观的文化革命概念来指称列斐伏尔的日常生活的微观革命显然是一种误认。

④ ［法］亨利·列斐伏尔：《日常生活批判》第 2 卷，第 267 页。

高于日常生活并支配着日常生活的强迫性结构的交锋，从而去除社会历史的神话，使人的社会权力复归自身。

第三，在"改造道德秩序的革命设想"的基础上，通向"恢复美学本性的革命设想"的瞬间革命。列斐伏尔将马克思的人类解放视为两个革命计划的统一。"改造道德秩序的革命设想"仅是人类解放的基础性工作，而人类解放则寄希望于在这一基础之上的"恢复美学本性的革命设想"的实现。在列斐伏尔那里，"改造道德秩序的革命设想"是以扬弃的方式得到实现的。这一思路表面上与马克思早期的人本主义路径相似，但实际上对于列斐伏尔而言，发现异化并不意味着消灭异化，甚至不意味着与异化的激烈对抗。这不过是一个元伦理层面上的变革，从而重新发现日常生活的主体，即具体表达和实施道德观念的个人。然而，由于没有论及实践层面，这一主体的权力仍然为国家所占据。而"恢复美学本性的革命设想"才是列斐伏尔真正为解决这一问题而提出的革命计划，它源自对日常生活主体及其力量更深层次的把握，"重新发现自然生命的自发性和自然生命最初的创造性动力"①。至此，列斐伏尔关于人的本质的论述已然经其辩证人本学逻辑阐发②，并被重构为日常生活中不可被约减的偶然性瞬间。进而其通过瞬间革命使节日与日常生活结合，从而恢复日常生活非同质化的丰富性。

四、总结

诚然，在列斐伏尔的思想演进过程中存在着由早期到中期的连续性。但必须指出的是，相对于连续性，其发展过程中的思想断裂与多线交织的复杂性更加需要我们去注意。这意味着，从"改造道德秩序的革命设想"到"恢复美学本性的革命设想"并非其思想内在逻辑的自然发展，而仅仅是一种特意为之的理论建构。但是，列斐伏尔对日常生活社会学的理论阐释实际上不

---

① ［法］亨利·列斐伏尔：《日常生活批判》第2卷，叶齐茂、倪晓晖译，社会科学文献出版社2018年版，第267页。

② 从这里可以看出，列斐伏尔由早期到中期的思想转变实际上包含另一种逻辑，即瞬间理论的提出。这实际上是列斐伏尔的思想从人文主义转向辩证人本学的结果，是对由恢复"总体人"的革命理想转到对日常生活中唯一不可被约减的偶然性瞬间的把握。

足以跨越彻底认识日常生活与彻底改造日常生活之间存在的巨大鸿沟。他以日常生活社会学作为瞬间理论的理论支撑，在对日常生活的层次分析中发现日常生活中不可被约减的偶然性瞬间，又通过建构语义场、间断性等理论赋予瞬间以存在的形态。这一路径是注定要失败的，这是因为列斐伏尔对瞬间的发现并非基于现实的日常生活，而仅仅是在理论上对日常生活进行分析。因而他不可能看到，瞬间解放的力量无法抵抗来自资本的强制性权力。瞬间本就只能出现在尚未被异化或已然得到改造的缝隙般的日常生活情境之中。日常生活批判所面对的是现实的现代资本主义的日常生活，在这一现实性的制约下，瞬间只能是革命的结果而非起始。

然而，这并不意味着对列斐伏尔的人类解放革命设想的全盘否定。由日常生活批判的两条线索，列斐伏尔实际上陷入了思想的矛盾当中。一方面，对现代资本主义日常生活的把握使其走向了日常生活微观具体的社会学，这意味着通向具体日常生活实践；另一方面，恢复"总体人"的革命理想又在其思想中偷偷作祟，企图在瞬间中实现超越历史条件的人类解放。其实，"改造道德秩序的革命设想"本就内在地包含了通向日常生活的人类解放的可能性。对日常生活异化的发现不仅意味着个人观念上的转变，更直接意味着通过个体行动对日常生活的改变。这意味着改造生活不再是创造瞬间、激活瞬间，而是尽可能多地创造瞬间出现的可能性场域。因此，日常生活微观具体的社会学应当说明的全部的问题就在于，如何在现代资本主义强大物质力量的统治之下，以个人微小的力量撬开资本主义稳固的秩序，从而使得更多的使人类解放可能的缝隙得以出现。因此，人类解放转向日常生活批判，意味着要为现实地生活着的人们提供具体的日常生活策略，这正是列斐伏尔"改造道德秩序的革命设想"最终应当实现却没有实现的层面。

一个新的起点：
论延安文艺路线对大众话语政治的确立*

黄 罡**

　　李大钊在《史学要论》中将唯物史观视为人类全部社会生活的生动呈现，其与所有狭义上的专门史观不同，而是从神学、哲学和法学等观念形态及其话语表述中走出来，深入现实的经济生产及生活中，考察那些不平等且不断对抗的物质关系，从而揭示历史在社会变革中发展的真实动力。① 既然唯物史观不同于将社会变革表述为帝王将相的政治精英史，也不同于专业知识分子书写的文化、艺术或经济史，此特质也就产生一个问题的思考：历史的书写和话语的编制，乃至对真理的表述，始终处于一个编撰的过程，且此历史的编撰时刻面临如何公平地反映人类生活的全貌，并书写那些来自底层的声音。而问题在于：如何能让底层民众发声？如何让其声音在理性机制下表述为有意思（义）的话语？又如何使这些话语让在场的权威听得懂也愿意听？对于马克思主义而言，分散在经济活动中且处于市民社会状态下的底层大众，在没有从政治上由自发状态进入有组织的抗争之前，并无历史可言。他（她）们或许能在权威话语下离散地叙述其自在的经济生活，但很难在此表述中形成自觉且批判的阶级意识，而只能被权威代表表述成为其自我言说中一个沉默且空洞的符号。无产阶级革命不但应当使底层民众在经济上自主，而且要使其在政治和文化上独立言说。在中国，真正从话语上把中国革命的本质特

---

　　* 本文载于《人民论坛·学术前沿》2019-07-07。

　　** 黄罡，英国伦敦大学政治学博士、诺丁汉大学批判理论与文化研究硕士，硕士生导师，广东省习近平新时代中国特色社会主义思想研究中心广州大学基地副主任、研究员，广东省中国特色社会主义理论体系研究中心广州大学基地研究员。主要从事政治哲学、批判理论、文化研究以及当代中国政治发展的教学和研究工作。

　　① 李大钊：《史学要论》，上海古籍出版社2013年版，第2-4页。

征表述清楚的是毛泽东。毛泽东一再强调历史终究是由人民创造的。其目的就是要把书写历史的权力交还给底层民众，使劳苦大众的声音成为历史进程的主旋律。而毛泽东《在延安文艺座谈会上的讲话》（以下简称《讲话》）作为马克思主义中国化的重要标志之一则成为中国底层历史编撰的话语起点。

一、去"作者"化

既然要把中国反帝反封建的革命历史编撰交还给人民，那么要用何种表述方式来书写底层的声音？这个问题不仅在于要打破底层民众的沉默，更在于如何在理性表述的范畴内建立底层言语的传播渠道。此"渠道"就是从事话语编撰的知识分子。可如何使知识分子的表述忠实于底层的声音，而不仅仅是作者以自我为中心的创作？这是延安文艺座谈会及其文艺路线首要考虑的问题。

知识分子由"作者"向"底层者"的身份转变需要从两者之间的关系加以论述。底层者这一概念源于安东尼奥·葛兰西。他在《狱中札记》中从三个方面对底层话语进行论述。第一，其指出话语规范下书写权的归属和博弈。上层阶级的统治并不只是暴力和威压，而是其言语对书写的引导乃至支配，即一种在文本、知识和话语传播中通过符号表述的象征力量。知识分子手中的"笔"与上层话语的从属关系则成为将国家机器与文化感召力整合在一起，形成"一体化政权"的关键。革命绝不是简单地夺取国家机器，而需要争取处于中间阵营的知识分子来获得文化领导权。第二，其提出要对关于底层话语及其革命理论进行重新编撰。理论语言一定要基于社会实践，其编撰的历史应极具表现力和画面感，明白易懂，而不能脱离历史现实，成为武断且抽象的陈述。第三，其强调底层运动是离散和自发的，在组织上存在着不平等、分布不均衡的差异性，难以结成统一阵营。而这种离散状态也正是底层民众在历史编撰中沉默的原因。因为书写其历史的素材、文本、记忆和经历在上层话语的支配下呈现片断式乃至碎片化的特点，难以搜寻。① 而历史编撰者

---

① Gramsci A., *Selections from Cultural Writings*, W. Boelhower, Trans., Cambridge: Harvard University Press, 1991, p. 294.

（主要是知识分子）的任务和挑战正是如何深入民众，搜索、整合并表现这些有关底层生活的"片断和碎片"。

既然知识分子是使底层得以言说并在无产阶级领导下夺取文化领导权的决定因素之一，那么延安文艺路线则在对知识分子的治理实践中，从策略上对此"书写的力量"进行引导。这种引导首先瓦解的是以自我创作为中心的作者意识。此意识源于唯心主义传统中的启蒙美学。其以先验理性和"超感"区分高贵和低贱，文明和野蛮。对于写作而言，传统知识分子往往会在作者的自我定位上附加先验的价值取向或理性考量，即"我"应在一种有良知、道德且可感化的普遍人性下言说，要以一种假设人人都有也应该得到的同情心以及悲天悯人的情怀来写作。在此自我显现的美学评判下，知识分子依据"为我所知"，按自我设定的理性表述来赋予意思（义）、界定话语和建构文本。而另一方面，此界定又排斥那些"不兼容的素材"。这种分化也引发作者身份的分化：一是将自己定位为文化精英，认为自己从属于上层阵营，其设想的价值、理念乃至追寻的理性就是规范，而拒绝此规范者必然"愚不可及"；二是自己并不认同上层阵营，但因文化背景一致也并不排斥，同时又与底层交织，以局外人或启蒙者的姿态来同情底层者，却不愿在知识和情感上与其相融，往往坚持政治中立和自由主义式的多元价值、普遍人性和人道主义原则，在反感上层权威时，又以自我为中心的启蒙来教化底层者。底层者的沉默和从属地位并没有被改变，而是被延续了。

作者的"自以为是"与底层者的"卑微"现象亟须扭转。而真正从策略上实现底层意识对作者意识的取代则是中国共产党领导的文艺路线的确立。此路线不仅得益于毛泽东对中国知识分子阶级属性的分析，更重要的是得益于与整风运动相交织，强调话语规范对塑造底层革命主体的重要性。从毛泽东的《讲话》来看，这种塑造并不是军事意义上的，而是通过对知识分子的规训和改造，转变其身份认同，从而通过其创作将底层劳苦大众的真实生活表现出来，使他（她）们的声音传播出来。这种对知识分子作者身份的扭转更贯穿了中国共产党从革命到执政对底层话语进行表述且不断规范的整个过程。而历史起点则是延安整风运动与延安文艺路线的确立。

二、代表和表现

延安文艺路线将中国革命对知识分子的规训贯穿于中国共产党维系其文化领导权的治理范式中。关于此规训理性，有学者提出不同意见。一则认为文艺和知识界的整风瓦解了新文化运动中以自由、平等、博爱为特征的文艺创作，开启了"党性规范"时代；① 二则以鲁迅为代表的"化大众"的现实主义创作向以工农兵为主体的"大众化"转变，独立的作者身份进而消亡。② 针对这些关于作者意识被取代的批判，一个核心不可被忽视，即底层者如何被代表的问题。

关于代表底层发言的论述，可追溯到马克思的《路易·波拿巴和他的雾月十八日》（*The Eighteenth Brumaire of Louis Bonaparte*）一文。他提出"小农（阶级）不能表现自己，他（她）们必须被代表"。此处，阶级有两层含义：一被"描述"为经济从属关系，二是必须在政治和文化上实现"转化"。简言之，阶级是一种通过政治代表（言）产生意识、赋予身份并实现主体转化的经济条件。这进而涉及政治和文化上的代言与底层生活的真实表现之间的关系问题，即如何阐释"代表"这一概念。

"代表"可以被视为相互关联，但不可相互取代，也不可随意整合的双层异质机制：一是在经济、政治和文化上通过一体化的理性表述进行决断且统一的代言（vertretung），这往往是强制且同质化的替代；二是在现实生活和行动中有选择性地自主表现（darstellung），是自在、分散且多样的。③ 统一代言及其编撰的话语与底层生活的真实表现之间会产生两种关系：一是前者在美学呈现和理论撰写中自以为是地为后者代言；二是两者不可混淆，一定要保持博弈的距离。而要在实践中了解底层运动的复杂性，必须拒斥自以为是的

①　郭国昌：《〈在延安文艺座谈会上的讲话〉的发表与延安文艺政策的确立》，《中共党史研究》2014 年第 12 期。

②　田刚：《鲁迅与延安文艺思潮》，《文史哲》2011 年第 2 期，第 138–142 页。

③　Spivak G. G. , *A Critique of Postcolonial Reason：Toward a History of the Vanishing Present*, Cambridge，MA：Harvard University Press，1999，pp. 256–257，p. 283.

统一代言对底层表述的同化。① 那么也就产生一个问题，即底层民众的自主表现到底需不需要被代表？如果需要，则如何被代表？

这实际上是代言和表现的博弈关系问题。此关系的处理分为建构式和民粹式两种。安东尼奥·葛兰西在《南方问题》中基于无产阶级政党领导下的底层联盟及其文化宏学，提出在知识上瓦解资本主义统治的合法性，并从市民社会中消解其文化霸权，从而建构底层话语权。但此底层话语权的建构过于宏观，且缺乏微观层面上的技术和策略的考量。即使底层民众能在政治上代表自己，也不意味着其能马上摆脱上层支配而自主表现，这是一个漫长的博弈过程。而且对底层民众表述的复杂性也不宜过分乐观，政治上的统一和文化生活的离散是很难兼容的，需要高超的治理艺术。

第二种方式则是民粹非建构式的，否定代表机制的合理性。在 1972 年吉尔·德勒兹与米歇尔·福柯的谈话中，吉尔·德勒兹宣称"不再需要（外在的）代表或表述机制，而只有行动……理论的行动和行动的理论相互接替形成网络……理论的生产就是一种实践"。② 德勒兹依据行动的逾越性，按西方后资本时代工人运动的蓝本来解读第三世界，想当然地认为底层民众无需理性表述机制，他（她）们充满智慧，可以自我启蒙，自动地认知世界，并时刻准备着表述自己，产生真理。而福柯的反抗理论基于历史编撰中的断裂性和事件化，过于强调权力-知识网络中行动与行动之间离散的因果关系，且坚持自我治理的主体化技术与主权-国家的中心代理机制之间的异质化。这种反抗的本质是个人主义式的自我爱护，与自由主义的多元文化论异曲同工，更无法在其断裂的历史编撰中看清底层反抗的历史从来就是一部连续的资本和帝国压迫史。③

延安文艺路线确立的大众化表述机制是在以上两种方式之间，既强调无产阶级政党在底层话语表述中的合理性和必要性，又从微观上利用整风式的个体规训技术和群众路线来规范和把握党群关系；既在教育大众的价值理念

---

① SpivakG. C. , "Can the subaltern speak?", in Cary Nelson and Lawrence Grossberg (eds.), *Marxism and the Interpretation of Culture*, London：Macmillian, 1988, pp. 275-276, p. 279.

② Foucault M. , Language, Counter-Memory, Practice：Selected Essays and Interviews, NY：Cornell University Press, 1977.

③ Didur J. and Heffernan T. ," Revisiting the Subaltern in the New Empire", *Cultural Studies*, 2003, 17, p. 12.

下坚持党员干部和知识分子扎根底层，强调与民众的鱼水关系，又杜绝民粹倾向，始终明确党的领导与民众自主表现之间的理性距离。接下来的内容将从"政治化"和"阵线"两个方面来进一步阐述延安文艺路线的双重底层表现机制（vertretung-darstellung）。

三、政治化

延安文艺路线明确大众化的目的首先是教育，即通过知识分子通俗化的语言来普及文化知识，使底层民众获得编撰历史和迈向真理的条件。底层民众及其生活是发现真理的智慧源泉，其固有的交流机能会自发地表达，但在被上层权威预先占据的理性表述机制下，底层的声音要么无法被听见，要么被视为在未受教化的状态下说出来的"疯话"，要么被转变为权威规范能认同的意思（义）。故底层民众能自发地发言，但无法自动形成话语，更无法在历史中写下其对真理的表述。为了改变这种沉默且压抑的状态，产生了三条路径：一是自由主义的多元文化策略，理性机制的自我调整，在道德和美学表现上将底层运动作为差异性来容纳；二是非建构式的，在理性以外说出权威听不懂也不愿听的"呓语"，民众拒绝被启蒙和代言；三是民众仍需教育和代表，而不是民粹式地对理性机制的逾越而过度"发泄"，问题在于如何瓦解被强权预先建构的理性表述机制并用底层的语言来引导民众，让底层的声音被听到并记录下来。

延安文艺路线属于第三条路径，结合延安整风运动将政治代表和文艺表现之间的关系规范成一种一致性的样式。自由主义者认为此一致性的样式是用教育取代启蒙，辩证理性代替自由理念，把多元文化表现单一化为政党生产型的文化形态，且将真理的先验性和普世性降解为政党的意识形态阐述。此观点对延安文艺路线的误读源于自由主义理论的自我建构。其认为启蒙不同于教育，前者是基于个人之上的普遍人性对纯粹真理的多元价值表述，而后者则具有基于近现代国家理性的生产功利性，其本质是集体的灌输和操控。多元文化主义寻求去政治化，消解对抗，认为在远离政治代言（主权—国家代理机制）的情况下，理性的自我变化和普遍道德可以在美学表现上消除"我们"和"他（她）们"的隔阂，将后者作为差异性纳入预先建构的理性机制中。但是这种去政治化的多元文化主义却与同样反对主权和国家干涉的自由市场机制交织，从而被市场流动中的资本力量占据和利用，以"自由、博爱、包容"之名行霸权之实。所以，自由主义的多元文化论从来就不是底层话语表述的出路。

既然没有普遍真理，或真理不仅仅是启蒙，那么延安文艺路线通过大众化教育来接近的真理又是什么呢？这需要明白真理与权力的关系。权力—知识—话语之间的关系不单是源于理性启蒙下的求知欲，更重要的是处于不同权力关系之间的博弈中，对不同的经验、技术以及策略作出多样化的表述。真理在此博弈中不只是"造词"，更是"造人"，以实现主体的转化。所以，延安文艺路线中的知识分子不只是说一说、写一写，以告诉民众什么方式或条件下可以迈向革命真理，而是要让其创作使民众相信革命且自愿在政治斗争中为革命而付出。

政治化在延安文艺路线中的必要性也就体现在底层话语表述中对中国革命真理性的塑造。毛泽东在《讲话》中将此政治化阐述为矛盾的两个方面：一是对知识分子而言，要让底层民众说话，听他（她）们说话，教他（她）们书写，但决不是取代他（她）们；二是对党而言，虽不能取代民众，但必须代表他（她）们发出政治声音。此阐述有两层含义：一是政治领导与知识分子在底层文艺表现中的博弈关系，从话语表述上消解作者意识和从政治体制上进行规训，意味着在敌我矛盾之外从革命阵营内部对底层话语表述进行治理的必要性始终存在；二是党始终与底层民众在一起，但政治上决不等同于后者，一种政治代表的理性距离始终存在于中国底层话语的表述中。

四、阵线

由此看来，关键在于如何在政治—文艺双重表述机制中强调党的领导地位的同时，避免其代言成为单一且同质的取代关系，以在一定距离或范围内，保证底层民间话语的多样性，争取最大限度的求同存异。关于此治理的论述可从革命文艺阵线及其阵营的布置切入。阵线意味着对抗阵营及其采取的阵式或阵型之间的博弈界线。此博弈界线的改变取决于不同阵营采用了何种策略，运用了何种技术，布置了何种阵式。在座谈会召开以前，知识分子型的社团与工农兵型的社团的分布和发展并不均衡，没有在党的领导下形成统一的政治声音，而以阶级联盟的形态保持延安文艺社团及其创作的多样性。① 座谈会则将之前多样且松散的联盟阵营向规范化和中心化转变。

此变化也伴随着革命文艺阵线的调整。然而，中国革命文艺阵线的转变并不源于座谈会，而始于 1936 年春文艺界抗日民族统一战线的建立。在此之前，中国革命文艺阵线主要分布在城市，而不在农村。这可以追溯到 1930 年 3 月在上海成立的"左联"。它是在中国共产党领导下，以表现无产阶级文化为首的左翼文艺联盟。此底层文艺联盟的目的是夺取无产阶级的文化领导权。其策略与安东尼奥·葛兰西"阵地战/夺位之战（war of position）"的概念相交织，即在资产阶级文化支配下的市民社会推广新的价值理念以对抗权威话语，且以市民社会为据点号召大众，组建社会文化力量，参与政治斗争且重建社会。② 但随着"左联"的解散，左翼知识分子们在抗日民族统一战线的号召下，从国统区奔赴延安，不仅扩充了革命文艺阵营，更将阵线的分布从城市转移到乡村。虽然在解放区前期，革命文艺团体的联合基本延续了这种联盟形态，但延安文艺路线不是以市民社会为据点，而是在农村包围城市的战略背景下采取的策略。其运作的位置在解放区，不是上海的"十里洋场"，对象大多是处于（半）文盲状态的农民阶级。

阵线的调整也与空间位置的差异密不可分。位置有两层含义：一是方位/位置（position），即在空间中不同方向上所分布的各种位置，以及它们之间复杂多样的势能关系，而这种关系在各位置间引发动能，并在运动和差异中不断产生行动、符号、意思（义）；二是在地方放置或布置人与物（emplace），即在空间运动中，占据地点，放置装置和器物，建设属于自己的地方，营造熟悉的环境，编撰自己的话语和历史，由此产生身份认同上的差异——"自己人"和"他人"，简言之，形成"地域"及文化和身份上的所属关系，并在差异中产生对峙，形成阵线。从战略上看，阵线的分布可被视为对抗双方所分布的位置之间的势能变化，时刻引发彼此间潜在的行动。但从策略上看，此分布在武装割据和阵营的组成中与第一层含义有矛盾。换言之，空间总处

---

① 郭国昌：《文艺社团的转型与延安文学制度的建立》，《文史哲》2013 年第 1 期，第 138-142 页。

② Gramsci A. , *Selections from the Prison Notebooks*, trans. and eds. by Q. Hoare and G. Nowell Smith, New York：International Publishers，1971，p. 235，p. 238，p. 349.

于运动中，在各种行动的相互作用下扩张和变化，以表现文化上的差异。但从地域和布置来看，空间方位间的运动却伴随着"占据"，而被间断并处于间歇地停顿中，以产生对抗。基于这一角度，虽然延安文艺阵线及阵营布置被视为象征层面的文化政治对抗，但从功能上看，其与军事行动是一致的，意味着占据和建设，从政治层面上，在空间分布和文化表现的差异中区分敌人，在建构"自己人"的同时保持敌我斗争。在武装割据中，人民军队攻占领土，形成并保卫根据地，而要将军事意义上的根据地建设为解放区，则需要文艺团体的布置和渗透在言语、知识和思想上"占领"生活在根据地中的民众，在话语上将"割据"变为"解放"。

再者，通过文艺阵线和阵营的布置在大众文艺创作中强化底层话语意识不仅标志着以中国共产党为核心的话语规范的确立，也体现了中国革命在权力形态和技术策略上的变化。井冈山土地革命时期的权力形态基本上是革命主权为保卫根据地领土安全而进行的对敌斗争。而遵义会议后，直到延安，毛泽东在党内的核心位置得以确立。其考虑的不仅是对敌斗争，更需要在认识论上从理性出发，将对中国革命的所思、所想编撰成理论知识，并表述其真理性。同时，也需要在专政以外，鉴别哪些力量是可以被规训、改造和团结的。基于这一角度，延安整风运动可被视为一种针对党员干部以及统一战线内个体知识分子的规训技术或策略，其目的是塑造忠诚的革命主体。而与延安文艺路线的交织，更通过被转化的知识分子的编撰与传播，使毛泽东思想的真理性与底层话语的反抗性融为一体。

五、结语

立足于中国特色社会主义实践用中国话语讲述中国故事有必要追根溯源。本文将中国话语的历史起点追溯到延安文艺座谈会。中国共产党领导的革命文艺路线承续五四运动"启蒙大众"的新文化精神，进而开启了由共产党领导的底层话语表述及其历史编撰。而如何在历史中书写底层民众的言语？这是延安文艺路线要解决的根本问题，也是基于中国革命和以共产党为表述核心的中国话语的本质特征。延安文艺路线对大众话语政治的确立已从四个方面加以论述，其主旨如下。

（1）消解自我建构的作者意识以及以"启蒙者"自居的上层者身份，通过对个体知识分子的规训，将"化大众"式的话语表述转变为"底层大众化"。

（2）其为底层言说的双重表述机制（政治代表和文艺表现），在建构式和民粹式的表述之间，强调从微观技术策略层面建构和规范底层话语表述，同时防止民粹式的底层表达方式。

（3）强调革命文艺路线中政治化的必要性。延安时期中国底层话语表述的历史范畴是革命，是敌我的政治斗争。而如何在政治上把党在斗争中建立的革命真理与底层大众话语中的反抗性相融合是延安文艺路线首要考虑的问题，而不仅仅是文艺的自主表现。这也需要以政治为导向不断引导知识分子，而且在党群关系中保持一种党"虽不取代但却代表"民众的理性距离。

（4）文艺阵线的分布和阵营的布置立足于农村包围城市的革命路线，在当时军事割据和解放区的文化建设中，开启了以中国共产党为核心的人民话语政治。

马克思恩格斯对异化家庭的解构与重构[*]

李丽丽[**]

在《德意志意识形态》和《共产党宣言》中，马克思、恩格斯（以下简称马、恩）明确提出了"消灭家庭"的口号。美籍奥地利学者赖希曾在其著作中指出，马克思所谓"社会革命的主要任务之一是消灭家庭"[①]。对于赖希的观点，笔者尽管不甚认同，但马、恩对异化家庭的批判确实在其思想体系中占有重要地位，这从马克思晚年对摩尔根《古代社会》一书所写的摘要以及恩格斯据此写就的《家庭、私有制和国家的起源》可见一斑。马、恩为什么要冒着受到反对派强烈指责的风险提出"消灭家庭"的口号？他们所解构的家庭是一种什么意义上的家庭？这种家庭又何以能够被解构？对这些问题进行明确阐释，有利于澄清对马、恩"消灭家庭"这一口号的种种误解，也有利于深入考察马、恩对异化家庭的解构与重构。

一、资本主义家庭范式的异化

在《共产党宣言》中，马、恩庄严宣告"消灭家庭！"他们预料到这样一种尖锐的提法可能会引发反对派的强烈指责，可能"连极端的激进派也对共产党人的这种可耻的意图表示愤慨"[②]。那么，我们不禁要问：马、恩为什

　＊　本文载于《深圳大学学报（人文社会科学版）》2022-05-07。

　＊＊　李丽丽，哲学博士，广州大学马克思主义学院副教授、硕士生导师，主要从事马克思主义哲学研究。

　①　威廉·赖希：《性革命：走向自我调节的性格结构》，陈学明等译，东方出版社2010年版，第150页。

　②　《马克思恩格斯文集》第2卷，人民出版社2009年版，第48页。

么坚持要提出"消灭家庭"？以下两方面的原因可对此作出合理解释。第一，"消灭家庭"思想在早期共产主义传统中由来已久，马克思在 1843 年迁居巴黎后，从法国空想共产主义思想家那里接受了"家庭消亡"的理念；第二，马、恩已经深刻认识到资本主义家庭范式的异化，他们排除了空想共产主义者"家庭消亡"理论中的"公妻制"残余等消极方面，在现实的基础上，赋予"消灭家庭"以本真涵义。

（一）早期共产主义"消灭家庭"思想的渊源

家庭异化、消灭家庭思想最早可以追溯到柏拉图的《理想国》。在《理想国》中，柏拉图悉心构建了一个他心目中最理想的未来国家图景。"理想国"以公有制为基础，但这种公有制还仅限实行于治国者与卫国者的统治阶级范围。柏拉图认为，要想成为优秀的护国者，"除了绝对的必需品以外，他们任何人不得有任何私产"①。因为"金银是罪恶之源"，私有财产会玷污他们的心灵，使他们没有办法专心治理国家，并且私有财产也有使他们蜕变为暴君和人民的敌人的危险。因此，"理想国"中的统治阶级不拥有生产资料，在消费资料方面也必须实行公有制，其消费资料由劳动者阶级供给。

在这种消费资料公有制的基础上，作为"单个分开的经济"的家庭，不仅是不能存在的，也是无需存在的，由此柏拉图进一步提出了妇女儿童公有和家庭解体的思想。柏拉图这样写道："这些女人应该归这些男人共有，任何人都不得与任何人组成一夫一妻的小家庭。同样地，儿童也都公有。"② 当然，柏拉图提出这种观点并不意味着其主张两性关系的混乱无度，他指出，妇女儿童公有、消灭家庭是与整个"理想国"的政治制度相一致的，是为国家制度服务的。一方面，优秀的人们相互结合可以起到优生的作用，可以为国家传递优秀的基因；另一方面，妇女儿童公有可以避免国家的分裂和混乱，保持国家的稳定统一。柏拉图的"理想国"并未在现实生活中实现，雅典也不可避免地走向了衰落，但他在《理想国》中对共产公妻、婚姻自由等问题的探讨成为了早期共产主义"消灭家庭"理念的思想渊源。

针对家庭的解体，一条路径是柏拉图那种"妇女儿童公有"的方式；另

---

① ［古希腊］柏拉图：《理想国》，郭斌和、张竹明译，商务印书馆 2002 年版，第 130 页。
② ［古希腊］柏拉图：《理想国》，郭斌和、张竹明译，商务印书馆 2002 年版，第 190 页。

一条路径则是独身禁欲。原始基督教共产主义属于后者。"所有的原始基督教团体都有一个共同特征，那就是竭力取消家庭生活"①，推行集体生活，这是消费资料共产主义的必然结果。但与柏拉图那种"妇女儿童公有"理念不同，"基督教在一开始主张实行彻底的共产主义的时候，也曾力图向家庭和婚姻发起攻击，他们所采取的方式大都是奉行禁欲主义"②。所以，原始基督教共产主义主张完全弃绝两性关系，独身禁欲，以此来达到取消家庭和个体婚姻的目的。直到中世纪，禁欲独身、"消灭家庭"的传统在很多宗教共产主义团体中仍然保留着。另外，把妻子公有作为共产主义特征的观念在有些宗教共产主义团体中也颇为盛行。具有宗教主义倾向的康帕内拉在《太阳城》中，仍然对消灭家庭、实行"公妻制"推崇备至。

16 世纪以来，伴随资本主义生产方式的出现，在批判资本主义制度基础上发展起来的空想共产主义对资本主义私有财产进行了激烈的批判，主张实行公有制。而在婚姻家庭方面，很多空想共产主义者虽然不再提"公妻制"，但仍然延续了早期共产主义"家庭消亡"的理念。法国的空想共产主义者巴贝夫就认为：共产主义需要培养博爱的感情，这是与"排他性的和利己主义的家庭制度格格不入的"③。所以，他主张实行公共教育、国家教育，排除任何家庭教育和父亲的权力。19 世纪 40 年代，空想共产主义思想在法国的传播可谓如火如荼，一度销声匿迹的巴贝夫主义在法国复活，形成了平均主义工人社和人道社等巴贝夫派共产主义者秘密团体，其中人道社以攻击婚姻和家庭著称，主张实行"公妻制"。

1843 年秋，马克思迁居巴黎，他开始接触到法国空想共产主义者的"家庭消亡"思想，对于这种思想中的"公妻制"残余，马克思给予了激烈的批判，这些批判集中体现在他这一时期写成的《1844 年经济学哲学手稿》中。马克思认为，共产主义的最初形态④还是"粗陋的共产主义"，"公妻制"是"这个还相当粗陋的和毫无思想的共产主义的昭然若揭的秘密"⑤。在《1844

---

① 卡尔·考茨基：《近代社会主义的先驱》第 1 卷，韦建桦译，商务印书馆 1989 年版，第 48 页。
② 卡尔·考茨基：《近代社会主义的先驱》第 1 卷，韦建桦译，商务印书馆 1989 年版，第 47 页。
③ 菲·邦纳罗蒂：《为平等而密谋》上卷，陈叔平译，商务印书馆 1989 年版，第 218 页。
④ 这里的"共产主义的最初形态"，马克思主要指的是巴贝夫主义。马克思在《神圣家族》中指出："巴贝夫主义是粗陋的、不文明的唯物主义者，但是成熟的共产主义也是直接起源于法国唯物主义的。"引自：《马克思恩格斯文集》第 1 卷，人民出版社 2009 年版，第 335 页。
⑤ 《马克思恩格斯文集》第 1 卷，人民出版社 2009 年版，第 183 页。

年经济学哲学手稿》中，马克思认为空想共产主义者站在劳动者阶级的立场上，批判私有财产，但却只是在低层次上实现了私有财产的普遍化，这在婚姻家庭关系上就体现在把妇女看作公共的财产，使妇女由"婚姻转向普遍卖淫"。婚姻家庭关系在很大程度上反映了人的文化教养程度，但"公妻制"却企图"把妇女当做共同淫欲的虏获物和婢女来对待"①，这是人的文化教养的极端退化。

马克思极力批判"公妻制"，恩格斯更是在《共产主义原理》中明确表示："共产主义组织并不实行公妻制，正好相反，它要消灭公妻制。"② 其实，巴贝夫主义者德萨米在1843年出版的《公有法典》中已经批判了"公妻制"。他指出：公有制将彻底铲除"家庭"这个毒瘤，他大声疾呼"不要分散家庭！不要家庭教育！不要家庭关系！"③ 但他也明确表示，消灭分散的家庭并不意味着实行"公妻制"，"公妻"是居心不良的人强加在共产主义者头上的字眼，因为所谓"公有"并不适用于人，而只适用于物。然而，不管早期共产主义者承认与否，"公妻制"与"消灭家庭"是贴在早期共产主义身上的标签。在马克思看来，空想共产主义还不能彻底摆脱"公妻制"，因为它还不能理解私有财产的积极本质，这种公有制仍然是私有财产的普遍化，其在婚姻家庭方面必然的结果就是导致"公妻制"，所以马克思才会说，"公妻制"是它"昭然若揭的秘密"。

（二）资本主义家庭范式之批判

早期共产主义"消灭家庭"的思想仍然启发了马、恩，他们在《德意志意识形态》《共产党宣言》中保留了"消灭家庭"这一口号，但却在新的基础上赋予"消灭家庭"全新的含义。赋予"消灭家庭"新的含义首先是从把家庭从天上拉回人间开始的。在《1844年经济学哲学手稿》中，马克思批判黑格尔把家庭仅仅看作抽象的概念。他指出，黑格尔把否定的否定即扬弃看作历史发展的真正动力，把家庭看作对道德的扬弃，把市民社会看作对家庭的扬弃，家庭、市民社会作为一种现实存在变成了抽象的环节为黑格尔的哲

---

① 《马克思恩格斯文集》第1卷，人民出版社2009年版，第184页。
② 《马克思恩格斯文集》第1卷，人民出版社2009年版，第690页。
③ ［法］德萨米：《公有法典》，黄建华等译，商务印书馆2009年版，第126页。

学体系服务。与之相反，马克思认为，家庭、市民社会、国家等都是受生产的普遍规律制约的，"在生产、交换和消费发展的一定阶段上，就会有相应的社会制度形式、相应的家庭……"①，所以，家庭、市民社会等不仅仅是中介的环节，它们也是现实的、历史的存在。把"家庭"拉回现实仅仅是马克思批判现存家庭的第一步，更重要的是他们发现资本主义的家庭范式在现实生活中发生了异化。这种异化主要体现在两个方面：一方面，资本主义的家庭范式违背自然属性；另一方面，资本主义的家庭范式具有抽象性。这种异化的家庭形式应该被消灭。在《关于费尔巴哈的提纲》中，马克思就曾明确提出，对这种异化的世俗家庭要在理论上进行批判，在实践上进行变革。

马、恩认为，两性结合是人与人之间最自然的关系，婚姻家庭关系本应充分体现自然性和私人性。然而，资本主义的婚姻家庭关系违背自然属性，在家庭内部，体现为妻子、子女对父权制家长的被迫服从；在家庭外部，则体现为资产阶级家庭与无产阶级家庭之间强烈的对比与分裂。家庭在资产阶级那里以虚伪的形式维持着温情脉脉的假象，真实情况却是荒淫无度和真正的"公妻制"。而家庭在无产阶级那里也以泯灭人性的畸形状态存在着，这表现为男性无产者因为贫困的"被迫独居"和女性无产者因为牟利的"公开卖淫"。

马、恩认为，婚姻家庭关系违背自然属性的真正根源在于：家庭因为与私有制生产关系存在千丝万缕的联系而僭越了自己的本性，发生了异化，具有了抽象性。正如他们在《德意志意识形态》中所说的："消灭单个分开的经济是和消灭家庭分不开的。"② 在大工业产生之前，家庭是最基本的经济单位，对经济发展起到主导作用，只是后来伴随"需要的增长产生了新的社会关系而人口的增多又产生了新的需要的时候，这种家庭便成为从属的关系了"③。但随之而来的资本统治非但没有恢复家庭的本来面目，甚至连最后一层"温情脉脉的面纱"都撕掉了，把家庭关系变成了赤裸裸的金钱关系，受到抽象资本的统治。"消灭家庭"的本真涵义就是消灭家庭的资本抽象性，还"家庭"以本来的自然属性，实现抽象异化家庭向自然家庭的复归。

马、恩只是从早期共产主义那里继承了"消灭家庭"的口号，他们与早

---

① 《马克思恩格斯文集》第 10 卷，人民出版社 2009 年版，第 43 页。
② 《马克思恩格斯文集》第 1 卷，人民出版社 2009 年版，第 569 页。
③ 《马克思恩格斯文集》第 1 卷，人民出版社 2009 年版，第 532 页。

期共产主义关于"消灭家庭"的理解在本质上是完全不同的。正如恩格斯所说："法国共产主义者只是在我们的发展的初级阶段帮助了我们，我们很快发现，我们比自己的老师知道的更多些。"① 马、恩是在分析资本主义现实家庭的基础上，在唯物史观的指导下，赋予了家庭全新的含义。

二、异化家庭的特征谱系

私有制的经济基础是异化家庭之为异化家庭的根本原因。这种经济基础催生了家庭范式的逐利性、强权性和功利性，三者共同构成了异化家庭的特征谱系，是异化家庭的抽象性体现。成熟时期的马、恩已经深刻认识到了家庭中的这些异化特征，他们认为，这些特征的产生原因可以一直追溯到父权制家庭和私有制确立的初始阶段。资本主义生产方式使这些抽象特征变得更加隐蔽、更加恶劣，已经异化到无以复加的地步。马、恩认为，资本主义家庭的这种异化结构应该被消灭，使家庭关系回复到纯粹私人的平等、自然、本真关系。

（一）逐利性

在原始社会，任何个体都没有办法自立自足，所以他们不自觉地结合为家庭、部落等共同体形式，以此来对抗恶劣的外部自然环境。原始人一开始过着游牧式的生活，不能长期固定在某个地方。随着农耕的发展，人们逐渐固定下来，由此出现了农业和畜牧业的分离，之后手工业又从农业中分离出来。在起初的阶段，家庭属于原始共产制家户经济，人们共同劳作、平均分配，没有"你的、我的"的观念，目的是依靠共同体的力量抵御风险、实现自我保存。在当时生产力水平下，分工还相当不发达，一个家庭可以同时从事农业、畜牧业和手工业，并且基本上可以实现自给自足。后来，家庭除了可以自给自足之外，还生产出了部分剩余产品，这极大地推动了交换的出现和发展，不仅导致了后来自由民和奴隶、穷人和富人的产生，甚至私有制、阶级的产生也是以此为基础，正如恩格斯所说："人类社会脱离动物野蛮阶段

① 《马克思恩格斯文集》第 3 卷，人民出版社 2009 年版，第 493 页。

以后的一切发展，都是从家庭劳动创造出的产品除了维持自身生活的需要尚有剩余的时候开始的。"① 剩余产品使各个家庭出现了财产的差别和继承的需要，这成为炸毁原始共产制家户经济的源动力。家庭由母权制向父权制转变，耕地也由原来的共同耕作过渡为供单个家庭私人使用，最后直接转归私有。也正是从这时起，"每一单个家庭就是一个经济整体"②，私有财产产生了，家庭成为社会的基本经济单位。文明时代的个体家庭因其逐利性而成为私有制产生和发展的基础。

在现代大工业产生之前，以家庭为单位的农业、畜牧业、手工业承担了社会经济的主要职能，个体家庭关系与私有制生产关系紧密相关，可以说个体家庭就是私有制存在的载体。尽管单个的家庭经济伴随现代大工业的发展已经处于从属地位，但家庭的私利性及其影响并未完全消失，现代社会的分工以及分配的不平等就是"以家庭中自然形成的分工和以社会分裂为单个的、互相对立的家庭这一点为基础的"③。换言之，个体家庭在其产生之初所包含的私利属性，正是后来社会的私有制以及对他人劳动支配的缩影。更为关键的是，个体家庭的逐利性满足了资本主义私人占有制这种生产关系存在和发展的需要。大工业企图消灭个体家庭的私利性，这体现在大工业不断摧毁着城市手工业和小农生产的私人占有，但私有制却维护着个体家庭的私利性，并以资本逻辑的逐利性不断强化着家庭的逐利性，使资本主义家庭关系变成赤裸裸的金钱关系。因此，要想消灭家庭的逐利性就必须首先消灭私有制，二者是伴生的。

（二）强权性

恩格斯在《家庭、私有制和国家的起源》中指出，家庭（Family）这个词来自拉丁文"Familia"，但"Familia"这个词在罗马人那里其实跟婚姻家庭没有丝毫关系，它只跟奴隶有关，是指"属于一个人的全体奴隶"。所以，从词源上来看，现代家庭的强权性质从其萌芽的时候就潜藏其中了，正如马克思在《路易斯·亨·摩尔根〈古代社会〉一书摘要》中所说："现代家

---

① 《马克思恩格斯文集》第 9 卷，人民出版社 2009 年版，第 202 页。
② 《马克思恩格斯文集》第 8 卷，人民出版社 2009 年版，第 132 页。
③ 《马克思恩格斯文集》第 1 卷，人民出版社 2009 年版，第 535-536 页。

庭在萌芽时，不仅包含 servitus（奴隶制），而且也包含着农奴制，之后的一切社会奴役都能在这里找到影子。"① 那么，家庭的这种强权性在其萌芽之初是如何产生的呢？马克思在读到摩尔根的《古代社会》一书之前，就已经持有这样一种观点，即父权制家庭中潜存的奴隶制是奴隶制度的起源。后来摩尔根对史前家庭制度的研究，进一步证实了马克思的这一结论。

根据摩尔根对家庭史的研究以及马克思对摩尔根著作的摘录，恩格斯指出，婚姻家庭从一开始的群婚制到对偶制再到后来的专偶制，经历了从母权制家庭向父权制家庭的历史演变。在母权制家庭中，女性的地位非常高并受到充分的尊重，但由于男女双方在家庭中的分工不同，丈夫的主要工作是制造并使用劳动工具获取食物，所以自然而然他们就拥有了劳动工具及家畜（食物的来源）等的所有权。伴随着丈夫拥有的财富愈来愈多，其在家庭中的地位也就与日俱增，父权制家庭代替母权制家庭就是历史的必然选择了。恩格斯说，父权制的建立宣告了女性"具有世界历史意义的失败"，宣告了女性"被贬低，被奴役，变成丈夫淫欲的奴隶，变成单纯的生孩子的工具"②。而父亲与子女之间的关系也并不比夫妻之间的关系好多少，子女往往由于受到财产继承权的制约而不得不受制于父权制。所以，历史地看，父权制的个体婚姻在其源头上决不是由于浪漫的爱情而产生的，而是"作为整个史前时代所未有的两性冲突的宣告而出现的"③，代表了丈夫对妻子、儿女的奴役。

家庭的这种强权性对抗在资本主义社会中不但没有减弱，反而表现得更加强烈和隐蔽，强权性已经从前现代的显性强权演变为基于现代性的隐性强权，这主要表现为家庭中男女双方形式平等和实质不平等之间的对立和撕扯。资本主义社会的婚姻家庭制度表面上是建立在自由契约和"一夫一妻"的基础之上，即男女双方在法律上和形式上是平等的，但这种自由实际上只是丈夫的自由，个体婚姻实际上也只是约束了妻子对丈夫的专偶性。现实的情况是，有产者家庭中的丈夫主要承担了赚钱养家的任务，因而获得了在家庭中的绝对经济地位，掌握着家庭的绝对话语权，由此便可以基于财产权对妻子和儿女进行人身和精神的控制。"现代的个体家庭建立在公开的或隐蔽的妇女

① 《马克思恩格斯全集》第 45 卷，人民出版社 1985 年版，第 366 页。
② 《马克思恩格斯文集》第 4 卷，人民出版社 2009 年版，第 68 页。
③ 《马克思恩格斯文集》第 4 卷，人民出版社 2009 年版，第 78 页。

的家务奴隶制之上"①，资产者不但可以随意支配自己的妻子、儿女，甚至"还以互相诱奸妻子为最大的享乐"，在这种专偶制婚姻之下所掩盖着的是真正的"公妻制"，资本主义家庭的隐性强权所带来的后果甚至比显性强权更加恶劣。需要指出的是，马、恩并不否认资本主义社会在家庭关系方面所取得的文明进步，因为这种家庭范式毕竟是对前现代家庭形式中存在的显性强权的超越。然而马、恩也认为，对异化家庭中所存在的形式平等的批判还远远不够，还需要进一步批判这种隐性强权，直至在家庭关系方面确立真正的和实质的自由平等。

（三）功利性

经过群婚制、对偶制、专偶制的漫长发展，父权制的专偶制家庭形式由于适应经济社会的发展而被固定下来并一直延续到资本主义文明社会。通过考察家庭的发展史，恩格斯发现，直至中世纪晚期，婚姻对于夫妻双方都不属于自由选择的范畴，婚姻或者基于父母的意愿或者基于家庭的经济考虑而缔结，结婚当事人大多在结婚当天才第一次见面，婚姻家庭被附加了许多外在的其他考虑。"当父权制和专偶制随着私有财产的分量超过共同财产以及随着对继承权的关切而占了统治地位的时候，结婚便更加依经济上的考虑为转移了。"② 而资本主义制度以及与其相适应的资本逻辑则使婚姻家庭完全具有了功利性质。恩格斯甚至指出，在资产阶级当中，当事人双方基于相互爱慕而缔结婚姻是不可能存在的事情。

事实上，这种功利性的家庭是与资本主义制度相适应的，因为资本主义生产方式本身就是要把一切事物都变成可以用金钱衡量的东西。尽管在资本主义社会，"婚姻是一种契约"，即婚姻具有法律形式，是男女双方基于自愿而缔结的契约。但是，由于资本逻辑把一切都变成了可以交换的商品，使一切事物都成了金钱的奴隶，在这种逻辑中，人本身也是资本的附属物，所以婚姻家庭仅具有形式上的自愿性，其实质则是资本的运作与狂欢，是一种等价交换的契约。对此，傅立叶曾经讽刺资本主义家庭完全建立在物质利益的基础上，他一针见血地指出："一个少女找到一个满面胡须的老头，因为老头

---

① 《马克思恩格斯文集》第 4 卷，人民出版社 2009 年版，第 87 页。
② 《马克思恩格斯文集》第 4 卷，人民出版社 2009 年版，第 92 页。

能保证她过幸福的生活。"① 在资本主义社会，不论是配偶的选择、婚姻的缔结还是婚姻家庭生活，都具有十足功利的性质。

然而，婚姻家庭在其最本真的意义上应该是一种纯粹私人的关系，除了男女双方的"相互爱慕"之外，不应掺杂任何其他的外在考量。婚姻家庭关系中婚姻缔结的真正自由和两性关系的完全平等，只有伴随私人占有的生产关系的消灭、公共占有的生产关系的确立，才能最终实现，也就是说，只有到共产主义社会才能得以实现，"共产主义社会制度将使两性关系成为仅仅和当事人有关而社会无须干预的纯粹私人关系"②。也只有在共产主义社会里，家庭才能完全消除它的功利性质，恢复它的自然本性。总之，异化家庭的逐利性、强权性和功利性都与私有制的生产关系紧密相关，是由资本主义的生产关系所决定的。对资本主义异化家庭的批判与解构，从其本源上可以归结为对私有制生产关系的批判与解构。正如马克思所说，要想消灭家庭的抽象性质，就必须首先消灭单个分开的家庭经济。

三、异化家庭的消亡与家庭的重构

资本主义异化家庭形式为什么能被解构呢？其一，根据唯物史观，家庭是一个历史性的概念，它会随着现有的经济基础的变化而变化，随着私有制的消灭，现有异化家庭形式也会消失，而摩尔根对人类史前史和家庭形式的研究进一步证实了马、恩的观点；其二，根据唯物史观，资本主义生产方式要求消灭"单个分开的家庭经济"，实行资本主义社会化大生产，实现普遍交往，这为解构资本主义异化家庭结构提供了内生动力。伴随着整个社会发生全方位的变革，抽象的异化家庭将复归自然家庭，家庭将得以重新建构。

（一）家庭是一个历史性的概念

在《德意志意识形态》中，马、恩还认为，父权制的专偶制家庭是家庭的最初形式，这种家庭形式经过了氏族、部落的演变，才最终发展到现代文

---

① 《傅立叶选集》第 1 卷，赵俊欣等译，商务印书馆 2009 年版，第 70 页。
② 《马克思恩格斯文集》第 1 卷，人民出版社 2009 年版，第 689—690 页。

明社会的家庭形式，马、恩的这种观点代表了当时人们的普遍看法。1877 年，摩尔根的《古代社会》一书发行，这对马、恩产生很大的启发作用。马、恩认为，家庭是一个历史性的概念，在父权制的专偶制家庭产生之前，家庭已经经过了多种家庭形式的发展演变，并且在家庭的演变过程中，经济的发展和财产的积累具有决定性的作用。

根据摩尔根的观点，人类历史经历了三个时代，分别是蒙昧时代（从人类起源至学会使用弓箭为止）、野蛮时代（从人类学会制陶术至学会铁矿石冶炼为止）和文明时代（有文字记载以来的历史）。其中蒙昧时代和野蛮时代又分别经历了低级、中级和高级阶段的发展，在野蛮时代的高级阶段产生了文字，这也就预示着文明时代的到来。而摩尔根主要研究了蒙昧时代和野蛮时代即人类的史前时代的发展历程。以摩尔根的研究为基础，恩格斯在《家庭、私有制和国家的起源》中指出，人类的史前时代经过了很长时间的群体杂交之后，产生了家庭和家庭制度，家庭的历史演变依次经过了血缘家庭、普那路亚家庭、对偶制家庭和专偶制家庭四种家庭形态。

血缘家庭是家庭的初始形态，这一时期，人类才刚刚脱离群体杂交，所以，这种家庭形态仅仅排除了祖父母、父母和子女、孙子女之间的婚姻关系。之后出现的普那路亚家庭进一步排除了兄弟姐妹之间的婚姻关系，普那路亚的意思是"亲密的同伴"，是妻子共同的丈夫或丈夫共同的妻子之间的相互称谓。血缘家庭与普那路亚家庭同属群婚制家庭，都产生于人类的蒙昧时代。此后，由于婚姻的禁规增多，群婚制难以为继，在人类蒙昧时代和野蛮时代的交替时期产生了对偶制家庭。这是一种长期或短期的成对配偶制。对偶制虽然还没有达到男女双方的专属性，但已经摆脱了群婚，属于过渡形态。

在野蛮时代的中、高级交替期产生了专偶制家庭，这种家庭形式是从对偶制家庭发展而来的，它在一定程度上标志着文明时代的开启，也标志着母权制家庭向父权制家庭的转变。与文明时代相适应的婚姻家庭形式是"专偶制、男子对妇女的统治，以及作为社会经济单位的个体家庭"[1]。从前述家庭的逐利性、强权性和功利性我们可以看出，现代专偶制家庭产生的原因是基于经济因素。这种因素表现为男子积累了大量财产，并且希望自己的子女获得财产的继承权，而这进一步促使私有财产的积聚以及贫富分化的加剧。资

---

[1] 《马克思恩格斯文集》第 4 卷，人民出版社 2009 年版，第 195 页。

本主义的家庭形式作为专偶制家庭的现代形态，符合私有制发展的需要，是专偶制家庭的高级形态。

恩格斯认为，婚姻家庭形式与人类社会的发展相适应，与生产力发展水平相契合。以血缘家庭和普那路亚家庭为代表的群婚制对应的是蒙昧时代；以对偶制家庭为代表的婚姻家庭对应的是野蛮时代；以专偶制家庭为代表的婚姻家庭对应的是文明时代。总之，家庭是一个历史性的概念，也是历史发展的产物，它不是从来就有的，也不会以一种形态永远存在下去。

（二）资本主义生产方式构成了异化家庭消亡的内生动力

在资产阶级家庭中，基于私有制的财产关系，婚姻家庭已经完全沦落为一种纯粹金钱、利益关系，变成了抽象的异化家庭。尽管男女双方在这种家庭关系中具有法律和程序上的平等，但实际上，资产阶级的婚姻家庭已经发展为实际上的"公妻制"。而在无产阶级家庭中，由于没有可以继承的财产和大量妇女投入工厂参加劳动，异化的家庭关系被大工业破坏，家庭的异化形态正在逐渐发生变化，比如，自由缔结婚姻在无产阶级家庭中已成为一种通例。但是，无产阶级由于劳动的异化和阶级的压迫，还不能实现本真意义上的婚姻家庭，因为资本逻辑也影响着无产阶级的家庭关系与家庭观念，无产者的"被迫卖淫"就是其中之一。然而，与早期共产主义那种因批判家庭异化而转向"私有财产的普遍化"相比，马、恩的伟大之处就在于他们已经觉察到了资本主义生产方式的积极本质。他们认为，资本主义生产方式也构成了异化家庭消亡的内生动力，因为资本主义生产方式从根本上消灭了异化家庭存在的经济基础，这主要体现在以下三个方面。

第一，资本主义生产方式消灭了异化家庭存在的生产基础。在大工业产生之前，小农生产和家庭手工业是社会的经济基础，这种以家庭为单位的私有制经济以单个的、分散的、小规模的生产模式为主，家庭是基本的经济单位。资本主义社会化大生产促使大规模、集中化、机械化的共同协作发展起来，使单个分开的家庭经济走到了尽头。正如马克思在《资本论》中所说："只有大工业才用机器为资本主义农业提供了牢固的基础……铲除了农村家庭手工业的根基。"[1] 随着机器的使用，大工业瓦解了旧家庭的生产基础，也就

---

[1] 《马克思恩格斯文集》第 5 卷，人民出版社 2009 年版，第 858 页。

瓦解了附着在家庭经济上的家庭关系。所以，资本主义生产方式用社会化大生产摧毁了异化家庭存在的内核。

第二，资本主义生产方式消灭了异化家庭存在的地域基础。资本的本质属性就是到处落户，不断寻求利润空间，家庭经济由于局限在较小的家户经济的范围内，具有明显的地域性，不利于世界的普遍交往和互联互通。资本主义生产方式只有消灭了单个的分开的家庭经济，才能消灭地域性，才能使资本得以流通的国内市场和世界市场建立起来，从而使资本主义生产关系更加稳固。因为"只有当交往成为世界交往并且以大工业为基础的时候……保持已创造出来的生产力才有了保障"①，资本也才能够利用全球的生产能力获取更多的利润。所以，资本主义生产方式用普遍交往摧毁了异化家庭存在的外壳。

第三，资本主义生产方式终将摧毁异化家庭存在的私有制基础。资本主义社会化大生产创造了巨大的生产力，其本身有无限发展的可能，但私有制的生产关系限制了社会化大生产，这就造成了生产社会化和资本主义私人占有制之间的矛盾，这种矛盾的突出表现就是周期性经济危机的持续性爆发。要想消灭这种矛盾和经济危机，就必须用公有制的生产关系代替私有制的生产关系，这就从根本上消灭了专偶制家庭存在的私有制基础。所以，资本主义生产方式用自我毁灭的方式摧毁了异化家庭存在的根基。

（三）抽象异化家庭向自然家庭复归

资本主义从内部产生了摧毁单个的家庭经济存在的动力，使整个社会发生全方位的变革，推动抽象的异化家庭向全新范式的高级阶段自然家庭复归，真正实现两性关系的平等。所以，马、恩对异化家庭的批判与解构，其终极目的是将异化了的家庭关系从资产阶级社会关系中解放出来，恢复家庭的本来面目。

其一，生产关系的根本性变革是基础。从社会关系的角度看，伴随公有制生产关系取代私有制生产关系，作为"单个分开的经济"的家庭便失去了其赖以存在的经济基础，个体家庭也就失去了其私利性、强权性和功利性根基。恩格斯在《法德农民问题》中指出，社会主义就是要用公有制取代私有

---

① 《马克思恩格斯文集》第 1 卷，人民出版社 2009 年版，第 560 页。

制，"社会主义的利益决不在于维护个人占有，而是在于排除它，因为凡是个人占有还存在的地方，公共占有就成为不可能"①。在社会发生根本变革的基础上，把家庭应有的自然职能充分发挥出来，把家庭不应有的经济职能归还给社会，这将有利于最终消除异化家庭的抽象性。当然，这种根本性变革的发生需要漫长的发展时间，也需要一些过渡性环节，不是一蹴而就的。恩格斯在1886年给倍倍尔的信中就曾指出，合作生产的方式是一种向共产主义经济过渡的方式。另外，在完全的共产主义社会到来之前，在公有制占主体地位的基础上保留一定的个体家庭经济，仍然有利于释放生产力。所以，对于家庭经济，我们要根据其与不同所有制的关系、不同的国情等情况进行具体分析。

其二，公共性是重要途径。家庭抽象性产生的根本原因是私有财产权，在公共占有的生产关系确立的基础上，鼓励妇女重新参与到公共事务中去，不再充当家务劳动的奴隶和家庭的附庸是实现男女平权、恢复家庭自然属性的重要条件。摆脱了家务奴隶身份的妇女可以平等参与到公共事务中去，可以有更多的时间发展自我、提升自我，使自身获得物质和精神上的丰富，这是自然家庭的内在要求。而这些有赖于把原本属于个体家庭的某些职能变成公共事务，比如把儿童的抚养和教育由个体家庭的私事变成公共的事情，将有利于解放妇女，为消除家庭的抽象性创造良好的条件。女性主义的马克思主义者哈德曼等人由此认为，在家庭关系上，马克思主义因过于重视经济、资本和阶级而忽视了人的性别，出现性别盲区②。马、恩并不是忽视性别，他们只是把性别差异、两性关系的平等放到了唯物史观的视域和历史发展的进程中去考察，考察的起点和终点始终是"现实的个人"这个基点，家庭中的"个人"首先要能够获得平等生存和发展的社会基础，这是最为根本和第一位的。正如恩格斯所说的："妇女解放的第一个先决条件就是一切女性重新回到公共的事业中去；而要达到这一点，又要求消除个体家庭作为社会的经济单位的属性"③。

其三，自然性是最终归宿。家庭能够回归自然属性的根本原因是抽象异化家庭的私有制基础不存在了，其私利性不存在了。到那时，家庭不再具有

---

① 《马克思恩格斯文集》第4卷，人民出版社2009年版，第516页。
② John F. Sitton, *Marx Today: Selected works and recent-debates*, New York: Palgrave Macmillan, 2010, p. 201.
③ 《马克思恩格斯文集》第4卷，人民出版社2009年版，第88页。

抽象性质，婚姻家庭关系回归纯粹自然的、本真的关系，婚姻关系的缔结除了基于男女双方的"相互爱慕"之外，没有任何其他的原因。有西方学者基于《1844年经济学哲学手稿》的表述认为，马克思解释男女两性关系时所持的人道主义具有深刻的社会建构倾向，对于妇女解放和历史的进步至关重要①。事实上，马克思在分析家庭关系时所体现出的人道主义色彩主要出现在马克思思想的早期，有其进步意义，但也不能过分夸大其影响。抽象家庭回归自然属性不是向人类原始自然性的倒退，也不是单纯依靠"人道主义"就可以解决的问题，而是抽象异化家庭在保留自身进步性的基础上，向高级阶段自然家庭的复归。因此，家庭自然性的复归仍然要到经济基础里面去寻找。

抽象异化家庭的逐利性、强权性和功利性伴随着社会关系的根本性变革，在未来将会完全消失，家庭范式将回归自然家庭。从这个意义上，我们可以说资本主义异化家庭形式被解构、被消灭了。异化家庭消灭之后，专偶制家庭会消失吗？家庭在未来会采取什么样的形式呢？恩格斯认为，专偶制家庭不仅不会消失，反而才会真正实现，因为生产资料公有制将消灭雇佣劳动、阶级、资本逻辑、金钱利益等导致家庭异化的一切因素，专偶制家庭的性质将发生根本性的变化，专偶制将成为对男女双方都具有约束意义的真正的专偶制。至于专偶制家庭在未来会采取什么样的形式，恩格斯认为，目前只能以否定和解构异化家庭的方式来理解未来家庭结构，它的具体形式会随着新一代成长和文明的进步不断被建构起来，不能事先预言。马克思在《路易斯·亨·摩尔根〈古代社会〉一书摘要》指出："关于现代的专偶制家庭：它正如过去的情形一样，必然随着社会的发展而发展，随着社会的变化而变化……它还能够有更进一步的改进，直到达到两性的平等为止"②。所以，未来专偶制家庭所采取的形式我们不能精确预测，但它终将以实现两性关系的平等为终点，这是确定无疑的。马、恩对婚姻家庭制度的留白为当代婚姻家庭制度的建构留下了空间。婚姻家庭的逐利性、强权性、功利性在当代虽有所改善，但并未完全消除，男女平等和妇女解放问题仍然属于世界性的范畴。马、恩对异化家庭的解构与重构为当代新的家庭范式的建构指明了方向。

---

①   Juith Grant, Geder Marx radical humnism in the economicn and philosophic manuscripts of 1844, *Rethinking Marxism*, no. 1（2005）: 59-75.

②   《马克思恩格斯全集》第45卷，人民出版社1985年版，第374-375页。

古代生活哲学及其意识形态教育的生活范式*

黄禧祯**

在意识形态教育中，理论何以契合与改善现实生活，是达成其教化目标的一个关键问题。探析古代生活哲学及其教化的生活范式，对这个问题的思考或许有所助益。

一、生活哲学、知识论哲学及两种哲学传统

生活哲学是哲学源头一种形态，相对于知识论哲学而言。文德尔班认为，哲学一词在古希腊包括两种意思：一种"指的是我们认识'现存'事物的井井有条的思想工作"，旨在追求普遍性的知识；另一种主要指"使有关正当的生活行为的教导成为首要目标"。① 这实际上指出了古希腊哲学的两种形态：一是以知识追求为目标的理论哲学，二是指以正当的生活行为教导为目标的实践哲学。可称之为知识论哲学与生活哲学。皮埃尔·阿多沿用了古希腊斯多葛派区分"哲学话语"与"哲学"的方法，以阐明生活哲学的特征，意为知识论哲学多呈现为哲学文本或哲学专业话语，生活哲学则通常体现为在日常生活中对生活作哲学审视的思维方式、思想态度以及精神修炼，并强调这才是一种真正意义上的哲学。② 可见，与知识论哲学的理论性不同，生活哲学

---

　　* 本文刊发于《学术研究》2020 年第 2 期。

　　** 黄禧祯，中共党员，教授，硕士生导师，广州大学马克思主义学院副院长，广州市经济管理学会副会长。主要从事马克思主义哲学、公共关系学和青年工作学等教学和研究。

　　① 参见［德］文德尔班：《哲学史教程》上卷，罗达仁译，商务印书馆 1987 年版，第 8-9 页。

　　② 参见［法］皮埃尔·阿多：《作为生活方式的哲学》，姜丹丹译，上海译文出版社 2014 年版，第 113-114 页。

具有与生活直接关联并旨在改善生活的实践性。换言之，生活哲学具有哲学与生活、哲思与修行、问学与教化紧密结合的"知行合一"特征。

知识论哲学和生活哲学代表着西方思想文化源头的科学理性和人文精神两种传统。文德尔班所言之哲学原初两种涵义，也表明西方哲学史上有两种"哲学范式"："一种是追求普遍性知识的、思辨的理论哲学或意识哲学范式；一种是关注生命的价值和意义的实践哲学或文化哲学范式。"① 金岳霖、冯友兰也曾把中国哲学的传统分为"为学"与"为道"两种②；张世英对之加引申，认为重"为道"的哲学家必然把自己的哲学与人生、与生活紧密联系在一起；而重"为学"的哲学家用金岳霖的话来说就是"他推理、论证，但是并不传道"③。以上看法，与文德尔班对哲学的两种意指相类似。"哲学"一词的逻辑分析昭示，古希腊哲学有两种精神实质或传统，一是科学理性，一是人文精神，且两者是相结合的。④

古希腊体现知识论哲学特质的科学理性传统出现较早。科学理性生成于哲学从宗教与神话世界观中分化。早期的自然哲学家试图寻找一种自然观和道德原则来研究事物的本原或"基质"，自然哲学成为对世界本质和宇宙整体探讨的最高学问。⑤ 这一思维逻辑，经苏格拉底、柏拉图至亚里士多德，哲学作为"形而上学"便成为在抽象的概念世界中追寻"存在何以在"的"第一哲学"（"本体论"）。至此，体现着科学理性精神的知识论哲学正式形成。因此，黑格尔说："哲学之作为科学是从柏拉图开始而由亚里士多德完成的……"⑥ 亚里士多德在《形而上学》中关于哲学特性的论说，明确体现出为知而知的"为学"旨趣：哲学作为智慧的追求是为了"求知"而不是为了"实用"。哲学是"唯一的一门自由的学问，因为它只是为了它自己而存在"。⑦ 体现生活哲

---

① 衣俊卿：《马克思主义哲学演化的内在机制研究》，《哲学研究》2005 年第 8 期。

② 参见冯友兰：《中国哲学简史》，涂又光译，北京大学出版社 2013 年版，第 5 页。

③ 张世英：《哲学导论》，北京大学出版社 2002 年版，第 258 页。

④ 吴国盛认为，在古希腊，人文与科学是统一的，希腊的最高的人文理念是自由，只有通过理性科学的学习，才能领悟与达到自由的境界。这种"科学"的第一形态是数学，最高形态是哲学。因为"希腊人认为，那个最真实的世界是纯粹的，是绝对的，因而是内在的。在此基础上发展出来的知识，就是哲学"。参见吴国盛：《反思科学》，新世界出版社 2004 年版，第 7-8 页。

⑤ 参见赵敦华：《西方哲学的中国式解读》，黑龙江人民出版社 2002 年版，第 76-77 页。

⑥ ［德］黑格尔：《哲学史讲演录》第 2 卷，贺麟、王太庆译，商务印书馆 1960 年版，第 151 页。

⑦ 北京大学哲学系外国哲学史教研室编译：《西方哲学原著选读》上卷，商务印书馆 1981 年版，第 119 页。

学特质的人文精神传统始于苏格拉底的"哲学转向"（从研究自然现象转向社会人事）。值得注意的是，古希腊哲学的科学理性与人文精神两种传统是相结合的。一方面，苏格拉底"美德即知识"的"真善一体"理念，把求知的最高目标——真理，等同于人善良的品格与美好生活的境界。如此，知识之"真"与人生之"善"（德性）便合而为一。这成为古希腊式"为道"的本体追求。另一方面，古希腊的哲学家虽然推崇为知而知的纯思辨，但也关心生活，关注实践。这里的"实践"有"实用"之意，以"善"为价值取向，并不排斥功用实效。他们否定的只是个人生活中物欲追逐，并非哲学之于个人精神生活和公共生活的效用性；"实践"一词，又特指宗教的、道德的、政治的活动，① 从中可体现出通过哲学（道德哲学与政治哲学）教育而化成生活的意蕴。正是由于古希腊哲学的科学理性与人文精神两种传统的结合，知识论哲学与生活哲学是共存的。把哲学作为形而上学而对万事万物的"本体"思与辨时，广义而言，哲学既包括对世界的本原（狭义的本体论或存在论）的终极追问，也包括对人生的价值与意义（"境界论"或生存论）的终极追寻。

二、生活化：西方古代生活哲学的品格与教化范式

西方古代生活哲学知行合一的特点，反映出其理论研究和实际应用中最重要的品格——"生活化"："面向生活之思"与"化成生活之行"。从中也体现出一种古希腊以道德和政治的教化为中心之意识形态教育的生活范式。

生活哲学的旨趣在于改变人的生存境遇。从生活实际出发进行哲学研究，是古希腊自苏格拉底以来形成的一种关注人生问题与社会事务的人文精神传统。苏格拉底把哲学"从天上带到了地上，带到了家庭中和市场上（带到了人们的日常生活中）"②，是要"规劝"雅典公民：不要"只注意尽力获取金钱，以及名声和荣誉，而不注意或思考真理、理智和灵魂的完善"③。也就是

---

① 参见赵敦华：《西方哲学的中国式解读》，黑龙江人民出版社2002年版，第82页。
② ［德］黑格尔：《哲学史讲演录》第2卷，贺麟、王太庆译，商务印书馆1960年版，第43页。
③ 《柏拉图全集》第1卷，王晓朝译，人民出版社2002年版，第18页。

说，苏格拉底确立的"哲学使命"旨在改善雅典人的"精神状态"，使其自觉以哲学的理性批判精神去反思生活，选择与追求一种顺应自然本性之善与德性的生活。"未经省察的人生没有价值"①，苏格拉底这句箴言，是其哲学使命的写照。

生活哲学的主题是生活的价值与意义问题。在苏格拉底看来，要唤醒雅典人对生活的麻木状态，学会反思自己的生活，就要去探究人生的价值与意义这个根本问题。因此，生活哲学的主题是对"人应该过什么样的生活"问题的探讨。② 在一次辩论中，苏格拉底明确提出要区分两种生活：即所谓"真正的人"的生活（世俗的物质生活）和把"生命耗费在哲学上"的生活（哲学家的精神生活），并要求探讨这两种生活哪一种更有意义、更值得过。③ 这是在追问生活的价值与意义。值得注意的是，苏格拉底执著于对生活价值与意义的探寻，在特定意义上说，也体现了由古希腊先哲开创之知识论的理性主义传统，即一种追求绝对真理，排除相对"意见"的科学理性精神。对真理追求就要以理性的思辨，审视和超越自然事物或当前情景，论证自己所选择的生活的价值和意义。这在苏格拉底看来，是一件崇高的事，也是一种最为理想的精神生活。

生活哲学的实践是生活化的哲学教育。黑格尔在评论苏格拉底的哲学时指出："他的哲学和他研讨哲学的方式是他的生活方式的一部分。他的生活和他的哲学是一回事；他的哲学活动决不是脱离现实而退避到自由的纯粹的思想领域中去的。"④ 这涉及有关生活哲学实践方式两个问题。其一，生活哲学对于哲学家本人来说，就是他的生活方式。苏格拉底的哲学研究与哲学教育，即他所选择的把"生命耗费在哲学上"的人生，本身就是他要过的生活。这就是"他的生活和他的哲学是一回事"的意指。其二，生活哲学并非只是哲学家一种独善其身的精神追求，苏格拉底"决不是脱离现实而退避到自由的纯粹的思想领域中去"的；生活哲学之于他人或社会的功用，在于改变公众的日常生活或生存状态。实现这个目的主要手段，就是生活化的哲学教育。

---

① ［古希腊］柏拉图：《游叙弗伦 苏格拉底的申辩 克力同》，严群译，商务印书馆 1983 年版，第 76 页。

② 李文阁：《复兴生活哲学——一种哲学观的阐释》，安徽师范大学出版社 2010 年版，第 51 页。

③ 《柏拉图全集》第 1 卷，王晓朝译，人民出版社 2002 年版，第 392-393 页。

④ ［德］黑格尔：《哲学史讲演录》第 2 卷，贺麟、王太庆译，商务印书馆 1960 年版，第 51 页。

生活化哲学教育是古希腊意识形态教育的一种范式和途径。在这里，被黑格尔称为"哲学的社交生活"之苏格拉底式的对话，确实明显体现出其哲学教育的"生活化"色彩。然而，古希腊哲学教育生活化的品格，并非指这种在日常生活中言传身教的话语方式，而是指其哲学教育中体现出一种"面向生活之思"和"化成生活之行"的教育范式。这是一种以道德和政治的教化为中心之为意识形态教育的生活范式，它旨在培养公民的美德、训练公民的理性——包括个体自我完善的德性与个体参与政治生活的德性。前者通过个人生活的伦理行为表现出来，后者体现在个人参与并融入公共生活的政治行为之中。哲学对生活的反思与化导，自然要以生活化的教育，去完善与规范公民的个人生活与公共生活。如此，哲学不仅要体现其学术功能，而且要发挥其教育功能；哲学实践必然要与日常生活、教育活动、政治活动相结合，并通过哲学教育来改善个人的日常生活与社会的公共生活。正因为如此，古希腊时期的生活哲学，不仅具有意识形态属性，而且一般呈现为道德哲学与政治哲学的形态。在这个意义上，黑格尔认为苏格拉底主要贡献是确立了"道德哲学"，因为他促使雅典人开始反思自己的伦理行为①。当然，苏格拉底"教人为善"也指向公共政治生活。正如阿伦特所言："苏格拉底试图通过接生每一个公民所拥有的真理而使整个城邦更接近真理。"② 相比之下，柏拉图与亚里士多德虽然继承了苏格拉底以培养人的道德品格为核心的公民教育思想，但与苏格拉底把社会还原为个人、把公共生活的政治品质归结于个人生活的道德品格之思考路径不同。他们明确区分了个人生活与公共生活，把视线投向社会的政治生活，从政治哲学维度，形成了一种以哲学教育作为最高形态之古典公民教育的理论，并且创办学园，进行实验。

需要指出的是，以苏格拉底、柏拉图和亚里士多德为代表的西方古代生活哲学及其生活化教育，是在古希腊奴隶主民主制（城邦政治）语境中生成的，体现了奴隶主阶级的利益诉求，透露出独特的贵族文化气息。

---

① 参见［德］黑格尔：《哲学史讲演录》第 2 卷，贺麟、王太庆译，商务印书馆 1960 年版，第 42—43 页。

② ［美］汉娜·阿伦特：《哲学与政治》，转引自贺照田主编：《西方现代性的曲折与展开》第 6 辑，吉林人民出版社 2003 年版，第 346—347 页。

三、中国古代的"生活哲学"及其德性教化

西方古代生活哲学那种探究人类精神和生命价值、改变人的生存境遇与完善社会生活之"生活化"品格，也存在于古代中国哲学及其实践之中。以儒家哲学思想为主体，包括儒、道、佛等诸家在内的中国古代哲学及其教化，也具有与西方古代生活哲学相近相似的"生活化"品格。

冯友兰把孔子与古希腊的"智者"以及苏格拉底作过比较，认为其行为"相仿佛"，尤其是教育主要目的"在使学生有作政治活动之能力"[①]。金岳霖干脆说，"中国哲学家都是不同程度的苏格拉底式人物"[②]。的确，中国古代哲学尤其是儒家学说十分重视以其道德哲学对人进行德性教化，从中完善人在政治生活的品行。[③] 这与苏格拉底把治人还原于治己、治己归结于治心之伦理—政治型的思考路径高度相似，强调哲学教育对人及其生活的人文化成，与柏拉图、亚里士多德重视哲学教育为国家政治服务的教化功能几乎如出一辙。柏拉图的"哲学王"类似于中国儒家推崇的"内圣外王"之王。值得重视的是，中国古代哲学重视完善生活的德性教化特点，与其注重人生与人事的"生活化"品格有关。这可说是冯友兰所称之"既入世又出世"的哲学传统。这种传统使中国哲学极其关注人的生存境遇（"最实用主义"）与人生境界或生活价值与意义（"最理想主义"）。[④] 就此而言，中国古代哲学与西方古代生活哲学一样，都具有生存论的属性，是一种人生哲学。

由此可见，中国古代哲学与西方生活哲学都有以下的特征：把哲学与人生、与生活密切结合，探究人类精神和生命价值；把哲学的实践即哲学教育作为一种完善个人生活（伦理生活）与社会生活（政治生活）的途径；把哲

---

① 冯友兰：《中国哲学史》，商务印书馆 1976 年版，第 33 页。

② 金岳霖学术基金会学术委员会编：《金岳霖学术论文选》，中国社会科学出版社 1990 年版，第 360 页。

③ 牟宗三指出，"在中国古代，圣和哲两个观念是相通的。哲的原义是明智，明智加以德性化和人格化，便是圣了。""圣王重理想的实践，实践的过程即为政治的活动。此等活动是由自己出发，而关连着人、事和天三方面。"参见牟宗三：《中国哲学的特质》，上海古籍出版社 1997 年版，第 11 页。这不但说明理性与德性相通，而且说明培养主体的性德，是使人为圣与实现圣王的理想政治的起点与前提。

④ 冯友兰：《中国哲学简史》，涂又光译，北京大学出版社 2013 年版，第 7–8 页。

学思想具体化为道德哲学与政治哲学，以伦理—政治型的思考路径，作为哲学化成生活的路向。因此，我们有理由认为，中国古代哲学也是一种"生活哲学"。然而，中国古代哲学毕竟有不同于西方古代生活哲学的语境、话题以及话语有自己的特质与性格。因而，这一哲学及其教化的"生活化"意蕴又有自己的特色。这就是讲究天人、知行、政教"三个合一"及其彼此间的融会贯通。

1. 天人合一："推天道以明人事"

"天人合一"中的"天"，"并非单纯指客观的自然，而是凝结着人性的内容，体现了特定的社会理想与价值追求"；"人"也"并非单纯指称人类社会，而是包含着对客观自然的效法，对宇宙和谐规律的体认"。[1] 制约"天"和"人"的根本是"道"。"道"的主要涵义是指事物的根本或终极根源。在中国哲学中，"道"难以言说，"道可道，非常道"（《道德经·第一章》）；它"是一种现实世界的本原，甚或是一种人可以通过直觉而体悟的对象与境界"。[2] 对"道"解释为"道论"，相当于宽泛意义上"中国化"的"本体论"[3]。"道"成为儒、释、道诸家思想的最高范畴。"中国思想中最崇尚的概念似乎是道。所谓行道、修道、得道，都以道为最终目标。"[4] 道分为"天道"与"人道"，如"天道远，人道迩"（《左传·昭公十八年》）。"天人合一"，意味着"天道"与"人道"一体与融通。

无论儒家还是道家，"道论"中"天人合一"的思考逻辑，在于"推天道以明人事"（《四库全书总目提要·易类序》）。把"天道"落实到人的生存或世间事务之上，"目的在于从中引申出一种可以运用于人事的内圣外王之道"[5]。"推天道以名人事"本为《周易》一书的逻辑理路，此所谓"观乎天文，以察时变，观乎人文，以化成天下"（《贲卦·象传》）。虽然两家对"天道"理解不同，但其内在思维逻辑均遵循这一理路。儒家以"知人"为

---

① 余敦康：《魏晋玄学史》，北京大学出版社 2004 年版，第 287-288 页。

② 游兆和：《哲学本质与演变逻辑新论》，中国社会科学出版社 2011 年版，第 273 页。

③ 韩凤鸣认为："中国哲学的本体论……有自己独特的本体设计和本体言说，可以命名为'道'，实现为'德'，流行于万物，显现为身心；它既是可道的，也是可行的，既在万物之中，也在我们身心之中。"参见韩凤鸣：《"天人合一"式的本体证明——从三教背景看》，《哲学研究》2013 年第 6 期。

④ 金岳霖：《论道》，商务印书馆 1985 年版，第 15-16 页。

⑤ 余敦康：《魏晋玄学史》，北京大学出版社 2004 年版，第 288 页。

中心，以"爱人"与"为治"为宗旨，但"思知人，不可以不知天"（《礼记·中庸》），知天是为了知人；道家的"知天之所为，知人之所为者，至矣"（《庄子·大宗师》），也在于遵循天道以察明人事，以至于司马迁的"究天人之际，通古今之变"，目的还是人生安顿、社会治理，所体现的仍是推天理以明人事（"知人""为治"）的理路。"推天道以明人事"中的"明人事"，就是要为个人与社会确立起一个行为规范、价值取向，即人应该怎样生活的价值预设。以上论述，也可以理解为：中国古代哲学的"生活化"主题，就是对人生的价值与社会理想的寻求。

因此，我们认为，"推天道以明人事"的思考逻辑，集中体现了中国哲学"生活化"的个性特质，即把"道"（在诸家学说中有"天、理、气、太极、真如"等不同表述）渗透展现于日常生活之中，把"天道"落实到"人道"之中，从中引申出一种使人生安顿与社会安宁之理想化的价值规范、秩序。就道家而言，主张天道无为，人道有为，人的生活要切合大自然的韵律变化，达至"人法地，地法天，天法道，道法自然"（《老子·第二十五章》）。然而，"道不离器"，"道"又隐藏与贯通于现实生活之中。因而，庄子认为"道行之以成"（《庄子·齐物论》），由人道无为而合乎天道自然，便能进入以道观物、与道为一、同人我、齐万物的逍遥境界。"庄子的逍遥游和齐物论的思想既是一种哲学，也是一种讲绝对平等自由、讲超功利、讲超仁义的社会政治理想。"① 对儒家来说，道多指人道，天道映现为人道，人道为仁义礼乐，由天道生发，"天道赏善而罚淫"（《国语·周语》），天道见之于人的现实生活为"德"；"德"的规则化、外在化在伦理生活中便是"礼"。蒋海怒指出，在儒家生活理念中，道德是生活的前导和感通性力量，这种生活样式可定名为"德感生活"。②

由此可见，无论道家还是儒家，其形上思考都关联着现实的世间事务，不离日常生活、百姓日用。此种中国古代哲学的"生活化"品格，反映了李泽厚所言之中国古代智慧——"实用理性"③。

2. 知行合一："心正而后修身"

在儒家看来，"知行合一"是实现和达到"天人合一"之理想境界的一

---

① 参见张世英：《哲学导论》，北京大学出版社 2002 年版，第 261 页。
② 参见蒋海怒：《德感生活：儒家生活哲学内在构造解析》，《哲学研究》2005 年第 11 期。
③ 李泽厚：《人类学历史本体论》，天津社会科学院出版社 2008 年版，第 322-323 页。

种手段、方法。尽管"知行合一"这个命题直至明代才由王阳明明确提出来，但儒家大都有这一思想。孟子主张"养""浩然之气"，扩充善端，"反身而诚，乐莫大焉；强恕而行，求仁莫近焉"（《孟子·尽心上》），已包含"知行合一"之意。在中国哲学中，"知行合一"虽然包含着认识论成分，但主要在道德意义上说的，属伦理道德问题。① 在《礼记·中庸》中提出"尊德性而道问学"，把人的认知区分为"德性"和"问学"两种；北宋的张载进一步把"知"分为"见闻之知"和"德性所知"。"见闻之知，乃物交而知；非德性所知，德性所知，不萌于见闻"（《正蒙·大心》）。"知行合一"中的"知"，主要指"德性所知"，是关于"性与天道"之知，依靠内心体悟与德性修养的自觉而获得。由此，"知行合一"，不仅要求人在伦理生活中言行一致、身体力行，而且要求人重视道德修为、自我完善。"心正而后修身"（《礼记·大学》），修身立德，追求理想人格，成为一个德高望重的"圣人"，达至"天人合一"境界，是儒家的人生价值观重要的内容，即所谓"内圣"。在儒家主流学说中，以孟子的性善论为基点，确立起为人处世的根本，"天下之本在国，国之本在家，家之本在身"（《孟子·离娄上》）。由此，建构并阐发出一套由人心上升到社会之伦理—政治型的修养体系，作为"成人"与"做人"的规范。这集中体现在"大学之道"的"八条目"中，即"格物、致知、正心、诚意、修身、齐家、治国、平天下"（《礼记·大学》）。

值得注意的是，儒家思想"入世"的特点，决定了个人的修身不只是独善其身，而要报效国家，"穷则独善其身，达则兼济天下"《孟子·尽心上》。"内圣"是为了开出"外王"；"仁学"的主张要求变为治理国家的"仁政"。此种"入世"精神，在被冯友兰称之为"横渠四句"的古代知识分子"使命"中——"为天地立心、为生民立命、为往圣继绝学、为万世开太平"（北宋张横渠），得到极至体现。可见，"知行合一"使儒家形成的"生活化"特色就在于"使哲学与实际生活，包括政治生活，打成一片"②。

"知行合一"并非只有儒家所强调，道、佛两家也关注。道家讲知"道"，也重行"道"。庄子讲"真知""体道"。"真知"是指"悟道"，以道观物，达到"天人合一"；"体道"，指身体力行其道。要达到"天人合一"

---

① 参见张世英：《哲学导论》，北京大学出版社 2002 年版，第 253 页。
② 张世英：《哲学导论》，北京大学出版社 2002 年版，第 257 页。

境界，需要修养，这就是"行"。儒家的修养是道德修养，讲求"去私"；道家的修养讲"去知""忘我"。修养方法不同，目的都在"得道"。"儒家要求通过行达到人与道德意义的义理之天合一，道家要求通过行达到人与无道德意义之道合一。"① 佛家也重视宗教认知与宗教实践的结合，强调"戒（戒规）、定（禅定）、慧（智慧）"三学一体的佛学修行。

3. 政教合一："教者，政之本也"

李泽厚指出："在儒家那里，'圣'逐渐演化成一种道德修养。'仁、智、圣'最初本是对氏族首领作为典范的品质要求，到了儒家手里，则成了一种道德素养。'王'自然是有关统治的，因而属于政治范畴，这样一来，伦理就同政治融合无间了。这就是中国式的政教合一，从理论上说，它正是源于'内圣外王'。"② 据此，古代中国哲学的"政教合一"有两层涵义：一是指伦理与政治的结合，按伦理道德原则去规范政治生活的秩序，这是儒家对公共生活治理的伦理—政治型的基本思路；二是政治与教育的结合，把教育作为培养人的德性进而完善人的政治品行（"内圣外王"）的主要途径。就此而言，"政教合一"中的"教"，是指道德教育、意识形态教育，即"教化"。在这里，"教化"已不仅仅是一个知识教育的概念，更主要是一个政治概念。这一点，与古希腊"教化"（Paideia）一词的用法相类似③。以政治的教化完善社会的公共生活，实现"内圣外王"的政治理想，也就成为中国古代哲学"生活化"的又一特色。

"教者，政之本也"（《新书·大政下》），是"政教合一"的核心思想，体现了儒家对公共生活治理的"仁政"或"德政"理念。视"教"为"政"之本，意味着"政治的最高目的在让人民有完美的品性与行为，也就是教化。"④ 在儒家看来，"善政不如善教之得民也，善政民畏之，善教民爱之。善政得民财，善教得民心。"（《孟子·尽心上》）如此，教化自然就成为政治的目标，接受教化与施教于人，也成为为政者的必要条件。"学不厌，所以

---

① 张世英：《哲学导论》，北京大学出版社 2002 年版，第 261 页。
② 李泽厚：《走我自己的路：杂著集》，中国盲文出版社 2002 年版，第 343 页。
③ 张汝伦认为："在古希腊，'教化'从来不是指发明来创造一个完美独立人格的艺术和技艺的总和，而是指人按照一个理想来造就和完善自己。但因为古希腊的人性始终意味着人的本质特征，即他的政治性，所以我们也完全可以说古希腊的教化概念是一个政治性概念。参见张汝伦：《作为政治的教化》，《哲学研究》2012 年第 6 期。
④ 张汝伦：《作为政治的教化》，《哲学研究》2012 年第 6 期。

治己也；教不厌，所以治人也。"（《尸子·劝学》）这句话，可以从儒家士大夫"讲学"与"从政"两种职业的角度来解读。对从教者来说，它是对己与待人的一个原则；对为政者而言，它是治己与治人的一个要领。孔子为代表的儒家私学，以六艺（"礼、乐、射、御、书、数"）为教育内容，其主要目的就在于德性教化，既要培养人的德性，养成理想人格，化民成俗，为仁政德治打好基础与创造条件，又要为国家培养做官从政的优秀人才，实现"内圣外王"的政治理想。可见，儒家"政教合一"的实践，与古希腊时期的古典公民教育的实践，有高度相似性。其哲学（道德哲学与政治哲学）化成生活的理路，均体现为伦理—政治型的思考路径。

中国式的"政教合一"，不仅是儒家"知行合一"在政治哲学维度的体现，从根本上说，所遵循的也是"天人合一"的最高法则。张汝伦指出，在儒家看来，作为德性教化的内容"源出于天，人首先是从天受教，然后才自教教人"；《易传》所言之"圣人以神道（按：非鬼神之道，而是玄妙之道即天道）设教，而天下服矣。"所揭示的是"人法天地、以之为教""化天道为人道，以教化人、化天下"的道理①。这里所体现的，就是"推天道以明人事"的思考逻辑。

---

① 张汝伦：《作为政治的教化》，《哲学研究》2012 年第 6 期。

第二章

主体意识与共同体秩序

胡塞尔意识概念的多重意蕴：
意识、前意识、无意识[*]

陈志伟[**]

　　胡塞尔的现象学的哲学，从总体上看，可以被看作意识哲学。意识，是胡塞尔的现象学的核心范畴：意识是现象学的研究起点、研究的对象、研究的范围、研究的最终归宿和目的。胡塞尔通过悬置的方法将外在世界的自在存在的问题悬置起来而存而不论[①]，明确表示只有在意识范围之中意识现象才是现象学所关心的问题。所谓的外在世界的自在存在的问题要被最终还原到意识范围的内部，即外在的事物最终被还原为先验自我在意识范围之中所构造出来的"看起来"外在的事物，其所谓的"外在性"本身只不过是意识构造的一个特点，意识将之构造为显现地外在于意识，但是其终究还是内在于意识范围之中的。可以说，胡塞尔的现象学所研究就是意识范围之中的意识现象。意识是现象学的原起点，"现象学"这个名词中的"现象"所标识就是意识现象。而胡塞尔所进行的现象学的研究的最终目的也在于：构建起作为严格科学的哲学，为人类的知识在意识中找到最终的奠基点。因此，称他的哲学为意识哲学、关于意识的哲学，是完全没有问题的。

　　我们知道意识哲学并不是一个新鲜的东西，从古希腊以来就有关于努斯（Nous）的探讨，进而又有中世纪的奥古斯丁对于"心灵"的探讨，以至于伯格森的绵延、尼采的权力意志、狄尔泰的生命哲学等，无不是对于意识领

---

　　[*]　本文载于《哲学评论》2019-11-30。

　　[**]　陈志伟，副教授，哲学博士，硕士生导师。主要从事现代西方哲学、国外马克思主义、马克思主义原理等方面的研究。

　　[①]　胡塞尔说道："为了对抗这类谬误，我们必须坚持依靠在纯粹体验中的所与物，并将其置于明晰性的范围内，正如它所呈现的那样。于是'现实的'客体应被'置人括号'。"胡塞尔：《纯粹现象学通论——纯粹现象学和现象学哲学的观念》第一卷，李幼蒸译，商务印书馆2012年版，第264页。

域的哲学探索。那么，胡塞尔的意识哲学相对于历史上的这些意识哲学有何独到之处呢？他是否对意识本身有什么新的发现呢？对于这个问题的回答，在哲学史上早有定论，即胡塞尔对于意向性以及本质直观的方法的发现等。

萨特·潘培庆在《胡塞尔现象学的一个基本概念——意向性》一文中说道："这种意识作为对与自我不同的东西的意识存在的必然性，胡塞尔称之为意向性。"海德格尔说道："关于现象学的决定性的发现，我们要讨论三个方面的内容：第一是意向性，第二是范畴直观，第三是先天的原本意义。"① 然而，不管是萨特·潘培庆，还是海德格尔都是从一个特定的意识角度来谈论胡塞尔的意识的，即对象化的意识的角度。在这里，他们并没有从总体上对胡塞尔的意识进行仔细的区分，他们对胡塞尔的意识这种评价还仅仅停留在静态现象时期的对象化的意识的范围之中。实际上，进入到发生现象学时期的胡塞尔对于意识又有了新的重大的发现，重新发现了意识所具有的更深层次的新的维度，而且，正是这种新的深层次的维度才为表层的对象化的意识奠定了最终的基础。

胡塞尔对于意识的贡献不仅仅在于他发现了意识当中的意向性。具有意向性的意识仅仅是意识的第一个层面即对象化的意识，在对象化的意识之下还有前对象化的意识以及更深层的无意识。只有借助于发生的视角，进入到胡塞尔的前意识和无意识当中的时候，我们才能够更清晰地看到胡塞尔的意识理论的进步意义。在笔者看来，这种进步的意义首要的是从发生的维度中彰显出来的。其从发生的角度对于前意识和无意识的发现和探讨，或许具有相对于静态的现象学时期的意向性更大的意义。

因此，在本文中，我们将在对对象化的意识进行简要的说明之后，转入到对于前意识和无意识的论述之中。意识的三种维度中的后两者，前意识和无意识将是我们所着重论述的，是我们分析的重点。这一方面是因为，哲学家和研究者们过分的偏重于第一个的层面的意识，而忽略了最后两个层面的意识。更重要的是因为，如果我们从发生的角度去进行考察的话，就会发现，处于底层的前意识、无意识是表层的对象化意识的最终的基础。正是在这种前对象化的意识的基础上，对象化的意识才最终的得以可能，才最终能够成为"意识总是关于某物的意识"。

---

① ［德］海德格尔：《时间概念史导论》，欧东明译，商务印书馆 2009 年版，第 31 页。

一、对象化的意识

在此，首先需要澄清的是，胡塞尔并没有在专门的意义上将意识划分为三重的维度：意识、前意识和无意识。这种划分，是笔者在仔细阅读胡塞尔文本的基础上总结出来的，在此笔者仅仅是抛砖引玉，至于这种划方式是否合理，还有待各位专家学者的批评指正。

不过，虽然胡塞尔并没有在他的书中明确地提出这种对意识的三重的划分，但是，如果我们从发生的角度对其意识思想进行仔细的考察的话，就会发现他确实在这三种意义上展开对于意识的讨论。当然，最为熟悉的首先是意识的最表层、最明显的第一个维度，即对象化的意识的维度。这种意识的维度指的是：对象化的意识，即按照"意向行为——意向对象"的认识模式所进行的，对于某个特定对象的认识。胡塞尔关于意识的论述在大多数时候，都是关于这种对象化的意识的论述。尤其是在静态现象学时期，这种对象化的意识一直都居于主要的地位，虽然在其中也有一部分关于前意识的论述。在从《逻辑研究》到《观念》的静态现象学时期，胡塞尔所认为的"意识总是关于某物的意识"，就是对于这种第一层次的意识的核心的概括和描述。其中的某物，指的就是意识所意向的对象，而对这个某物的指向行为则是意识行为。也就是说，这种意识的一个最为基本的结构特点就是意向性，即意识行为总是指向某个对象。这种层次上的意识是我们所最为熟悉的，也是最为容易理解的。实际上，这种意义上的意识所遵循的依旧是主体、客体的模式，意识只不过是主体对客体的指向。《逻辑研究》中对意识的探讨总体上所遵循的模式就是：立义——立义内容的模式，而这模式背后所隐含着的依旧是主体、客体的区分。而在《观念I》中，胡塞尔对于意识的探讨，则总体上采用的是意向行为（Noesis）—意向相关项（Noema）的模式。同样，在这种模式背后所隐含着的依旧是主体、客体的区分。而且，在"意识总是关于某物的意识"的发现上，胡塞尔也并不是第一人。

那么，在对象化的意识的这个层面，胡塞尔的进步的意义在哪里呢？他是否对意识有所推进呢？在笔者看来，尽管此时他仍旧处在主客体的传统的思维模式之中，但他仍旧在意识领域之中取得了重大的突破，这种突破的意义首先在于：主体和客体不再是分属于两个领域中的不同事物，主体和客体都处在同一个领域之中，即都处在意识的领域之中。由此，也就避免了一个很大的麻烦：主体意识如何超出意识自身的范围而通达到意识范围之外的客体对象。实际上，由于意识领域和非意识领域的区分和它们之间的异质性，要想在二者之间建立起关联，进而使得非客体的意识能够"认识"客体本身，是非常之困难的，甚至是西方几千年以来的认识论所一直难以回答的难题①。在胡塞尔那里，问题变成"意识如何构造出意识对象"。进而，胡塞尔所要做的工作也就是沿着意向性的角度对意识的意向性结构和构造的功能进行探讨。意识的对象本身就处在意识的范围之中，并且，是意识的构造活动的产物，因此，在二者之间当然不存在所谓异质性的鸿沟的问题。意识不需要超出自身去认识在自身之外的某物。对于认识何以可能以及知识的普遍必然性的问题，胡塞尔的所采取的思路是：先验自我通过本质直观的方法在具体项的基础上，构造出不同层级的本质范畴（形式本体论和区域本体论），并把这些本质范畴以及其中的公理作为认识先天条件来指导认识，进而形成普遍必然的本质知识。

关于胡塞尔在意向性上所做的推进，已经有了非常之充分的论述，在此我们不想再做重复工作。在此，我们需要指出的是，在意向性的结构隐含着的前对象的、前意向性的因素。根据胡塞尔在《纯粹现象学通论 纯粹现象学和现象学哲学的观念，第一卷》（以下简称《观念Ⅰ》）中的论述，意识的基本结构可以展现为：意向行为—意向内容。而这种意向结构相对于《逻辑研究》的不同之处在于，其中的意向内容这个环节也具有了其自身的结构——对象本身（X）、内核、晕圈。而且，意向行为对于晕圈的指向仅仅是一种附带的指向，它同意向行为对于意向对象的指向在本质上不同。实际上，

---

① 实际上，如果我们仔细考察这个难题的前提的话，就会发现，之所以会出现这样的难题就是因为意识中的主体和非意识的客体之间的本体论上的区分。因此，关键不在于对这个问题的回答，而在于对这个问题之所以产生的前提条件的考察。就像维特根斯坦所说的，重要的不在于问题的回答，而在于问题的化解。对于这个问题，现象学给出了不同的回应：在胡塞尔那里，通过悬置的方法，而将意识之外的客体悬置起来，将客体还原到意识范围之中，进而把问题转换为主体在意识之中对客体的构造；而对于海德格尔来说，这个问题则完全是一个存在论的问题，Dasien 的存在本身从一开始就不是一个孤立的存在，Dasein 从一开始就是一个 Da，一个境域、一个缘在场，而不是一个孤立的主体之点，Dasein 从源头上就存在在一个因缘关联体之中，并对这种关联性有着存在论上的最本源的领会。因此，认识论上的问题本最终要还原到存在论的基础上，并在基础存在论中得到了化解。在海德格尔看来，这个所谓的认识问题的提出，从一开始就在存在论上定错了方向。

它是一种前对象化的指向。另外，意向行为本身对其自身也有着一个基本的体验（erleben），这种体验也不同于对于一个对象的指向，这种体验并不是一种对象化的行为，而是一种前对象化的行为，因此也应归到前意识当中。在此，我们仅做简单的提示，在下文中将作出具体的论述。

二、前意识

所谓的前意识指的也就是前对象化的意识，在对象化之前的意识。胡塞尔自己本人并没有经常使用前意识这个词语，但是，在胡塞尔那里有前对象、前自我、前意向、前谓词等类似的表述。在此，我们暂且使用前意识这个词来表示尚未进入到对象化层面的，处在对象化之前的意识。从发生现象学的角度看，严格意义上的、与自我相对应的对象，是有着其漫长的发生历史的。从最初的被动性的、处在发生的最低层的内时间中的感性材料（尚没有对象和自我的区分）到自我通过主动的意向行为所明确的指向的对象，需要经过众多的发生性环节，如，内时间意识—原联想（Urassoziation）—凸显（Abhebung）—触发（Affektion）—朝向（Zuwendung）—注意（Aufmerksamkeit）—朴素的把握和观察（说明性观察、关系性观察）等众多的环节，意识的构造过程同时涉及被动性与主动性，"在横向上，'构造'涉及被动性领域和主动性领域的动态关联方式"①。胡塞尔后期的发生现象学告诉我们，在对象化的意识之前，还存在着一个更为广阔的、更为深层的前对象化的意识。正是这种前对象性的意识才从发生学上为对象性的意识奠定了基础，使得对象性的意识得以可能。

在此，结合胡塞尔的发生现象学和静态现象学中的相关论述，对之从总体上进行一个初步的分类，并尤其注重突出发生最底层的内时间意识的重要意义。接下来，我们从两方面对之进行介绍：对于晕圈的附带的意识、意向行为的自身体验。

---

① 韩骁：《胡塞尔"构造"概念的三种图式》，《云南大学学报》，2018（6）。

（一）对于晕圈的附带的意识——以《观念Ⅰ》为例

在此，我们以胡塞尔自身的一段话来开始我们对于晕圈的附带的意识的论述。胡塞尔说道：

"作为一种感知活动的严格意义的感知中，我朝向对象，（例如）朝向那张纸，我把它把握为这个此时此地的存在物。把握行为（Erfassen）是一种选出行为（Herausfassen），任何被感知物都有一个经验背景。在这张纸周围有书、铅笔、墨水瓶等，这些被感知物也以某种方式在'直观场'中被感知为在那儿；但当我朝向这张纸时，我一点也未朝向和把握它们。它们显现着，但未被抽出，未因其本身之故被设定。每一物感知都以此方式有一背景直观的晕圈（或'背景看'，如果人们已在把被朝向物包括进直观中去的话），而且这也是一种'意识体验'，或者简单说，'意识'，特别是'关于'一切事实上存于其一同被看的客观'背景'中的意识。但是显然，我在这样说时并未谈论那种应在可能属于被看背景的客观空间中被'客观地'发现的东西，也并未谈论有效的和向前涌进的经验可能在那儿发现的一切物质物和物质事件。"①

在这段话中，我们需要注意以下的几点：对于一个对象的严格意义上的当下的朝向是感知，② 而感知对象必然的处在一个背景域中；这种背景域或者晕圈虽然显现着，但是却并未被抽出，也就是并未被对象化；对于这种背景域的意识是一种特殊意义上的"体验"；对于背景域的意识并不是一种客观的意识，进而晕圈也非客观物。显然，通过对于上面的这段话的分析，我们实际上已经可以看出：这种对于晕圈的意识实际上是完全不同于对象化行为的，它不同于感知，也不同于想象、回忆等对象化的行为，它是一种特殊的"体验"。这种体验并不是一种像感知行为那样的朝向、指向、把握的行为，"我一点也未朝向和把握它们"，对于晕圈的意识并非是对象化的意识。与此相应，晕圈本身也不是严格意义上的对象，它还处在对象之前，还没有被对象化，"它们显现着，但未被抽出，未因其本身之故被设定"。在此，有必要专门对"体验"进行一个简短的说明。

在《观念 I》中的体验，可以分为意向性的体验（对象化的意向行为）和非意向性的体验（前对象化的意向行为），或者分为实显的体验（意向性的体验）和非实显（非意向性的体验）的体验，而且这两种体验之间是可以相互转换的，对象性的体验必然的伴随着前对象性的体验。胡塞尔说道："非实显的体验的晕圈围绕着那些实显的体验；体验流绝不可能由单纯的实显性事物组成。正是这些实显物在与非实显物对比时，以最广泛的普遍性（这可能超出了我们例子的范围）决定着"我思""我对某物有意识""我进行着一种意识行为"这些词语的隐含意义"① "连续不断向前的思维链索连续地为一种非实显性的媒介所环绕，这种非实显性总是倾向于变为实显样式，正如反过来，实显性永远倾向于变为非实显性一样"②。

不同于在《逻辑研究》中对意向行为和意向内容之间的简单的区分，在《观念 I》中，胡塞尔对意向内容的结构作出了卓越的洞察：意向内容本身也具有自身的结构，意向内容的内核必然地被晕圈所环绕。这也就意味着，对象必然伴随着前对象的东西，而对象化的行为也必然地伴随着前对象化的行为。因此，从静态现象学时期开始，前对象性的意识也即前意识已经是一个必然性的环节了。但是，在此需注意的是，作为对晕圈的附带性意识的前意识，还仅仅是对象性的意识行为的附带物，它还是从属于对象化的意向行为的，而并非居于主导地位。居于主导地位的始终是意向行为和意向对象，而晕圈以及对于晕圈的意识最终还可以转变为意向对象和意向行为。另外，从篇幅上讲，胡塞尔在大观念中对于晕圈的论述也仅仅出现在《观念 I》35 节、67 节等少数的几个章节中，并非是论述的主要的主题，胡塞尔此时关注的重心无疑还是在对象化的行为上面的。

（二）对于意向行为自身的体验——以《逻辑研究》为例

对于意向行为自身的体验，是一个非常容易被忽略的领域，因为通常情

---

① ［德］胡塞尔：《纯粹现象学通论——纯粹现象学和现象学哲学的观念》第 1 卷，李幼蒸译，商务印书馆 2012 年版，第 121 页。
② ［德］胡塞尔：《纯粹现象学通论——纯粹现象学和现象学哲学的观念》第 1 卷，李幼蒸译，商务印书馆 2012 年版，第 122 页。

况下我们都把我们的关注点放在了意向行为所指向的意向对象上了，而对于指向意向对象的意向行为本身却缺乏关注。但不容否认的是，我在看的电脑的时候，我不但看到了电脑，也知道"我在看"，即我对我的"看的行为"有一个基本的体验，虽然这个体验还不是一个对象化的体验（我尚未将我的"看的行为"当作一个主题对象进行反思，主题是看的对象）而仅仅是附带的体验，但是，它却不可或缺地必然的伴随着我的任何的一个意向行为。因而，完整意义上的意向性的结构不仅包括意向行为对意向内容的指向，即意向行为——意向内容，而且包含对于对意向行为的自身的体验。而且，从原则上讲，这种对意向行为的自身体验和对意向对象的指向，在性质上是完全不同的，一个是前意识（前对象化的行为），一个是对象性意识（对象化的行为）。

在此，我们依旧从胡塞尔自身的文本出发。下面是从《逻辑研究》中可以找出的，能够最为清晰将这种差别展现出来的一段话："感觉以及对它进行"立义"或者"统摄"的行为在这里被体验，但是它们并不对象性的显现出来；它们没有被看到、被听到，没有被带着某个"意义"被感知。另一方面，对象则显现出来，被感知，但它们没有被体验。不言而喻，我们在这里要排除相即感知的情况。"①

在这里，处于描述现象学时期的胡塞尔所使用的术语同先验构造现象学时期的所使用的术语略有不同，大致而言，前者的立义——立义内容同后者的意向行为——意向内容相互对应。这段话中所说的"立义"或者"统摄"的行为实际上也就是意向行为。其中，在这句话中，我们要尤其注意胡塞尔自己所加的带有着重号的地方，实际上，其中蕴含着如下的逻辑关系："意向行为、被体验、前对象性"——"意向对象、显现（被感知）、对象性"。也就是说，意向行为只能被体验，而不能被感知或者显现，因为它是前对象的，而这里的体验行为也是一种前对象性的行为；意向对象只能被感知或者显现出来，而不能被体验，因为它是对象性的，而感知、显现等则是对象化的行为。

也就是说，通过对于胡塞尔在《逻辑研究》中的这段话的解读，我们可以清楚地看到，对于意向行为自身的体验是一种前意识，完全不同于作为对

① ［德］胡塞尔：《逻辑研究》第二卷，倪梁康译，上海译文出版社 2006 年版，第 451 页。

象性意识的感知、显现等。而且，这种前意识的行为是一种普遍性的行为，甚至于比对象化的行为还要普遍。我们所进行的任何的一个意识行为都伴随有对于这个意识行为本身的体验，因为我们在任何情况下都"知道"我们在进行着某种意识行为。并不存在这种情况：我进行了某种意识行为，但是我对这种意识行为的进行却一无所知。如果我对某种意识行为的进行一无所知的话，那么，我们就不能说这种意识行为是"我的"意识行为。但是，却可能存在着没有特定的对象的意识行为。例如，我们在日常的生活中可能会感到莫名的忧伤、突然的喜悦等，在这些意识行为当中并不存在着特定的意向对象。胡塞尔说道："似乎并非每一个欲求都要求一个与被欲求之物的有意识的关系，因为我们常常活动于一些含糊的要求与渴望之中，而且，追求一个未得到表象的终极目标；并且，尤其是如果人们指明那些自然本能的广泛的领域，这些本能至少在原初时缺乏意识的目标表象。"① 也就是说，胡塞尔实际上也是承认存在着没有特定的意向对象的意识行为。但是，即便对于这样的没有特定对象的意识行为来说，我们对这种意识行为本身也是有着体验的。例如，我知道我在感到莫名的悲伤，虽然我暂时还不知道我到底为何而悲伤。因此，从这个角度讲，作为意识行为自身的体验的前意识有着更为广泛的普遍性。

但是，在此我们紧接着就面临着一个问题，即我们是否应当将这种没有特定对象的意识行为也看作前意识，甚至是前意识的重要的一类呢？在此，我们的回答是否定的。因为，实际上，此种意义上的没有特定对象的意识行为可以看作变样了的对象化的意识行为，它同对象化的意识行为处在同一个层面上。严格来讲，二者的区别不在于有没有意向行为所意向的对象，而是在于是否意向着一个明确的、特定的对象。实际上，二者都是意向于某个对象的，只不过一个是泛泛的指向，一个是明确的指向。

我之所以莫名的忧伤，总是有所原因的、有所指向的，虽然我暂时还不明确的，但是，它总是指向"某"物，而不是无所指。对于这一点胡塞尔有着明确的认识："或者我们说，这里所涉及的虽然是意向体验，但这些体验应当被描述为具有不确定朝向的意向，在这里，对象朝向的'不确定性'不具

---

① ［德］胡塞尔：《逻辑研究》第二卷，倪梁康译，上海译文出版社 2006 年版，第 461 页。

有匮乏的含义，而是必然标志着一个描述性的特征，亦即一个表现特征。"①而这个不确定性"在这里属于这样的一些意向本质，这些意向的确定性恰恰在于，表象一个不确定的某物"。因此，虽然此种行为所意向的对象是不确定的，但是这种对某物的意向却是确定。这种没有特定对象的意识行为从本质上仍旧可以被认为是属于对象化的行为的。

在此需要注意的是，这种对意向行为自身的体验绝不是可有可无的，它有着极为重要的意义，是现象学之能够成立的基础。这是因为，如果没有这种对意向行为的体验，那么，对我们将无法知道我们具有意向行为，从而我们也就无从知道我们的意识总是对某物的意识。在此我们仍旧有必要作出一个严格的区分：对意向行为的体验不同于对意向行为所进行的反思。当我们要对意向行为进行研究的时候，必然要对之进行反思，但是此种反思的行为已经是一种对象化的行为了，是一种指向意向行为的行为（对意向行为的反思以意向行为为对象）。而意向行为的自身体验却没有指向任何的对象，处在任何的对象化之前，"它们并不对象性的显现出来"。

三、无意识

（一）对无意识的界定——以《被动综合分析》为例

在上文中，我们从意识追溯到处在意识之前的前意识，但是以上的意识都是"清醒的""明亮的"意识。对象化的意识自不用说，它必然是清醒的意识；前意识虽然处在对象化之前，但是，它依旧在某种程度上是清晰的、明亮的。例如，就对晕圈的意识而言，它并不处在最为明亮的核心，但是，作为环绕核心的周围区域，它仍然被附带的"照亮"，并且可以转变为对象化的意识，从而被完全"照亮"，这个过程，"我"的意识也始终都是清醒的，自我始终都是清醒的自我；对于意向行为的自身体验来说，它也总是清醒自我的体验，"我"可以明晰知道"我在看""我在听"；对于内时间意识中来说，其中的处在当下视域中的"滞留——原印象——前摄"也必然是"明亮的""清醒的"，因为，在"原印象"中具有最高的"触发性的活力"。但是，

①　[德]胡塞尔：《逻辑研究》第二卷，倪梁康译，上海译文出版社 2006 年版，第 462 页。

如果我们去追问，不断沉降下去的滞留的链条，不断进入到越来越深的过去中的滞留是否还是清醒的呢？其是否能够一直保持为"明亮的"呢？显然，答案是否定的，意识不可能在任何的时候都是明亮的，而"我"也不可能在任何的时候都是清醒的，胡塞尔说道："在我们的心灵生活的过程中，清醒的生活仅仅是其中的一种类型；除了这种类型外，还存在着另外的一种类型，即深度的无梦睡眠，无意识（Unbewussten）。"①

　　过渡到发生现象学时期的胡塞尔已逐渐将无意识的领域纳入他的视野当中。胡塞尔承认存在着无意识的领域，并且认为有必要对无意识展开现象学的探讨。胡塞尔说道："不用我说，这些我们所从事的探究的整个领域都可以被冠之'无意识'的著名标题。因此，我们的思考相关于一个所谓的无意识的现象学。"②而胡塞尔对于无意识的探讨，实际上是顺着对内时间的探讨而来，可以说，无意识是对于内时间的探讨的必然的延伸。具体而言，就是在内时间中的滞留链条随着向着过去的维度的不断的沉降，会经历连续的变样，从滞留转变为滞留的滞留，再到滞留的滞留的滞留……随着这个过程的持续，滞留会逐渐沉入昏暗的领域当中，最终以至于陷入完全的黑暗之中，而这个黑暗的领域，也就是无意识的领域。

　　关于无意识，在胡塞尔的语境中，有很多相同或者相近的表达方式，如背景意识、零度区域、沉睡的意识、零度意识等。在此，我们从胡塞尔的文本出发，去澄清无意识的准确含义。胡塞尔说，存在着一个活力等级，而且这种区分依旧在注意的范围之内。这种等级决定着某种意识和意识等级的概念和与相应意义上的无意识的对立。而无意识所指的也就是意识的活力的零点，而且就像将要表明的，它绝不是一个无。仅仅就触发力而言，就那种恰好以一个正值的触发性为前提的成就而言，它是一个无。因此它无关于那种质性要素的那种零强度式的零，如声音的强度上的零，我们在这里指的是声音的完全的停止。③

　　在这里我们尤其需注意的是，无意识中的"无"应当如何来理解——无意识的无指的仅仅是意识的触发力的无，而并不是指意识自身的无、意识内

　　①　HUSSERLIANA BAND XI, S. 362.
　　②　HUSSERLIANA BAND XI, S. 154.
　　③　HVSSERLIANA BAND XI, S. 167.

容的无。按照胡塞尔的触发力的理论，触发力在当下中达到了它的最高值，当下的意识具有最大的活力，但是，此种活力会随着当下中的原印象向滞留的转变而逐渐的减弱，当滞留过渡为滞留的滞留，随着滞留的链条的不断的向着过去的维度的延伸，这种触发力会越来越趋向于无，当这种触发力完全的没有、成为无的时候，也即跨越过了触发力的零点而进度到触发力的零度区域中的时候，也就进入到了无意识之中。但是，此时的意识虽然完全丧失了触发力（只要有一点触发力就不是无意识），但是，这并不意味着它的完全的消失，相反，这种沉睡着的意识还依旧保留着被唤醒的可能性，而它之所以可能被再次唤醒，就是因为它并没有消失——意识当中的意义积淀依旧被保留着，胡塞尔说道："但是首先，唤醒之所以可能是因为被构造的意义实际上还暗含在背景意识当中，被暗含在被称为无意识的非活跃的形式当中。"①

被构造出来的意义在无意识当中依旧得以保留，虽然是以一种不再具有活力的零触发力的方式被保留着，但是我们依旧可以通过主动的或者被动的联想综合而对之进行重新激活。例如，我可以通过主动的回忆来把它重新回忆起来，或者，某一天它突然自己在我的脑海中闪现出来。在此，无、零点、零度区域等用来刻画无意识的词汇都是而且仅仅是从触发力的角度而言的，而并非是从意识内容的角度而言的，这一点也将无意识和被动性区分开来。

无意识的区域虽然是被动性的区域，但是，被动性的并不必然是无意识的，在被动性的领域当中依旧可能存在着多多少少具有触发力的意识。例如，可能存在着这种情况：一个意识内容有触发力（不属于无意识），但是这种触发力的强度又没有足够大，没有大到可以对自我极施加足够多的刺激，进而使得自我极朝向并注意它（没有自我极的主动的朝向，因而依旧属于被动性领域）②。

同样，从触发力的角度对无意识的严格的界定，也可以把它同弗洛依德的无意识区分开来。虽然，从表面看来，二者具有很大的相似性，使用的是同样的词汇——无意识。弗洛依德的无意识是一种被压抑的意识，但是这种

---

① HUSSERLIANA BAND XI, S. 179.
② 胡塞尔说道："感觉材料仿佛会对自我报（Ichpol）发出一股刺激性的力量，但是如果这种力量还仅仅是处在一种微弱的状态之中，那么它也就不能够达到自我极（Ichpol），因而，这个刺激对于自我来说并没有起到唤醒的作用。" HUSSERLIANA BAND XI, S. 149、"一个旋律虽然响起，但是却并没有对我们造成触发力。" HUSSERLIANA BAND XI, S. 155.

意识又可以以某种拐弯抹角的方式绕过意识的审查，以一种伪装的方式而逃逸到意识，如做梦、口误、丢东西等。通过对它们分析，则可以窥探到无意识的领域。它之所以被压抑，往往是因为它不符合意识的规范，不为意识所接受，如违背道德的恋母情节等。胡塞尔虽然也会说到一个意识对于另外的一个意识的压抑或者遮蔽，但是，这的压抑仅仅是指触发力的强的一方对触发力弱的一方的遮盖而言。当下意识的触发力最强，从而它对自我极的刺激和吸引最大，最能够引起自我极的朝向和关注，与此同时，也使得自我极忽略掉了对过去的意识，也即压抑了过去的意识。但是，这种被压抑的意识是随时都可能被重新唤醒的。总之，两者是从不同的角度来谈论无意识的，虽然二者具有表面上的相似性。

（二）无意识是否可以还原为对象化的意识或者前意识

在上文中，我们从触发力的角度对无意识进行了严格的界定，在胡塞尔的语境中，无意识指的就是触发力为零的意识。这种意识丧失了活力的，对自我极不再施加任何的刺激、不能对自我极产生吸引并使得自我极对之具有兴趣并进而朝向它。无意识是没有触发力的黑暗的、沉睡的区域。

在此，可能有人会问，我们将无意识单列出来作为意识的一个层次，是否是合理的呢？它能否能够作为意识的一个单独的层次呢？对于以上的问题，我们在此将之区分为以下的几个层次：第一，无意识也是一种意识，它处在广义的意识范围之中；第二，无意识有其自身的独立性，而不可还原到对象化的意识或者前意识之中；第三，无意识可以通过被唤醒而转变为对象化的意识或者前意识。

从广义上讲，胡塞尔的整个的哲学都是对意识现象的探讨，他并不考虑处在意识之外的自在之物的问题，就像我们在开始的时候所说的，通过悬置、还原的方法，胡塞尔从一开始就已经将自在之物的问题进行了排除和还原。因此，从这个角度讲，胡塞尔对无意识领域的探讨也必然属于广义的对意义领域的探讨。另外，在此我们可以从意识的时间河流的角度来考虑。实际上，如果从发生的角度去考察，就会发现所有的对于意识现象的探讨其实都可以最终回归到对时间河流的探讨上来。例如，所有的对象性的意识对意向行为的自身体验、对晕圈的附带的指向①都可以回归到时间河流的横意向性上来，而内时间河流的自身意识则当然地归属于纵意向性。我们在这里所讨论的无意识，实际上也必然同意识的时间河流关联在一起，其本身就是丧失了触发性活力的沉降下去的时间河流的滞留链条。因此，它也是可以还原到意识的时间的河流上面去的，因而，从这个角度看它当然也属于广义的意识范围。

但是，它又不同于一般意义上的清醒的、明亮的意识，相反，它已经丧失了全部的触发性的活力，而处在沉睡的、黑暗的区域之中。因而，它不可以还原到清醒的意识当中。而所谓的清醒的意识，在这里也可以划分为两个层面：对象化的清醒的意识、前对象化的清醒的意识。对于上面所说的意识的第一个层面的对象化的意识来说，它是一种主动性的对象化的行为，这种意识意味着自发性的自我通过意识活动对于意向对象的明确的指向，因而，它必然是清醒的意识。与之伴随的对意向行为的自身体验和对晕圈的附带的指向，虽然是前对象的，但是，对意向行为的体验意味着"我"总是清醒地知道"我"在进行看、听等意向行为。对于晕圈的附带的指向虽然并不清晰和明确，但是，这种附带的指向也总是清醒的自我的附带指向，所附带指向的东西也随时可以进入到晕圈所环绕的内核之中，进而得到明确的、清晰的认识。因此，沉睡的无意识自然无法还原到这些清醒的意识上面去。

在内时间意识当中，按照胡塞尔的说法，触发力在当下中达到它的顶点，当下视域是时间河流中最为明亮的区域，这也就意味着，只有环绕着当下的时间河流的区域才是所谓的清醒的意识，而处在触发力的零点之外的滞留链条，则必然与之相区别，而属于沉睡的区域，也即无意识，因而它必然不同于明亮的当下区域，也无法还原到其中去。但是，不管是对象化的意识、前意识，还是无意识，都可以在时间意识河流中得到解释，都可以最终还原到作为整体的时间意识河流之中（既包含明亮的当下视域，也包括黑暗的零度区域）。

另外，就无意识与对象化的意识和前意识的关系而言，无意识却可以通过重新被唤醒而转变为对象化的意识或者前意识。这是因为，无意识就其本

---

① 由于对意向行为的自身体验和对晕圈的附带的指向都是必然和对象化的意识行为联系在一起的，二者同时发生和结束。因此，在这个角度上讲，二者虽然是前意识的，但总是附属于对象化的意识，因而，总是同时间河流的横意向性必然地关联到一起。

质而言是时间河流的无活力的意义积淀，此种意义在原初形态上（处在当下视域中的时候）可以是对象性的意义也可以是前对象性的意义，这种意义在无意识当中得到了保存。而当它们被重新唤醒的时候，从原则上依旧可以保留着其对象性或者前对象性的特征。

四、总结

实际上，不管是意识、前意识还是无意识实际上都可以统一于内时间意识。内时间意识当中包含着前意识、包含着对象性意识，也包含着无意识。下面，我们就对之进行阐述。

内时间的基本的结构就是：滞留—原印象—前摄。滞留、原印象和前摄构成内时间的明亮的当下视域，原印象是这个当下视域的核心，而前摄和滞留则作为晕圈而环绕着这个内核。① 其中，原印象不断地转变为滞留，而滞留则不断地转变为滞留的滞留，形成一个滞留的连续统。② 在此我们需要注意的是，不管是滞留、原印象还是前摄，三者都不是严格意义上的意向行为，虽然在前摄行为（protend）和滞留行为（retend）同意向行为（intend）之间存在着词源上的关联，但是，严格意义上的意向行为只能是对象化的行为，而内时间中还远远谈不上对象或者自我，滞留、前摄、原印象也完全是前对象的，其所涉及的仅仅是一些感性材料，赋予这些感性材料以最初的合规律性，这些感性材料还远称不上是对象。因此，从这个角度讲，明亮的当下视域中的滞留、前摄和原印象是前意识。而滞留本身则不断地滑入到过去之中，变为滞留的滞留，成为滞留的连续统。而随着滞留向着过去的不断地沉降，它自身触发性的活力也在不断地丧失，当这种触发性的活力降为零的时候，它

---

① 在这里，我们会发现，内时间的这种视域结构同感知的视域结构具有非常大的类似性。二者都是一个视域，而且都具有一个内核和环绕着内核的晕圈。但是，在此需要注意的是，对于感知的行为来说，其所感知到东西总是"外在"的空间事物，因而它是超越的（空间事物总是有着尚未显现的背面），但是对于内时间的这种由滞留、原印象、前摄所构成的当下视域来说，它是内在的。但是，从原则上讲，依照现象学的原则，所谓的外在的东西也都是可以还原为内在的，外在性最终还是在内在中构造出来的，因此，从这个角度讲，感知的视域完全可以还原到内时间的视域当中来，感知行为本身也必然是在时间过程之中得以展开的。

② 在这个滞留的连续统中存在着纵意向性和横意向性。

也就变成了所谓的无意识。这一点是比较容易理解的，我们在上文中也已经作出了交代。

接下来，我们从内时间意识当中的横意向性与纵意向性的角度做进一步的分析。我们知道，任何的意识行为都是在时间当中发生的，不管它是对象化的行为还是前对象化的行为。超越的、实在的东西，总是可以还原到内在的、实项的时间意识河流当中。但是，这仅仅是一种笼统的回答，对于这个问题的细致分析，必然要求我们回溯到在内时间中所存在的两种基本的意向性中：横意向性与纵意向性。其中，对象化的意识所对应的就是横意向性，而前对象化的时间河流的自身意识，所对应的是纵意向性。胡塞尔在《内时间意识现象学》中的《滞留的双重意向性与意识流的构造》这一小节中说道：

因此，在这条唯一的河流中有两个不可分离的统一的、就像一个事物的两面一样互相要求的意向性彼此交织在一起。借助于这一个意向性，内在的时间构造起自身，它是一个客观的时间、真正的时间，在它之中有延续和延续着的变化；在另一个意向性中构造着自身的，是这个河流的各个相位的拟——时间编排，这条河流始终并且必然具有流动的"现在"——点，具有现时性相位，并且具有前现时的相位串和后现时的（尚未现时的）相位串。这个前现象的、前内在的时间是作为构造着时间的意识之形式而意向地构造起自身的，而且是在此意识之中构造起自身的。①

下面，我们开始对时间河流中的横意向性和纵意向性的分析（尤其注意其中的："内在的""客观的"与"拟—时间""前现象""前内在"之间的区分）。

在胡塞尔看来，在内时间的河流的滞留链之中，同时存在着两种意向性②，胡塞尔在此使用了"目光"的比喻③，朝向着在河流的每一个瞬间中所构造出来的客体的目光，也就是所谓的横意向性，而朝向着河流自身的过渡、

---

① HUSSERLIANA BAND X，S. 436，中文版 胡塞尔：《内时间意识现象学》，倪良康译，商务印书馆 2010 年版，第 130 页。

② "每个'滞留'类型的意识映射都具有一个双重的意向性：一个是为内在客体的构造、为这个声音的构造服务的意向性，即我们称作对（刚刚被感觉的）声音的"原主回忆"，或者更清楚的说是这个声音的滞留。另一个是对在河流中对这个原主回忆的统一而言构造性的意向性。" HUSSERLIANA BAND X，S. 343，中文版 胡塞尔：《内时间意识现象学》，倪良康译，商务印书馆 2010 年版，第 128 页。

③ "目光可以穿越那些在持久的河流进程中作为对声音的意向性而彼此"相合"的相位。但目光也可以朝向这河流的，朝向这河流的每一个片段，朝向这个流动的意识从声音一启动到声音结束的过渡。" HUSSERLIANA BAND X，S. 434，中文版 胡塞尔：《内时间意识现象学》，倪良康译，商务印书馆 2010 年版，第 126–128 页。

自身的统一性的目光也就是纵意向性。例如，笔者在听一段旋律的过程中，既可以把目光朝向听到的作为客体的旋律，也可以朝向着意识河流自身的流动过程。前者是横意向性，而后者是纵意向性。

虽然可以进行这样的表面上的简单的区分，但是，笔者不想仅仅停留在表面上的简单区分上面，而是试图深入分析这两种意向性的本质差别所在。在此，要着重回溯到上面所列出来的那段话。如果我们仔细地阅读这段话的话，就会发现胡塞尔从本质上做出了如下的区分：纵意向性、前客体、内时间——横意向性、客体、内在时间。其中，我们使用"前客体"这个词汇来对应胡塞尔所说的"前现象的"，用"内时间"来对应胡塞尔所说的"前内在时间的"。也就是说，在纵意向性和横意向性之间所隐含着的是根本性的差别，一个是前对象性的意向性，另外的一个则是对象性的意向性，虽然二者不可分割地统一在一起，"就像一个事物的两面"，但是在此我们却必须注意到这个"两面"是性质不同的两面，分属于对象化的意识和前意识的不同的领域之中。

纵意向性是时间河流的自身体验，胡塞尔说道："以至于在它之中还能够必然有一个河流的自身显现，因而这河流本身必然是可以在流动中被把握到的。"① 纵意向性是时间河流对时间河流自身的自我显现，它决然不是一种对象化的意向行为，并不是对象之外的自我通过意向行为对对象的指向。在这里，指向者和被指向者是同一个东西，它是一种"自体验"，自身对自身的前对象化的原意识，"这个河流自身显现并不需要第二条河流来，相反，它是作为现象而在自身中构造起自身的"。②

值得注意的是，正是通过这种前对象的时间河流的自身体验——纵意向性，胡塞尔才成功地避免了时间意识中所可能隐含着的无穷倒退的悖论。如果套用对象化的意向行为—意向对象的模式来探讨时间的话，就可能会面临着如下的问题：我们之所以能够感知到时间，是因为我们对时间的意向行为，而这种指向时间又处在时间中的意向行为本身，则又必然要求具有另外的一条更高层次的时间河流来指向它，而这种高层次的时间河流又会同样的预设

---

① HUSSERLIANA BAND X，S. 437，中文版 胡塞尔：《内时间意识现象学》，倪良康译，商务印书馆 2010 年版，第 131 页。

② HUSSERLIANA BAND X，S. 381，中文版 胡塞尔：《内时间意识现象学》，倪良康译，商务印书馆 2010 年版，第 485 页。

更高层次的时间河流，如此倒退以至无穷。

但是，如果对河流的指向是一种前对象性的自身体验，则可以成功避免这种悖论。而且，纵意向性的意义不仅局限于此，更为重要的是，它作为时间河流的自身呈现，使得我们得以"知道"我们是有时间的，进而，使得对时间性本身的反思成为可能，在此基础上，才有可能建立起关于时间的"内时间意识现象学"。而时间河流的横意向性的意义在于，通过这种横意向性的视角，我们可以理解到对象化的行为是如何奠基在内时间之中的。通过横意向性，我们的"目光可以穿越那些在持续的河流进程中作为对声音的意向性而彼此'相合'的相位"，进而看到被构造出来的对象。在时间河流的瞬间中，我们通过横意向性而指向着看起来"处在时间河流之外"客体，但是，这些客体又都可以最终还原到时间河流中的对客体的构造过程之中。任何的客体，都通过时间河流的横意向性而显现出来，并在时间河流的过程中而被构造出来。任何的客体构造的过程，都必然是一个时间中的过程，任何客体的显现都必然是在时间之中的显现。①

总之，本文的目的在于试图从几个不同的层面澄清胡塞尔的意识哲学之最为重要的概念——意识。只有这样，我们才能够从总体上理解胡塞尔的意识哲学，看到他的意识哲学的不同的维度。从对象性意识、前意识和无意识的不同维度的视角出发，我们也可以更容易理解胡塞尔从描述的现象学、先验构造的现象学最终到发生的现象学的过渡，也能够更清楚地看到胡塞尔意识哲学的意义所在：胡塞尔哲学的意义不仅在于他发现了对象性意识中的意向性或者本质直观的方法，更在于他对前意识、无意识领域的开创性的探索。

正是沿着这种"前""无"的维度，才有了海德格尔的此在哲学。海德格尔的"此在"的优越性在于，它不同于一般意义上的对象化的意识，而是进入到了"前"意识、"无"意识的维度。可以说，海德格尔的"此在"突破了胡塞尔的对象性意识，但是却并未从根本上突破胡塞尔的"前意识"和"无意识"。而萨特推崇"反思前的我思"，认为"正是非反思的意识使反思成为可能：有一个反思前的我思作为笛卡尔的我思的条件""反思一点也不比

---

① 在此需要注意的是，虽然如此，但这并不意味着作为构造的结果的客体，必然是在时间中的，例如，作为观念、本质的构造物就是超时空的。

被反思的意识更优越"①，这种观点也完全可以用胡塞尔的前意识、无意识来说明，实际上萨特也并未从根本上突破胡塞尔的"意识"理论。

至于梅洛-庞蒂的前反思的身体现象学等，也都可以用胡塞尔的多重意识理论来解释。然而，由于胡塞尔的意识的第二重、第三重的维度没有被充分彰显，当提到前反思、前我思的时候，人们更多想到海德格尔、萨特、梅洛-庞蒂等人，而非胡塞尔。在此，希望通过本文的对于胡塞尔的意识的多重揭示，可以使得我们意识到：胡塞尔之后的现象学家对于存在、前反思、身体等领域的探讨，在胡塞尔的意识哲学那里已经有了源头。

---

① 萨特：《存在与虚无》，陈宣良等译，三联书店 2008 年版，第 11 页。

交互主体性的"世界性"基础[*]

高　燕　王国栋[**]

　　我们总是与他人共同生活在一起，与他人处于各种各样的社会关系中，这既是人的实际的生存样态，也是一种基本事实。这一事实如何可能，是"面向事情本身"的现象学的中心议题之一，也是任何想要避免自己的学说被称为独断的"唯我论"的现象学家们必须展开的讨论。自我如何与他人进行交往，这种交往关系的基础是什么，在现象学的创始人胡塞尔处就已经进入现象学研究的视域，胡塞尔之后，虽然现象学家们研究的主题不尽相同，但对自我与他者关系的关注仍然得到绝大多数现象学家们的讨论。但是，在对人际交往进行充分的现象学讨论中，现象学家们在核心问题上有着较大分歧：一种观点认为，就理解到解释的顺序而言，对人际交往的充分解释，必须始于我们如何总是已经存在于一个共同的世界中；另一种观点则强调，某些实际的人际交往模式对于界定人的共在的基本特征有着优先性。在解释交互主体性或人际交往的关系问题时，上述两种观点哪一种更为根本，换言之，在讨论自我与他者关系问题时，"世界"是否是本原性的或基础性的？

　　[*] 本文为 2017 年广东省哲学社会科学"十三五"规划项目"习近平'人类命运共同体'思想对重构当代主体间性的意义研究"（GD17XMK06）的阶段性研究成果。本书载于《广西大学学报（哲学社会科学版）》2020-01-10。

　　[**] 高燕，中山大学哲学系博士研究生毕业，广州大学马克思主义学院副教授，广州市哲学学会监事，中国现象学学会与广东省哲学学会会员。王国栋，教育学博士，广州大学人事处处长。

一、他人是构建世界"客观性"的需要

胡塞尔的现象学从本质描述的阶段发展到对交互主体性问题的探讨，一个主要的动机就是摆脱"唯我论"和"人类中心论"，无论是从"自我"到"先验自我"，还是从"先验自我"到"交互主体性"，都是为了摆脱传统形而上学割裂主体与对象，进而把主体与对象都神秘化的倾向。虽然"自我意识"和"先验的自我意识"从根本上都是"独我"的体现，但是就胡塞尔现象学的任务而言，即"作为严格科学的哲学"，现象学要成为对每一个人都有效的科学，现象学构造的世界和对象、知识、真理要获得其他人的认同或证明是同一的，那么在"先验自我"的构造中就必然本质地要求对他人问题的思考。

早在《交互主体的还原作为向心理学纯粹交互主体性的还原》一文中，胡塞尔就曾在"陌生经验"的问题下对"他人"问题作了讨论。胡塞尔认为，意识通过联系动机不仅可以确定单个人的体验，而且可以谈论那些在同感基础上被看作是其他人的体验。因为"同感是对陌生身体的感知和我对一个陌生意识的假定，它当然包含在我的意识联系中，并且，对于同一个确定动机联系而言，同感以某种方式意味着一种联系，一种类似于那种与单纯事物感知的联系，但它又是一种根本不同的联系，因为意识、陌生意识被设定为一条意识流，一条具有与'我的'河流相似的本质和相似的规则的河流。①。因此，自我向他我敞开的可能性在于意识在同感基础上被他者的意识预期，在此，陌生意识不能被当做他者的本己，而是由我出发而设定的存在和意义。

在《笛卡尔的沉思》中，胡塞尔明确提出了对他人经验的先验澄清，即他人经验并非他人的我本身，亦非属于他本己的本质的东西。"如果其他人本己本质的东西是直接可通达的话，那么它只能是我本己本质的因素"②的前提下，胡塞尔说："这里一定存在着某种特定的起中介作用的意向性，而且是从

① 《胡塞尔选集》下卷，倪梁康选编，上海三联书店1997年版，第855页。
② ［德］胡塞尔：《笛卡尔沉思与巴黎演讲》，张宪译，人民出版社2008年版，第145页。

原初世界那个总是始终起奠基作用的底层产生出来的。正是这个原本世界展示了共在那里，那种确实不是自己在那里，而且从来不可能是自己在那里的东西。因此，它本身涉及一种使共当下，即一种统觉。"① 这种统觉原则上是对本原的我的类比，"对作为另一个人身体的躯体进行类比才能根本上说明如何得以把握那里的那个与我的躯体相似的躯体"②。基于这种类比、共现、相似性统觉，以"原始的创造"在先验领域内理解他人经验和意义，这就实现了从本源地建立起来的对象意义类比地转换到新的意义。③

这种类比转换是在"结对"联想中实现的。"结对"是"一种根据对象意义的生动的相互的自己唤醒，一种彼此延及对方的自己遮合。"④ 简单地说，结对是自我联想构造他我的机理，每次结对，我们都实现了一种意向的重叠，都在接近他我。他人进入我的感知场时，通过这个自我首先就形成了结对，在意义交叠中，另一个躯体立即取得了从我的躯体派生出的他者躯体的意义。胡塞尔表明："这就在我的单子中统觉地构造出了另一个单子。"⑤ 其意义在于，"我原初的自我通过统觉的统觉构造出了那个对原初的自我而言的另一个自我，由此，那种在共实存中原初不相容的东西变得相容了"⑥。但是，这仅仅是交互主体性构造的第一个层次，群体化是构造的更为重要的层次。

胡塞尔对交互主体性构造之群体化层次的论证是在客观世界及其意义的构造中同时完成的。对于同一个客观世界的体验来说，其意义的呈现必须是"为我们的"，否则这个世界本身"就没有意义和没有此在"。"对交互主体性的研究在胡塞尔看来是一种把握'原本性'的企图，即把握客观世界的'原本构造'的企图，这种把握应当能够为诸如'生活世界''客观科学世界''社会世界''文化世界'等这样一些与人类的现实存在有关的世界提供本质说明。"⑦

在胡塞尔看来，客观世界在与每个主体的原本原初性给予我的东西的综

---

① ［德］胡塞尔：《笛卡尔沉思与巴黎演讲》，张宪译，人民出版社 2008 年版，第 146 页。
② ［德］胡塞尔：《笛卡尔沉思与巴黎演讲》，张宪译，人民出版社 2008 年版，第 147 页。
③ ［德］胡塞尔：《笛卡尔沉思与巴黎演讲》，张宪译，人民出版社 2008 年版，第 148 页。
④ ［德］胡塞尔：《笛卡尔沉思与巴黎演讲》，张宪译，人民出版社 2008 年版，第 149 页。
⑤ ［德］胡塞尔：《笛卡尔沉思与巴黎演讲》，张宪译，人民出版社 2008 年版，第 145 页。
⑥ ［德］胡塞尔：《笛卡尔沉思与巴黎演讲》，张宪译，人民出版社 2008 年版，第 155 页。
⑦ 倪梁康：《现象学及其效应：胡塞尔与当代德国哲学》，生活·读书·新知三联书店 2005 年版，第 142 页。

合中，获得了一个共现的构造层，一个呈现系统，而呈现系统绝不会总是绝对同一的，整个构造层可以有所不同。这就出现了一个难题：客观世界只有一个，但我们的体验却不尽相同。这既是客观世界意义呈现的难题，也是交互主体性构造本身的难题。在此，胡塞尔提出了"统觉构造的不矛盾证明"，即"经过修正本身不断造出这种一致性"，这种修正对于某一对象的体验而言，是在两种形式中实现的，一是当下联结的同一化综合，即对某一对象不同方面的体验综合，二是回忆的同一化综合，即对某对象的时间构造，也就是反复地给以明证。

至此，胡塞尔强调了群体的意义或群体成员的意义，即"社会性的东西"，"这意味着一种彼此为对方的相互存在"。而且这种存在是一种平等的存在，"这种彼此为对方的相互存在造成我的此在与所有他人的此在的客观化的平等"。在此，"我将发现，就更多的人来说，我们也相互把对方经验为其他的人"。但是，这种平等也是在"我思"中实现的，即"我"把他经验为其他人。很显然，这种交互主体性还是胡塞尔从群体意义赋予主体的，在意识结构中他并没有想要实现对"我思"理论的突破，相反，他要澄清的是它的先验明证性，因此，这种交互主体性必然是"由先验自我本身推出的先验交互主体性"[①]。虽然在现实生活中，他人是外在我的他者，但是在现象学构造中，"其他人是为我地在那里的"[②]。是"我"把其他人"经验为这个世界的主体"[③]。在同感基础上"我"预期他人言行，同时在"我"和他人（为我的他我）意识过程（结对—意义重叠，共现—相似统觉）的时间性存在中走向普遍性。可见，交互主体性立场是根源于我思的本质构造的，或者也可以这样判定，"先验交互主体性就有了一个交互主体的本己性范围[④]"。

胡塞尔的交互主体性最终仍然奠基于先验的自我意识之上，只有"我思"才是绝对自明的。因而它无法消除自我与他者的现实距离，而且他人的设定作为交互主体性构造是对他者经验的自我澄明，它只是一种主体假设。此外，胡塞尔把这种纯粹先验性领域的主体交互看作以语言符号为载体的现实交往的主体性前提。"这里还要补充指明我你行为、指明语言传达以及指明通过各

---

① ［德］胡塞尔：《笛卡尔沉思与巴黎演讲》，张宪译，人民出版社 2008 年版，第 165-166 页。
② ［德］胡塞尔：《笛卡尔沉思与巴黎演讲》，张宪译，人民出版社 2008 年版，第 129 页。
③ ［德］胡塞尔：《笛卡尔沉思与巴黎演讲》，张宪译，人民出版社 2008 年版，第 128 页。
④ ［德］胡塞尔：《笛卡尔沉思与巴黎演讲》，张宪译，人民出版社 2008 年版，第 144 页。

种符号进行的相互交往，这种交往原则上不提供任何新的东西，不提供任何必然改变或将会改变我们观点的东西，因为直接的同感经验作为基础构成这种交往的前提。"①因此，交往的基础层面是精神交往，这就决定了现象学研究的重点在于阐明意识以什么方式借助于交往关系而对陌生意识发挥影响。在《康德的哥白尼革命以及这种哥白尼式转向的意义》中，胡塞尔不仅再次排斥感性性质的主体间性，而且为他的交互主体性设置了理想状态，即"只要交互主体性具有同样的、常规地起作用的躯体状态，那么期望能深深地透入主体间之中"②。而我们知道，在现实生活中，这种理想的躯体状态是不存在的，因为这种状态的存在意味着，每个主体具有同样的时间和空间经验。

可见，在胡塞尔对交互主体问题的思考中，自我对他人的体验既是对客体的体验，又是对自我本身的体验，其出发点还是绝对的自我，他人的自我不具独立性，而是先验自我的一个变体，从根本上说仍然是依附于先验的自我，客观世界始终是先验自我的意向相关项。因此，他者在胡塞尔处只能是"他我"，而不可能是另一个完全不同的"我"，对自我与他者之交互主体关系的讨论似乎也只是论证世界之同一性或"客观性"的某种手段或某个必要的环节。然而，在现实交往过程中，自我与他人的存在与意义都是既定的因素，交互主体性本身是不同意义及其结构达成和解的中介或前提，这与胡塞尔的交互主体性解释是不一样的。正是在此意义上，我们可以说，胡塞尔的交互主体性理论并没有真正解决自我与他者的交往关系问题。

二、"在世存在"与"共在"

与胡塞尔始终把讨论自我与他者关系的交互主体性视为构造世界之"客观性"的需要，进而把交互主体性看作先验意识领域的必然之物不同，海德格尔在《存在与时间》中把与他人共在视为是具有"生存论意义的"，是"此在"或人之为"谁"的一个必然的构成性条件或必要的结构。人主要和

① ［德］胡塞尔：《胡塞尔选集》下卷，倪梁康选编，三联书店1997年版，第858页。
② ［德］胡塞尔：《胡塞尔选集》下卷，倪梁康选编，三联书店1997年版，第1191页。

通常在世界中存在的"平均的日常状态"或"无差别的"状态①，即总是已经以与他人共在为条件的，换句话说，也是受他人共在限制的。当然，这种解释不能首先把它理解为一种经验的、统计学意义上的或一般而言的事实上的论断。海德格尔认为，就任何人从根本上说都是在世存在的而言，他或她总是已经与他人共在着。"他者"——其可知性从笛卡尔到胡塞尔都是一个问题——"已经与我们一起在那儿了"②：作为世界之中的存在者，我们原初地处于像我们自己一样的他者之中了，因此胡塞尔的先验交互主体性与日常交往之间的鸿沟也就消解了。"在世存在"是此在的最基本的构成或结构，据此，"此在"是作为与他周围事物打交道的忙碌着、参与着的存在者或自身而存在的，就如这些事物在这个参与者自身的生活过程中显示给他们的那样与他们打交道。就此而言，我们不得不问，如果这种方式的共在不是由事实的共在所体现的，每个人是如何首要地和通常与他人共在的？这是一种什么样的共在呢？

关于这点，海德格尔认为，我们首先要注意到根据世界我们是如何与他人共在的，世界这个术语首先是最基础的结构，在这基础结构上，我们才能理解所有现象和行为。"世界"在此指作为一个参与者而非超然的旁观者的人生活于其中的具体情境。它是一个人所理解的生活世界，每个人都是根据这个世界来生活。③ 这个意义上的"世界"离不开人的理解、实践和规范。在此，需要注意的是，就对世界的这种现象学解释而言，共在并不是依据我们事实上如何生活于其他人之中，或我们是更大的社会整体或共同体的成员而在原初的意义上被确定的。毋宁说，在我们的生活经验中参与着且与我们打交道的世界从根本上来说是一个理解或解释（Verstandlichkeit）的空间，存在者和一般而言存在者借以显示自身的现象在这个解释空间中成为有意义的。这个空间有着以下的基本结构（参照海德格尔对此在世界中使用锤子的例子）：①一系列完全被决定的在手的用具（zuhandene），其中每一个用具都被

---

① ［德］海德格尔：《存在与时间》，陈嘉映、王庆节译，生活·读书·新知三联书店 2006 年版，第 51 页。

② ［德］海德格尔：《存在与时间》，陈嘉映、王庆节译，生活·读书·新知三联书店 2006 年版，第 137 页。

③ ［德］海德格尔：《存在与时间》，陈嘉映、王庆节译，生活·读书·新知三联书店 2006 年版，第 63-64 页。

用来完成某些特定的任务；②通过完成上述任务来达到的目标；③以及人们一开始就筹划着，继而通过执行任务和达成目标去实现他们是"谁"来作出的自我解释。①

正如海德格尔所指出的，与我们打交道和交往的世界因此始终是一种实用的和整体可理解的"意义指引关系"（Verweisungszusammenhang der Bedeut-samkeit），是一种可理解性的结构化空间，据此诸现象原初地和主要地对我们是有意义的。② 此外，我们把世界理解为这种潜在的实用-整体的可理解性结构，即世界的"世界性"，每当它不以任何方式受到干扰时，我们通常不会注意到它。③ 作为一种必不可少却又在很大程度上不显眼的境域意义的背景起作用，世界必须已经在场，如此我们才能成为有意识的行为者和人自身。在此，重要的不是我们首先表现出实际的朝向世界，而是当我们把世界理解为展示这种实际的或实用的可理解性时，这表明在生活经验中与我们相关涉的世界作为意义的指引关系是有意义的。当然，世界并没有在我们的日常生活过程中显示为与我们无关的不同的和纯粹"在手"事物的集合体，而是显示为对我们而言非常重要的实际的意义整体，在其中，我们的自我解释已经作为一个基本结构内在地包含于其中。

海德格尔认为，我们主要和首先要的是根据世界去理解人，包括我们自己，这即是说我们参照人的自我解释和对可能行动的筹划是如何与他们在其中的境域意义的背景完全交织在一起，来理解我们自己和其他人。④ 那么，这个我们用来理解日常生活中的我们自己和其他人的世界背景为什么必须被共享呢？它为什么不能是我们每一个人所拥有的，且依赖于我们自己的不同情况的意义指引关系呢？⑤ 海德格尔所竭力反对对世界的这种个人主义理解是，因为这种理解没有考虑到公共规范是如何已经渗透到我们的日常生活和行为

---

① ［德］海德格尔：《存在与时间》，陈嘉映、王庆节译，生活·读书·新知三联书店 2006 年版，第 81 页。
② ［德］海德格尔：《存在与时间》，陈嘉映、王庆节译，生活·读书·新知三联书店 2006 年版，第 98 页。
③ ［德］海德格尔：《存在与时间》，陈嘉映、王庆节译，生活·读书·新知三联书店 2006 年版，第 86-87 页。
④ ［德］海德格尔：《存在与时间》，陈嘉映、王庆节译，生活·读书·新知三联书店 2006 年版，第 139-140 页。
⑤ Frederich Olafson. Heidegger and the Philosoply of Minpl ［M］. New Haven and london；Yale Vniversity Press，1987，pp. 70-74.

发生于其中的世界之世界性中的。这即是说，对我们有意义且我们能够理解其意义的日常生活世界不仅是一种实用的和从整体上建构起来的世界，也是通过我们通常把服从公共规范默认为人的一种必要支撑条件而规范化的建构起来的世界。① 海德格尔对"常人"（das Man）的解释就非常明确地体现了日常生活世界本质规范化的可理解性，包括我们如何在我们的生活中把我们自己和他人理解为规范化的，进而共享着一个共同世界。

"常人"是什么呢？首先，它特指我们在日常生活中首先和主要之所是。② 我们的身份通常是根据我们在日常生活中的角色和自我解释而有意义的，基于此，我们才在我们一直所从事的事情中确定我们之所是，如从事某个职业者、同事、夫妻、父母和朋友等。显然，我们的社会文化传统为这些角色或自我解释赋予了最初的意义，提供或限定了可能的情境范围，这种可能情境在具有这些角色或自我解释的个人的生活经验中是有意义的。但是"常人"最终并不指任何特殊的个人或群体，也不是一个共同体或社会中所有个体的总和。③ 更确切地说，"常人"主要指的是并不起眼但又无处不在的世界作为一个整体的规范的可理解性，这个作为整体的世界塑造了人们据此最初和主要理解任何事情和行为的背景。这意味着，鉴于我们对"常人"所赋予的社会文化规范的理解和默认，我们在世界中存在的基本方式就必然是可理解的。

但是，我们总有着这样一种倾向：即从"常人"这种公共的未分化的生存方式，滑向一种不可能实现我们自身可能之本己或本真状态（eigentliches Selbstsein，Eigentlichkeit）④的独特个体生存模式。海德格尔把这描述为我们在世界中的"沉沦"（Verfallen），"沉沦"在他的解释中仍然是具有生存论意义的，即人之为人的必要的构成性条件，而非人的否定性方面。⑤ 在此，必须注

---

① Hubert L. Dreyfu. *Being-in-the-World: A Commentary on Heidegger's Being and Time*, Division I. Cambridge, Mass. and London: MIT Press, 1991.

② ［德］海德格尔：《存在与时间》，陈嘉映、王庆节译，生活·读书·新知三联书店 2006 年版，第 147 页。

③ ［德］海德格尔：《存在与时间》，陈嘉映、王庆节译，生活·读书·新知三联书店 2006 年版，第 149 页。

④ ［德］海德格尔：《存在与时间》，陈嘉映、王庆节译，生活·读书·新知三联书店 2006 年版，第 150 页。

⑤ ［德］海德格尔：《存在与时间》，陈嘉映、王庆节译，生活·读书·新知三联书店 2006 年版，第 203-204 页。

意的是，一方面，这种滑向的趋势是经常且无意识的发生的；另一方面，未分化状态（Indifferenz，durchschnittliche Alltäglichkeit）和非本真状态（Uneigentlichkeit，uneigentliche Alltäglichkeit）描述的又是相同的确切现象——这也是海德格尔《存在与时间》的共在观念受到其同时代乃至其后的哲学家们批判的一个主要原因。

实际上，按照海德格尔的描述，人在共同世界中的未分化的存在根据事实本身来说并不意味着我们是"非本真的"。① 因为无论如何，就这种公共规范性的构成性的赋予功能而言，海德格尔的论证也表明了，每个人都不得不具有这种对世界的不言而喻的公共的规范化理解，以便能从根本上为他自己在世界中的存在筹划可能的存在方式——无论他最终是本己的还是使自己沉沦为非本己的——且因而成功地使其实际存在真实地个体化为本己自身。②没有任何一个人能够完全彻底地自发创造出他成为其自身的所有可能方式，尽管可以肯定他能作出部分的变更，甚至是强烈地对其在世界中的惯常存在方式发起挑战。自我本己切身最多只能是对公共的规范化的可理解性所做的一种"实存的"上的变更，而绝不是完全脱离，根据这种公共的规范化的可理解性，我们把我们自己和他人理解为世界就其世界性而言的构成性方面。简而言之，每个人在共同生活世界中总是已经与他人一起存在了，通过共享公共的规范化的可理解性，既使我们能主要的和大多数情况下去筹划实存之存在的可能方式，也能限制我们主要和大多数情况下如何去筹划实存之存在的可能方式。③

可见，在海德格尔早期的观点中，人们必须总是已经在这种非事实的、构成性的意义上与他人共同存在着，但是这种解释在用来描述交互主体的经验的本质时却并没有完全展开。换言之，鉴于海德格尔早期专注于讨论"基础本体论"（即对此在的生存论分析），他对交互主体性的解释至多也只体现在他自己描述为两种极端的"操心"形式（Fürsorge）"中：一个人为他人"代庖"，从而为其他人减轻了自身的生存负担，或者为他人生存的能在作"表率"，以至

① Taylor Carman，"Authenticity"，In：H. Dreyfus and M. Wrathall（Eds.），*A Companion to Heidegger*，Malden，Mass. and Oxford：Blackwell，2005.

② ［德］海德格尔：《存在与时间》，陈嘉映、王庆节译，生活·读书·新知三联书店 2006 年版，第 169-177 页。

③ Martin Heidegger，*History of the Concept of Time*：*Prolegomena*，Transl. by T. Kisiel，Bloomington and Indianapolis：Indiana University Press. 1985，p246.

于其他人能以正确的方式来感知和承担他的负担。① 当然，这或许与他本人明确表示，他只想解释交互主体经验在一般意义上是如何可能的，即共享一个共同世界对与他人共在的基础性，而不是要具体说明人的这些共在模式的特性，这也使得他的共在观念无法充分有效的解释具体的人际交往或人的社会交往，而往往把这些交往模糊划一地归结为"沉沦"的"非本真存在"。

三、自我与他人关系的"非世界性"

萨特就曾对海德格尔做过激烈批判，他认为海德格尔从根本上误解了他者经验。在萨特对"注视"（le regard）的解释中，他把交互主体的经验视为从根本上客观化的、疏远的和对抗性的②。在他看来，一个人要么必须超越他者，要么允许其自身被他人所超越。这两种意识之间的关系的本质不是共在；这种关系是冲突性的③。而且在萨特看来，海德格尔的共在和"常人"观念未能解释：①具体的交互主体经验或交互关系如何是真实的；②鉴于在"常人"的模式中，我们的存在具有非人格化的规范性特征，他者又如何能与我自身具体的区别开来④。与海德格尔不同，萨特指出，为我即是为他者，为他者即是为我，就经验的顺序来说，"为他人而存在"比"与他人共在"更为基础⑤。为我即为他者就是为他者而把我从一个自为存在（a being-for-self）转化为一个自在（a being-in-itself），即为他者而把我客体化或客观化，因而有可能奴役我、压迫我，反之亦然⑥。正是在此意义上，萨特提出了"他人即地狱"，因为他人表示且增强了人群（即公众、社会规范和惯例）对想要成为一个真实的或"本真的"个体之人的自由所施加的奴役和压迫。

---

① ［德］海德格尔：《存在与时间》，陈嘉映、王庆节译，生活·读书·新知三联书店 2006 年版，第 141 页。

② ［法］萨特：《存在与虚无》，陈宣良等译，生活·读书·新知三联书店 1997 年版，第 341－343 页。

③ ［法］萨特：《存在与虚无》，陈宣良等译，生活·读书·新知三联书店 1997 年版，第 537 页。

④ ［法］萨特：《存在与虚无》，陈宣良等译，生活·读书·新知三联书店 1997 年版，第 319－323 页。

⑤ ［法］萨特：《存在与虚无》，陈宣良等译，生活·读书·新知三联书店 1997 年版，第 435－436、457 页。

⑥ ［法］萨特：《存在与虚无》，陈宣良等译，生活·读书·新知三联书店 1997 年版，第 347 页。

　　然而，萨特对自我与他者之关系的这种解释似乎有着某种不言而喻的前提，即完全把为他人存在的一般背景意义视为理所当然的：存在着一种完整的意义指引关系，它是一种在背景中必须总是已经在场的结构，才能使我们与他人相关的某些经验（比如羞耻①），以及由此而来的他人对我们自身的客观化成为有意义的和具体可能的。关于这点，萨特自己有一个著名的例子：当我通过一个钥匙孔看另一个人时，我也正被另一个人所看到②，这项活动使得我们对钥匙孔与门等通常是如何被使用的，我们的身体此时如何处于彼此封闭的不同空间中，个人隐私、嫉妒、好奇心的意义是什么等等有着共同的理解。如此看来，萨特所谓的为他人存在比海德格尔的共在更基础恰恰是不成立的，或者更应该反过来说，正是在世界（或者用萨特的话说"世界之外的世界"③）之中与他人共在使得萨特意义上的为他人而在成为有意义的，进而实际可能的。

　　此外，对交互主体关系的这种解释似乎也过于强调了他人对自我的消极意义（就奴役、压迫本身的含义而言），而忽略掉了真实的交互主体关系更多的积极的方面。比如布伯认为，未分化的、未异化的与他人共在或为他人存在（与萨特不同，他不在这些经验之间进行区分）才是真实的我-你关系，这种关系是全身心开放的、无中介的、相互的和彼此负责的④。在布伯看来，人际交往的理想模式是真实的对话式的，在对话中对话者们真正的在听、在对彼此说（而不仅仅是谈论），并回应着他人独特的他者性。就此而言，不仅萨特对自我与他人之关系的解释是消极的，海德格尔以"常人"为主要存在模式的共在观念同样显得是冷漠和无差别化，这样的共在也是消极的⑤。更重要的是，海德格尔把共在奠基于在世存在的做法意味着自我与他者只能借由世界为中介才能彼此遭遇⑥，这样，他人就决不可能在他们完全的独特的他者性中来与我相遇，进而排除了自我与他者之间存在着任何未经中介的关系的可

---

①　［法］萨特：《存在与虚无》，陈宣良等译，生活·读书·新知三联书店 1997 年版，第 338 页。

②　［法］萨特：《存在与虚无》，陈宣良等译，生活·读书·新知三联书店 1997 年版，第 336 页。

③　［法］萨特：《存在与虚无》，陈宣良等译，生活·读书·新知三联书店 1997 年版，第 349 页。

④　Martin Buber, *Between Man and Man*, Transl. by R. Gregor Smith, New York: Macmillan, 1965, pp. 30-33.

⑤　Martin Buber, *Between Man and Man*, Transl. by R. Gregor Smith, New York: Macmillan, 1965, pp. 173-181.

⑥　Michael Theunissen, *The Other: Studies in the Social Ontology of Husserl, Heidegger, Sartre, and Buber*, Transl. by C. Macann, Cambridge, Mass. and London: MIT Press, 1984, p. 182.

能性。在此显示出关于交互主体关系的另一种观点，即真实的相互关系要求自我与他者的交往是脱离世界的或非世界性的。

但是，如果我们尽可能地从交往的境域意义之背景中抽离出来，我们能认真地鉴别或欣赏独特的他者性吗？如果世界被抽离掉，那么我-你关系又是如何确定的呢？例如，当我与某人交谈时，我们在当下的对话以及由此建立起来的相互关系之所以有意义，是因为我们对对话的情境以及对话中涉及的情境有着共同的默契。批判海德格尔的世界之世界性妨碍了真实的我-你关系的实现恰好是不充分的，因为任何不把自身嵌入世界中的交往关系实际上都会使得真实的交往关系之实现变成不可能。而且，海德格尔的在世界之中与他人共在优先于实际的人际交往关系的讨论，其本质是解释诸现象——包括我们自己和他人——如何是可理解的，所以在他看来，在理解和解释的顺序上，在世界之中与他人共在是优先于实际的人际交往的。实质上，这并不会阻碍我们在真实的我-你关系中显示自身。因为把他人理解为以一种一般的未分化的方式而原初的具有意义的，即理解为根据与他人的社会角色相关的某些活动范围而具有本原意义的。

与之相反，只有在理解者把他所理解的人完全视为某个把其身份彻底消解在那些社会角色上的人时，才会妨碍或遮断这种相互关系。但这种情况在人的生活中实际发生的可能性是极低的。比如，我们都在阅读海德格尔的《存在与时间》一书，这意味着我们都在进行某些活动，这些活动与某些在一定境域背景范围内是有意义的社会角色相关。因此，按照海德格尔的观点，阅读此书的我们正在以一种未分化的但仍然是确定的方式在相互理解。而我们彼此之间在某些社会角色上的归属并不会阻碍，而是实际上可以使得我们有可能进一步探索每一个他者之独特的他者性的基础，并能增强这种基础。因此，如果我们不把彼此彻底地还原到这些社会角色上，那么根据与社会角色相关的活动范围进行相互理解，这不仅是可行的，而且会使得这种相互理解更加深入，且因此使得对独特的他者性的经验真正成为可能的。

的确，海德格尔在《存在与时间》中详细地解释了人际交往的基本的或"超越论的"本质，但他很少提及真实的相互关系之发生和对他者之独特他者性的经验，就此而言，他对交互主体性问题的讨论似乎并不彻底①。但他的基础存在论应该是可以做出这些发展的，当然，在这一点上，梅洛-庞蒂的知觉现象学作出了推进。

四、世界与身体：交互主体性由存在论走向实存论

梅洛-庞蒂在《知觉现象学》中关于交互主体问题的讨论是与他对主体与客体、或精神与世界二元区分②的哲学传统之批判密切相关的。梅洛·庞蒂指出，没有主体的必要的具身体现，就不可能存在任何主体性；具身体现的主体的"身体图式"和身体活动可以消解掉哲学传统中关于主体与客体的二元区分，或至少是使这种二元区分显得是成问题的③。与传统二元论把主体与客体、或精神和世界视为两个对立极的做法不同，在他看来，主体和客体，或精神与世界，不是以身体为一个离散界面而"居中调节"的自足且独立的被关系项，而是一个统一的体验系统（身体）的动态极点，渗透在我们在世界之中的存在和朝向世界的存在。就此而言，除了人自己身体的动态活动和身体活动得以发生的定向生活空间外，并没有什么所谓的主体或客体、精神或世界④。

正是在对主客二元对立的客观思维方式的批判中，梅洛-庞蒂像海德格尔一样反对胡塞尔用先验意识作为现象学的基点，因为这种做法会由于真正主体的"最初过去的不透明性"既无法理解主体本身，更不可能真正把他人看作是本原意义上的，以至于把他人视为构建世界之"手段"。他认为，取代先验意识作为现象学研究起点的应该是对世界和他人有着原初知觉能力的身体，这个身体是在世存在的，在世界之中是它的基本结构。"关于意识，我们不应该把它设想为一个有构成能力的意识和一个纯粹自为的存在，而应该把它设

① Dan Zahavi, *Husserl and Transcendental Intersubjectivity. A Response to the Linguistic Pragmatic Critique.* Transl. by E. A. Behnke, Athens, OH: Ohio University Press, 2001, Ch. VI, especially VI. 2 and VI. 5.

② Komarine Romdenh-Romluc, *Merleau-Ponty and* Phenomenology of Perception, London and New York: Routledge, 2011, Ch. 2-4, 6-7.

③ ［法］梅洛-庞蒂：《知觉现象学》，姜志辉译，商务印书馆 2012 年版，第 256-258、300 页。

④ ［法］梅洛-庞蒂：《知觉现象学》，姜志辉译，商务印书馆 2012 年版，第 374-378 页。

想为一个知觉的意识，行为的主体，在世界上存在或生存，因为只有这样，他人才能出现在其现象身体的顶点。"① 世界（"肉身的一般化"）与身体有着内在的相关性，是"我"的身体的延伸和身体活动的必然之境，在这个意义上，身体是一个"知觉场"。人从作为原初的身体视域的世界中不仅能反观自身，而且这个原初视域本身就包含了他人的在场和活动。"在被感知的身体周围，有一个漩涡，我的世界受到吸引和被吸入：在这种情况下，我的世界不再仅仅是我的世界，它不再仅仅向我呈现，它也呈现给某个人，呈现给开始显现在那人身上的另一种行为。另一个身体已经不再是世界的一部分，而是某种设计和某种对世界的'看法'的地点。"②

基于上述立场，梅洛-庞蒂在人的具身体现和身体图式的解释基础上展开了对交互主体经验之本质的解释。首先，交互主体经验涉及我们对其他人的体验，其他人有着他们自己对世界的看法、立场。通过非推理地感知他人的身体的和语言的活动如何表达他们对世界的独特看法，我们来感知其他"主体"；就此而言，主体表达某种观点不仅使此观点外化出来，更表达本身是内在地与此观点联系在一起的③。其次，交互主体性在大多数情况中是相互的或对称的，在他人能像我们意识到他们那样意识到我的意义上，即通过我们各自对身体活动如何表达主体性，以及对我们在交流中所表达的东西如何有助于部分地构建起我们思想和情感的内容的感知，并且进行相互交流，我们大体上能轻易地理解他人④。

根据梅洛-庞蒂的这种解释，当我们感知其他人的身体活动时，我们并不是像感知世界中的没有主体性的其他物质对象那样感知这些身体活动，而是把这些活动感知为表达着熟练地回应他们的周围环境的微妙要求的不同的能力和行为⑤。这就是说，我们把他们的身体活动感知为有意义地回应这些活动进行于其中的周围的知觉场，这个知觉场不仅是身体活动的行为者，而且作为感知者的我们的知觉和意向性所渗透的。因此，我们之所以能感知和理解他人所做的和所说的，不仅因为我能从根本上将我自己置于他人的位置，以

① ［法］梅洛-庞蒂：《知觉现象学》，姜志辉译，商务印书馆2012年版，第442页。
② ［法］梅洛-庞蒂：《知觉现象学》，姜志辉译，商务印书馆2012年版，第445页。
③ ［法］梅洛-庞蒂：《知觉现象学》，姜志辉译，商务印书馆2012年版，第218页。
④ ［法］梅洛-庞蒂：《知觉现象学》，姜志辉译，商务印书馆2012年版，第217页。
⑤ ［法］梅洛-庞蒂：《知觉现象学》，姜志辉译，商务印书馆2012年版，第363-372页。

及他人将其自身置于我的位置，而且在于我们是以类似的方式回应我们的周围世界的要求。由此，梅洛-庞蒂进一步指出，他人的身体作为具身显现的主体性几乎对我显现为"自己的意向的奇妙延伸，（我们在他人的身体中）看到一种看待世界的熟悉方式；从此以后，由于我的身体的各个部分共同组成了一个系统，所有他人的身体和我的身体是一个单一整体，一个单一现象的正面和反面，我的身体……从此以后同时寓于这两个身体中。"① 尽管"我"与其他人显然是两个不同的身体，但就对他人行为的特有感知和理解而言，我对他们的经验并不是具有优先性的视角。

然而，梅洛-庞蒂对自我与他人之间的交互主体关系的解释非常微妙，因为在他看来虽然感知和理解有着这种对称性，但他同时认为还存在着这样一种感觉，在这种感觉中，每一个主体决不可能真正体验到他人的经验。这就是说，论证我们通常可以轻易地感知和理解他人的行为是一回事，而认为我们真正体验着他人的经验或有着他人那样的经验是另一回事②。但他的这种表述只是明确了一件事，即无论我们多么容易感知和理解他人在生活中的行为，一个人的第一人称视角是永远不能消除的，无法完全地被他人所体验。

如此看来，这种观点和梅洛-庞蒂之前对自我与他人之关系的解释好像是自相矛盾的，因为他一方面强调，存在着我们能正如通过他人的身体活动和语言活动所表达的那样去感知和理解他人的一般的对称性；但另一方面，因为第一人称或纯粹主体的视角是无法完全消除的，也不可能被他人所完全体验到，这又显示出某种不对称性。这种自相矛盾只是表面上的，因为虽然梅洛-庞蒂没有完全展开论述，但他对局部的唯我论与总体的唯我论的区分实质上就是为了化解这种表面上的矛盾。局部的唯我论，只意味着第一人称视角的不可消除性和被他人所完全体验的不可能性，因为我们的确无法在每一特殊的情况下都能知道他人到底正在经历着什么。

但是，梅洛-庞蒂实际上想要表明的是，从局部的"唯我的"经验推断出总体性的或一般化的或通常哲学意义上的唯我论是错误的，因为事实上或在实践中从一种局部的"唯我论"不时地转换为原则上认为我们不可能认识他

---

① ［法］梅洛-庞蒂：《知觉现象学》，姜志辉译，商务印书馆 2012 年版，第 445 页。
② ［法］梅洛-庞蒂：《知觉现象学》，姜志辉译，商务印书馆 2012 年版，第 448 页。

人的哲学上的唯我论的看法，是非常荒谬的。这即是说，一个人不可能正当地从关于某种东西在部分情况下的具体实际中的存在方式来推断出它在所有情况中原则上是如何存在或可以如何存在的。①

此外，针对传统唯我论的自我在任何情况下都能对其自身完全显现的根本观点，梅洛-庞蒂更是在内在性上对其进行了批判，在他看来，唯我论的这种观点决不能拿来轻易地解释任何内时间的主体经验②，因为在任何情况下，内时间的主体经验从构成上来说都绝不可能完全自我显现。如此，唯我论就失去了其基础，因为在一种完全自我透明的主体和对这个主体不这么透明的他人之间不可能再存在任何持续的对照。简言之，一种绝对的自我的存在不可想象，他人通过身体及其活动总是已经与我在一起了，他人构建起我的身体的当下的生存，他人的世界与我的世界通过我们各自的身体活动的知觉场已经交织在一起，成为一个整体性的意义域。自我与他人通过身体活动在世界中的共在，才能开出梅洛-庞蒂意义上的"政治和文化的公共世界"，才有可能从对主体间交互关系的存在论分析进入到对人的实在的社会性的讨论。

从上面的阐释看出，梅洛-庞蒂在对主体交互关系的现象学讨论中相较海德格尔有了一定推进，因为他使我们注意到早期海德格尔所忽视的、关于我们在日常生活世界中的交互主体经验的一些必不可少的方面。

至此，我们可以说，从现象学上充分理解和解释主体交互关系问题，与直接强调自我与他人之间在直接的具体的人际交往中的原初意义相比，像早期海德格尔和梅洛-庞蒂这样的生存论现象学家们所表明的那样，就充分理解人的实际的社会交往而言，在理解、经验以及解释的顺序上，共享一个共同世界更加基础。当然，这里并不是表示对实际的人际交往或人们之间的实在的社会关系的充分讨论是不必要的，而是就理解和解释的优先性来说，实际的人际交往如果要被视为有意义的和可实现的话，就必须总是已经发生在某些世界性的背景中，即某些境域意义的背景中或意义的指引关系中（如梅洛-庞蒂的文化世界）。

总之，我们应该以共享一个共同世界的首要性作为关于交互主体关系的

---

① ［法］梅洛-庞蒂：《知觉现象学》，姜志辉译，商务印书馆 2012 年版，第 565-570 页。
② ［法］梅洛-庞蒂：《知觉现象学》，姜志辉译，商务印书馆 2012 年版，第 539-540 页。

现象学的适当的出发点，但就作为其重要目标之一，也应重视对实际的人际交往展开充分的解释，以便能够更有效地说明自我与他人之间现实的社会交往关系，达至梅洛-庞蒂所希求的"普遍规范性和个体创造性的统一"①。

① 杨大春：《意识哲学解体的身体间性之维——梅洛-庞蒂对胡塞尔他人意识问题的创造性解读与展开》，《哲学研究》2003 年第 11 期，第 74 页。

经验世界中交互主体性的本原性思考[*]
——从胡塞尔、海德格尔到阿伦特

高 燕 李美娟[**]

　　克劳斯·黑尔德曾在其《世界现象学》中指出，在胡塞尔与海德格尔对人类的世界开放性的分析中，有一个特殊类型的世界并没有作为世界而得到认识，那就是作为政治生存向度的世界，而阿伦特的政治思考是弥补现象学中这一维度之缺失的努力。[①] 这种从政治的生存向度展开的世界即是阿伦特的日常生活的经验世界，它既不是胡塞尔意义上的被悬搁起来以便发现其真正本质的自然状态的世界，也不是海德格尔意义上的作为沉沦之域的非本真的世界。日常生活的经验世界是阿伦特运用现象学方法所开出的一个基本的"政治实事"，与这一实事根本相关的就是经验世界中的交互主体性问题。对这一问题的解释，使得其思想一方面呈现出类似于胡塞尔和海德格尔的现象学思考的特质；另一方面又区别于胡塞尔与海德格尔，发展出了关于交互主体性的一种新的解释类型。

一、现象学的三种旨趣

　　诚然，对胡塞尔、海德格尔，甚至阿伦特来说，现象学的基本精神都是

　　* 本文为广东省哲学社会科学规划 2022 年度一般项目"现象学交互主体性的世界性问题研究——从胡塞尔、海德格尔到阿伦特"（GD22CZX02）的阶段性研究成果。本文载于《学术研究》2022-12-20。

　　** 高燕，中山大学哲学系博士研究生毕业，广州大学马克思主义学院副教授，广州市哲学学会监事，中国现象学学会与广东省哲学学会会员。李美娟，广州大学马克思主义学院硕士研究生。

　　① ［德］黑尔德：《世界现象学》，孙周兴编，倪梁康等译，生活·读书·新知三联书店 2003 年版。

其运思基础。但是，这三位思想家对现象学方法的运用却有不同的旨趣。

作为现象学的创始人，胡塞尔指出，现象学要"回到"本原（实事）上去，"面向实事本身"，以能够对人的经验的本质结构进行描述。现象学本质上是一种"还原"，是从经验对象本身转向它们与经验主体的相关性上去，因此现象学从根本上来说是要回到意识的意向活动中去。胡塞尔的全部工作都可以被看作一种摆脱哲学的历史混乱，从而严格地依赖于"本原的"直观。海德格尔把存在的"日常状态"作为主要研究对象，尤其重视哲学术语在古希腊时的本原意义，就此而言，他同样想回到"本原"中去。现象学对他而言是让生活经验本身从其本身所是来显示其自身的方法，是对生活把其自身揭示为"何所为"的存在论追问。这种强调"本原"之重要性的做法对阿伦特的思想形成有着重要影响，她注重去把握某些观念在古希腊人对它的用法中的本原意义的巨大价值。当阿伦特考察在古希腊人的日常理解中政治领域如何从本原上不同于人的生活的其他领域，进而希望复兴希腊人对政治行动的原初表达和澄清"积极生活"的基本内容时，她的现象学思考的兴趣指向"我们的存在和经验的最基本的素材"①。

正是由于对本原的这种强调，胡塞尔、海德格尔和阿伦特都极力规避对传统哲学解释的依赖，基于各自的研究旨趣去澄清本原性问题。胡塞尔致力于寻找在现象学上自明的"始基"。而世界作为一种在经验上自明的根基必须要被悬搁掉，"这种以自然的经验明见性为根据的世界存在不应当再是对我们不言而喻的事实"②。转向作为所有判断的自明基础的"我思"（ego cogito）意味着，真正自明的是"我思"的意向结构，而非其经验内容。在胡塞尔看来："在这反思的生活中所经验到的那个世界，在这里仍然像以前那样以某种方式继续精确地与它每次都具有的内容一道被我所经验到的。它继续像它以前所显现的那样显现着，只是我作为哲学上的反思者，不再贯彻对世界经验的自然而然的存在信仰，不再保持这种信仰的有效性，尽管与此同时该信仰还在那里，并为注意的目光所同时把握。"在此，重要的是在事物的被给予中去描述（而不是解释）事物及其对自我的意义。这样，"自我"就摆脱了任

---

① Hannah Arendt, "What is Existenz Philosophy?", *Partisan Review* 13, No. 1, 1946, p. 51.

② ［德］胡塞尔：《笛卡尔式的沉思》，张廷国译，中国城市出版社 2002 年版，第 24 页。

何"设定"或立场的携带，"我就可以把我自己纯粹地把握为我"①。换句话说，虽然自我是沉浸于世界之中的，持续地经验着世界和对世界感兴趣，然而一旦我们把自我的这一兴趣置于括号中，自我就把其自身构建为"无兴趣的旁观者"。

海德格尔认为，哲学的历史产生了许多混淆和误解，因此必须通过重新考察关键性的术语在古希腊的"本原"意义，才能真正敞开"存在"的问题域。就海德格尔在现象学上的旨趣来说，他所感兴趣的是"像事物本身所是的那样观看事物"，而非诉诸于哲学的历史。在他看来，现象学特别意味着"让人从显现的东西本身那里如它从其本身所显现的那样来看它"②。就此而言，海德格尔把现象学解释为"解蔽"或"揭示"隐藏着的东西。与胡塞尔把对世界的解释与对世界之存在的接受在现象学的悬搁中括起来、在括号外剩下的"剩余"就是纯粹描述的对象的看法不同，海德格尔认为，"现象学描述的方法论意义就是解释……此在的现象学就是诠释学。这是就诠释学这个词的原始含义来说的，据此，诠释学标志着这项解释工作"③。可以说，海德格尔在胡塞尔把世界的存在加括号起来是否有效的问题上背离了胡塞尔，"解释"成为海德格尔思考的一个方法论工具。

阿伦特的现象学思考与胡塞尔和海德格尔都有差别，但一般来说，阿伦特与海德格尔更为接近。在现象学研究的旨趣方面，如果说胡塞尔关心的是如何通过哲学为所有科学提供一个基础，海德格尔关心的是如何通过此在的生存论分析让存在的意义自行显现的话，那么阿伦特的特殊目的就是去解释和批判"政治"领域，对"政治"生活进行现象学解释。如扬·布鲁赫所指出的："如果海德格尔主要关注和关心的是存在（存在的意义是什么?）的话，那阿伦特主要关心的就是行动——观看人们的话语和业绩。"④ "她的理解的概念，作为摆脱偏见的达到'实事本身'的方法，以及她对政治现象的本质的关注把她显示为一个'胡塞尔式的'思想家，因此我们可以在她的著作中

①　[德] 胡塞尔：《笛卡尔式的沉思》，张廷国译，中国城市出版社 2002 年版，第 27-28 页。
②　[德] 海德格尔：《存在与时间》，陈嘉映、王庆节译，生活·读书·新知三联书店 2006 年版，第 41 页。
③　[德] 海德格尔：《存在与时间》，陈嘉映、王庆节译，生活·读书·新知三联书店 2006 年版，第 44 页。
④　Elizabeth Young-Bruehl, *For the Love of the World*, New Haven: Yale University Press, 1982, p. 26.

找到关于政治生活的解释学现象学。"①

阿伦特的主要关切点是政治的问题，她对现象学的研究在很大程度上远离了最初胡塞尔对纯粹意识或先验（超越论的）意识的抽象研究。在她看来，现象学思考应该更多地强调描述经验和某些事情的显现的任务，描述它们如何"显现"和它们如何"被给予"的任务。例如，当描述古希腊政治领域时，阿伦特指出，它是人的生活的唯一一个可以被视作"公共的"领域。成为"公共的"一个维度就是意味着"去显现"（to appear），"去被看到"。在此意义上，"公共的"被理解为一种构造现实性的显现："某些东西在他者面前的在场保证了这个东西的现实性"②。

在阿伦特看来，"世界中的所有事情在这一点上是相同的，即它们显现，且因此会被赋予相应感觉器官的有感知能力的生物看到、听到、触摸到、品尝到、闻到和被感知到"③。"显现"界定着世界和世界性的存在者，更进一步而言，对象和存在者的去显现的倾向指示了对作为一个接收者的旁观者的需要："在其自身的存在不预设一个旁观者的情况下，在这个世界中就不存在任何东西和任何人……就其显现而言，没有任何东西是独一存在的；所有存在的东西都必然要被某人所感知。"④ 因此，成为活生生的，就意味着被自我展示的迫切性所占据。

可见，对于阿伦特而言，不仅现象具有首要性，而且，现象的显现还意指着一种交互关系的维度。这就是说，活生生的存在者的显现的基本目的包含着与作为另一个感知者的人的相互关系。"所有活生生的东西都有着一种去显现的迫切性，使其自身与显现世界相适切且不是去显示其'内在的自我'，而是作为个体的它自己的迫切性。"⑤ 在此，我们可以看到一种在很大程度上为阿伦特所独具的倾向——对"差异性"（distinctness）和"关联性"（con-

---

① Mildred Balkan, "Hannah Arendt's Critical Appropriation of Heidegger's Thought in Political Philosophy", Descriptions, eds. *Don Ihde and Hugh Silverman*, Albany: Sunny Press, 1985, p. 226-227.

② Hannah Arendt, *The Human Condition*, Chicago: The University of Chicago Press, 1958, p. 50.

③ Hannah Arendt, *Life of the Mind*, 2Volumes (Thinking), ed. Mary McCarthy, New York: Harcourt Brace, 1978, p. 11.

④ Hannah Arendt, *Life of the Mind*, 2Volumes (Thinking), ed. Mary McCarthy, New York: Harcourt Brace, 1978, p. 19.

⑤ Hannah Arendt, *Life of the Mind*, 2Volumes (Thinking), ed. Mary McCarthy, New York: Harcourt Brace, 1978, p. 29.

nectedness）的重要性的强调。这种特属于人的"差异性"以及其必然配对的
"关联性"对阿伦特而言即是政治领域的真正标志，具有本质重要性。

　　那么，阿伦特的现象学思考在何种意义上可以说是对胡塞尔与海德格尔
的推进呢？海德格尔曾指责胡塞尔想把自我在一个实际存在的世界中的经验
也置入括号中，因而在他自己对"此在"的构造中，世界与此在这个主体从
根本上是相关的，它不能被加入括号中。与胡塞尔和海德格尔不同，在阿伦
特的思想中则隐含了这样一种洞察：她注意到重要的是保留"实事本身"对
我们的意义和从"日常状态"来"看待实事本身"的态度，而不是把像世界
的实际存在这样的基本经验置于括号中，从而牺牲了这些基本经验。对阿伦
特而言，这些基本经验中的一个重要维度，即是日常生活中的多元行动者，
他们的一个至关重要的性质就是具有与他者交往的倾向和要求。海德格尔的
现象学虽然试图避免在胡塞尔那仍然残存的唯我论倾向，但是正如《存在与
时间》中显示的，海德格尔把日常生活的某些基本的方面看作"非本真的"，
而这在阿伦特看来是一幅不充分的，有时甚至是扭曲了的世界理解图景。可
以说，在此意义上，海德格尔忽略了"此在"的全部可能的政治维度和交往
的维度。如伯恩斯坦（Bernstein）所言："我认为海德格尔没有阿伦特用'多
元性'所意味的那种深刻意义——这是她的政治思想中的最基本的概念。"①

　　当然，海德格尔可能会说，政治是一个存在者层次上的关切，而不是存
在论上的关切。但对阿伦特而言，政治和交往内在地是个体人的交互主体的
和存在论的方面，是最基本的政治"实事"，故不可轻易地把之视为"非本真
的"。就此而言，阿伦特看到了现象学方法——从实事本身对我们的显现去看
待实事本身和它们如何对我们是有意义的这个观念——主要价值，同时却没
有陷入胡塞尔和海德格尔现象学所引发的困境中。也许，她在《精神生活》
中的这段话就是针对胡塞尔与海德格尔而说的："所有的唯我论理论——无论
它们是从根本上断言只有'自我'存在，还是更加温和地认为，自我以及它
对它自身的意识是可证实的知识的主要对象——都是与我们的存在和经验的
最基本素材相矛盾的。"② 由此出发，我们可以说，阿伦特在《人之境况》中

---

　　① Richard Berstein, *Hannah Arendt and the Jewish Question*, London: Cambridge Press, 1996, p. 191.

　　② Hannah Arendt, *Life of the Mind*, 2Volumes (Thinking), p. 46.

的最基本的问题——"我们是谁?"（Who are we?）——在很多方面都是对"自我是谁",尤其是"此在是谁?"——的回答与反击。① 因为恰恰是在如何理解主体问题上,胡塞尔、海德格尔与阿伦特的现象学思考呈现出了更深刻的根本性差异。

二、"自我"与"此在"

在胡塞尔那里,主体被解释为"自我"（Ego）,这是所有现象学的真正自明的基础。他赞同笛卡尔的"我"只有作为"自我""我思"才是自明的,哲学上的所有其他问题都围绕这一点而构建起来。世界的存在由于其自己是非自明的而必须被置于括号中。结果就是,"自我"在他的先验的（超越论的）现象学中是"非世界性的"（worldless）,这一转向之所以对胡塞尔是必然的,原因在于他的哲学尝试以典型的笛卡尔式的不带任何先入之见为开端。就此而言,胡塞尔的"自我"具有"不感兴趣的""中立"的特征,这是与沉浸于世界中具有自然"兴趣"的个人相对立的。

胡塞尔对主体的上述理解与其哲学研究的旨趣,即建立作为严格科学的哲学相一致,而要建立为所有科学奠立基础的哲学,就必须以现象学还原为基本方法,找到问题的始基。通过本质还原,排除了任何有关存在之客观存在性的设定,排除了任何有关个别存在和个别意识的判断,从而把握本质,进而使科学知识成为可能;先验还原则排除对意识的一切人类学的、心理学的外部说明,从而转向对内部的纯粹直观及其相关项的意识分析。在这个基础上,世界被归结为先验自我的意识的构造活动,"只有通过还原,对象的内涵才能得到如实的分析,就像它原本地、不加缩减地展现给意识的那样,并且只有通过中止判断和现象学的还原,反思才能无成见地对原本的被给予方式进行分析"②。

现象学经过先验还原后留下的"现象学的剩余",即"先验自我"或

① Jacques Taminiaux, *The Thracian Maid and the Professional Thinker*, Albany: SUNY Press, 1997, p. 15.
② ［德］胡塞尔:《现象学的方法》,倪梁康译,上海译文出版社 2005 年版,第 31 页。

"先验意识"，一切客观知识的构建，乃至世界都是这个先验自我构造的产物，在此意义上，"先验自我"是"独一的"。然而，胡塞尔必须面对的一个问题是，"我"如何去证明这样构造起来的客观世界与其他人构建的世界乃是同一个世界，先验意识所构造的客观知识、真理等如何获得他人的认同？正是为了摆脱"先验还原"后剩下的"先验自我"所可能导致的唯我论指控，胡塞尔开始研究自我与其他自我的相互关系，并提出了交互主体性的观念。因为作为严格科学的现象学要真正实现其"面向实事本身"的要求，就必然要说明客观世界的构造如何具有普适性，超越论的现象学要真正从超越论上为世界的构造奠基就必须考虑到世界是交互主体地构建起来的，世界对一切人来说都是同一个世界，否则"这门不仅是由我独自一人'唯我论'地来从事的，而且应当与许多人一起共同来从事的先验现象学就始终还悬在空中"①。

基于此，胡塞尔描述了自我与他者之间的交互主体关系。在他看来，"自我"内在地就有一种对"其他自我"的把握；即使在悬搁的还原中，对我们而言明白无疑的是，我是作为"世界"的一个成员而存在的。"'在'我之'中'我经验并认识到他人，在我之中他人得以构造出来——共现地映现出来，但并不作为原本的东西"②，由此而被揭示的是一个"自我的共同体"，一个向着他者和与他者一起的"单子共同体"（community of monads）。这转而间接地揭示了一个客观世界的存在，在其中，我们都是以经验着彼此的方式存在。然而，无论是在动机联系的指引下以同感为基础去把握陌生意识的可能性，还是力图通过结对—意向重叠、共现—相似性统觉来澄清对他者的经验，胡塞尔在对他者的描述中，他者始终只是由自我出发去设定和被经验到的。究其原因在于，胡塞尔把自我与他者的交互主体关系奠基于先验的"自我我思"中，在他看来，世界的全部意义，包括他人的意义，只有在自我我思活动中才有可能，对他人经验的澄清也必须在此意义上展开。因此，他者并不具有他的本己性，而只是先验自我的一种变体，即"他我"。交互主体关系只是意识领域中自我意识如何影响陌生意识的"思想游戏"，无法通达日常的现实交往。③

---

①　转引自倪梁康：《现象学及其效应：胡塞尔与当代德国哲学》，生活·读书·新知三联书店1994年版，第143页。

②　［德］胡塞尔：《笛卡尔式的沉思》，张廷国译，中国城市出版社2002年版，第203页。

③　参考拙文：《交互主体性的"世界性"基础》，《广西大学学报（社会科学版）》2020年第1期。

　　海德格尔并不认同胡塞尔把主体等同于"自我"的这种描述，他批判胡塞尔的自我，尤其是先验自我"把人定义为统一到一个自我中的经验的凝聚、行为的核心"，是对笛卡尔主义残余的保留，在他看来，"这种传统把人划分为理性和感性、灵魂和身体、内在和外在的定义，缺乏一种把这些现实结合为一个整体的意义"①。为了超越这一传统，海德格尔以基础存在论中对"此在"的描述来诠释他对主体问题的把握，在他看来，现象学首先是一种解释学现象学，应该被理解为"（生活经验）对实际生活的一种基本运动的明确把握"②，因为生活有着通达和"前反思地"反思其自己的经验的能力，因此，现象学与有着这种能力的存在者（"此在"）相关。

　　在海德格尔看来，"此在"这个术语避免了关于这种存在者是什么的预设；解释把人的事实性视作它所指向的对象，③"事实性（facticity）是我们用来指示'我们''自己的'此在的存在特征的名称"④。此在不是某种在手之物：它不是一个"什么"，而是一个"谁"。对此在之"谁"总是"用我自己、用'主体'、用'自我'来回答的。这个谁就是那个在变居不定的行为体验中保持其同一性的东西"⑤。以这种方式来回答"此在是谁？"的问题虽然避免了像对待其他任何实体那样看待"此在"，但仍然可能会误导我们，把我们指向笛卡尔的"不容置疑的我"，指向由于它的孤立而"是谁"的主体。对此，海德格尔强调，"在世的澄清曾显示出：首先'存在'的或一直给定的从不是无世界的单纯主体。同样，无他人的绝缘的自我归根到底也并不首先'给定'"⑥。"他者"总是已经与我们一起在那儿了：我们总是已经与他者在一起。从"此在"的"谁"出发，在世存在的世界就是一个"共同世界"

---

　　①　Theodore Kisiel, *The Genesis of Heidegger's "Being and Time"*, Berkeley：University of California Press，1993，p. 49.

　　②　Martin Heidegger, "Phenomenological Interpretation with Respect to Aristotle：Indication of the Hermeneutical Situation（1922）", *Man and World* 25，1992，p. 359.

　　③　John van Buren, *The Young Heidegger：Rumor of the Hidden King*, Bloomington：Indiana University Press，1994，p. 94.

　　④　Marin Heidegger, *Ontology：The Hermeneutics of Facticity*, trans. John van Buren, Bloomington：Indiana University Press，1999，p. 5.

　　⑤　［德］海德格尔：《存在与时间》，陈嘉映、王庆节译，生活·读书·新知三联书店 2006 年版，第 133 页。

　　⑥　［德］海德格尔：《存在与时间》，陈嘉映、王庆节译，生活·读书·新知三联书店 2006 年版，第 135 页。

（Mitwelt）；"在之中"是"与他者共在"①。作为在世存在的此在，我们原初地就处于像我们自己一样的其他此在之中，由此，胡塞尔的先验交互主体性与日常交往之间的鸿沟得到消解。

"此在的世界所开放出来的有这样一种存在者：它不仅根本和用具与物有别，而且按其作为此在本身的存在这样一种存在的方式，它是以在世的方式'在'世界之中的，而同时它又在这个世界中以在世界之内的方式来照面。"②这个存在者既不是上手存在的事物，也不是任何现成的东西，而是"它也在此，它共同在此"。他人与我们没有什么区别，而我们也是其中一员的那些人。在这个意义上说，世界是作为我的"此在"与其他人的"此在"所共同拥有的世界，"此在的世界是共同世界。'在之中'就是与他人共同存在。他人在世界之内的自在存在就是共同此在"。"此在本质上是共在。"即使他人没有实际在场，没有面对面的照面，"共在也在生存论上规定着此在。此在之独在也是在世界中共在"。"独在"恰恰是以共在为背景才可能去"独"，因而"独在"恰好证明了"共在"。③

然而海德格尔在讨论"在之中"时又把日常的共同存在视为"沉沦"，因而是"非本真的"，从而使得他在"在世共在"层面上对交互主体性问题的表达变得模糊不清。它把日常生活等同于"公众性"，在他看来，沉沦于日常生活中的"此在"在其中发现自身的世界是人们日常关注的世界，这个世界是"暗淡无光的"：是对自身的占有。"此在"消散于它的日常生活中，不仅错过了世界，而且忽略了它"自身"。其结果就是"此在""向着存在的最本己的可能性"——实现其自己的可能性的能力——消散于"他们"的自身中。就此而言，只有逃离日常生活世界才能称为"本真的"，基于此，海德格尔转向了此在的内在性，倾听良心的呼唤，本着"向死而在"去筹划最本己的可能性，才能超越此在的"日常性"。

可见，海德格尔把"共在"作为此在"在世存在"的基本环节，在一定

---

① ［德］海德格尔：《存在与时间》，陈嘉映、王庆节译，生活·读书·新知三联书店 2006 年版，第 137 页。

② ［德］海德格尔：《存在与时间》，陈嘉映、王庆节译，生活·读书·新知三联书店 2006 年版，第 138 页。

③ ［德］海德格尔：《存在与时间》，陈嘉映、王庆节译，生活·读书·新知三联书店 2006 年版，第 138 页。

程度上克服了胡塞尔把交互主体性奠基于先验自我从而有可能造成世界中的自我与他我的割裂的问题，但他把日常的"共在"不加区别地贬低为"沉沦"状态、"平均"状态，又使他的分析禁锢于存在论的领域内，忽略了日常经验世界中主体间交互关系在政治维度上的本原意义。

三、经验世界中的"行动"者们

在阿伦特看来，海德格尔严格地把"无兴趣的""中性的""此在"置于世界中的做法是对胡塞尔的主体描述的一种进步。当然，胡塞尔的"自我"从未丧失"作为意义境域"的世界，而是失去了"这样存在着"的世界，海德格尔的"此在"则总是把其自身理解为"在那里"、展开的、世界性的和有兴趣的——这些性质是不能轻易地置于括号中的。

与胡塞尔和海德格尔不同，阿伦特的"主体"主要是一个"政治"主体，从根本意义上讲是在日常世界中与其他主体处于交往关系中的。就此而言，虽然海德格尔摒弃了胡塞尔的"自我"的"彼世性"而提出一种"世界性的""此在"，但因其不彻底性，阿伦特最终拒绝了这两个思想家对主体的描述，因为他们都把主体的特征描述为"过于单一性"。如巴罗（Barnouw）所言："海德格尔把现代原子化和孤立的经验公式化为自我（自身）的有意义的惟一性和单独性对青年阿伦特有着吸引力。但是阿伦特马上又看到了这是德国精英们未能成功应付现代社会发展的失败征兆。"①

阿伦特认为，海德格尔"对这种自我的最本质的特征描述就是海德格尔的绝对的自我主义，它从基本上与它的所有同伴分离"。"通过把现实带回到自我中……关于存在的意义的问题基本上已经被放弃了，取而代之的问题（显然对这种哲学更加基本的）是关于自我（Self）意义的问题。但是这个问题事实上显现为不可回答的，因为带入其绝对的孤立中的自我是无意义的。"②因此，她批判海德格尔《存在与时间》中的"此在"诠释是自我中心的和宏

---

① Bagmar Barnouw, *Visible Spaces*: *Hannah Arendt and the German-Jewish Experience*, Baltimore: Johns Hopkins University Press, 1990, p. 165.

② Hannah Arendt, "What is Existenz Philosophy?", p. 49-50.

伟的（"使人成为之前存在论中的神之所是"），具有欺骗性的（"人只是显现为存在的诸样式的凝聚"），是与对人的关切的传统相对立的。①

　　阿伦特自己通过她对日常经验中"积极生活"的解释来展现她对主体的思考。在她看来，日常经验世界中的人有三种基本活动（劳动、工作和行动），其中，"行动"优于劳动和工作，是唯一需要他者或他人在场的活动。"行动"由言说和行动构成，必然是相互交往的和最属人的活动。如她在《精神生活》中对"显现"（appearance）的讨论中所指出的那样，言说需要听者，行动和业绩需要见证者。思考活动本质上也是交往活动，因为它是与一个人自己的无声对话。因此，思考被包含在言说中。"我们的精神活动……是在言说中甚至是在交流之前构建起来的，因为言说意味着被听见，话语意味着能被其他同样能去言说的诸他者所理解、没有言说的思考是不可想象的。"②我们内在的精神生活与我们外在的言说生活是必然相互关联的："精神活动，其本身是不可见的……只有通过言说才能彰显出来……思考的存在者——仍然属于显现的世界（the world of appearance），即使他们从精神上撤退出世界中——有着一种去言说的迫切性，且因此使得那些否则就不能作为显现的世界的一部分彰显出来。"③

　　回到阿伦特对行动的讨论上看，行动区别于其他活动的标志就是"主体的多元性"，每一个主体都是不同的。行动是政治领域的活动，通过行动，主体显示出了它最属人的性质，因为充分地表达的自由使得人成为人——一种言说和行动的能力。一个人只有通过政治活动去展示和塑造这个人是"谁"（即他或她的个体性）才可以获得他（她）自己的完全的自我，而要把这种个体性塑造为他或她是"谁"在他或她独自一人时是不可能的，必须要依赖于与诸他者的交往。与他者一起言说和行动发展和揭示了每一个主体的独特性（distinctness）。因此，行动优先于劳动和工作就在于它能"出离于"孤立状态。这是与海德格尔所描述的"此在"之"谁"相对立的。海德格尔认为："生存论性质和范畴乃是存在性质的两种基本可能性。与这两者相应的存在者所要求的发问方式一上来就各不相同：存在者是谁（生存）还是什么

---

①　Elizabeth Young-Bruehl, *For the Love of the World*, p. 219.
②　Hannah Arendt, *Life of the Mind*, 2Volumes（Thinking）, p. 32.
③　Hannah Arendt, *Life of the Mind*, 2Volumes（Thinking）, p. 98.

（最广义的现成状态）。"① 阿伦特则表示，人不能仅仅通过降生为人而获得"谁"的身份，某人是"谁"需要终其一生来塑造。

阿伦特在这点上所显示出来的独特性是胡塞尔与海德格尔的思想中所没有的，究其原因，在胡塞尔与海德格尔那里纯粹地提及的"他者"必然是空洞的和抽象的，未能把握住在她看来具有基本的重要性和意义的（其本质是多元性的）交互主体性。本哈比伯就曾指出："尽管海德格尔——通过他把此在的世界性描述为一种共在形式——使得人的多元性的经验成为人之境况的构成性因素，但是他的生存论分析的基本范畴，并不是在阐明人的多元性，而是为个体的不断增长的原子化、孤独和日益高涨的无世界性进行辩护。"②

不可否认，海德格尔的确看到了其他"此在"，其他主体并不仅仅是像家具在世界中那样存在，这些"此在"不是对"此在"而言的"在手存在"或"上手存在"；相反，当遭遇其他此在时，"此在"发现自身是其中一员。就此而言，海德格尔对"此在"的描述不能独断地被贴上"唯我论"的标签，因为他从根本上把"此在"置于其他"此在"之中。

然而，对海德格尔做这种辩护并不意味着笔者赞同海德格尔的交互主体性理论和阿伦特的交互主体性理论是同质的。如前所述，海德格尔在阐释"此在"在日常状态中如何与他者联系时明确表明，"此在"被"他们""常人"所包围，并消散于其中。尽管这并不必然意味着贬损或蔑视，但海德格尔对"他们""常人"和"沉沦于他者中"这些短语的使用却确实是用来界定"此在"生存的"非本真"样式的。与之相对，阿伦特认为，当主体是交互主体时，就主要地和必然地是最"本真的"，这是与海德格尔的"此在"几乎相反的看法，此在的"本真性"等同于它的"本己性"。"在海德格尔那最终显现为'沉沦'的东西，是所有立足于人与他的同伴生活于世界中这个事实上的人的那些存在样式。"③ 海德格尔的思想更多的是"一种关于死亡、罪责、决心和沉沦的存在主义。后者的最显著的方面就是它们在方法论上的彻底的唯我论：它们只与一个人的自身相关。并不是那些哀悼一个人的东西，

---

① ［德］海德格尔：《存在与时间》，陈嘉映、王庆节译，生活·读书·新知三联书店 2006 年版，第 33 页。

② Seyla Benhabib, *The Reluctant Modernism of Hannah Arendt*, London: Sage Publications, 1996, p. 56.

③ Hannah Arendt, "What is Existenz Philosophy?", p. 50.

也不是我所留下的重要的东西，而是我，这个独一的个体，必须死亡"。①

此外，对阿伦特而言，交互主体性本身是脆弱的，是最值得人们去努力维护的东西，也是使一个人成为完整的"人"的东西。这个表达所蕴含的张力是，没有他者的在场，一个人就不可能成为他的本己、自己。因此，虽然海德格尔在他对"此在"的理论化中的确尝试去反思人的这种"在一起"（togetherness），但阿伦特呈现了关于这种"在一起"的更优越的解释。其对海德格尔的推进之处在于她对人之"一起"的处理方法和态度是海德格尔没有意识到的。即"此在是谁？"的问题只能通过对每一种言行的共享从存在论上加以拒斥才能加以回答，这种总是牵涉于他者的主体从根本上不同于海德格尔的主体概念。

同样，胡塞尔关于交互主体性的描述，也没有达到阿伦特从我们对他者的经验中所想要达到的理想。阿伦特关于在日常经验世界中从事政治活动的行动者们的"在一起"所反映的并不是胡塞尔建立在"先验自我"基础上的"单子共同体"。事实上，当胡塞尔用莱布尼茨的"单子"（monade）这个术语来指涉与他者联系的主体时，对阿伦特而言恰恰是对主体的封闭性的、冷酷的和抽象的描述。虽然胡塞尔也表达过，"我们不仅个人地、而且是与彼此一起去看、去听"②，但他并没有承认和重视"多元性和行动现象之间的一种本质的联系"③，这意味着胡塞尔从未注意到政治生活或积极生活的优先性问题。

由此可见，阿伦特的"主体"非常不同于胡塞尔与海德格尔的"主体"，其原因就在于阿伦特的"主体"为了完全地成为它自己、表达它自己和实现它自己，就必然要牵涉着和需要日常经验世界中的其他主体。她在"他者"问题上推进了对"主体"概念的讨论，从而更加充分地发展了一种对主体的相互依赖性和相互交往的解释。在此，不再是一个独一的唯我论的主体，或一种对"他者"的纯粹"经验到"，或非本真的"与他人共在"，这些对主体的任何孤立的、疏离的描述都或多或少是对诸主体的真实的日常交互依赖性和交往性以及主体的真实的日常生活经验的误解。

---

① Seyla Benhabib, *The Reluctant Modernism of Hannah Arendt*, p. 106.
② 转引自：Jacques Taminiaux, *The Thracian Maid and the Professional Thinker*, p. 30.
③ Jacques Taminiaux, *The Thracian Maid and the Professional Thinker*, p. 30.

四、结语

阿伦特也许会控诉胡塞尔与海德格尔只是象征性地把他们的主体停留在劳动和工作的层面上，在此，他者、其他主体的在场或缺席是无关紧要的。然而我们在劳动或工作的层面上并不是真正的"人"，是始终依赖于"物"的，只有在行动上来考虑主体，即"摆脱对物的依赖而更多地关注人自身存在的丰富性和价值所在"①，人才能得到最大程度上的实现，而这就需要与诸他者相互交往，这里的他者不是大写的他者，而是作为具有差异性的独一无二的主体。阿伦特认为："人的差异性并不等同于他者性……他者性只是多元性的一个重要方面，是为什么我们的所有界定都是有差别的原因……他者性的最抽象形式只有在无机对象的纯粹重复中才能找到……但是只有人才能表达这种差异性且把他自己区别开来，并且只有他才能作为他自己，而不是作为纯粹的某物去交流。"② 可以说，在这三个思想家中，只有阿伦特抓住了日常经验世界中每一个主体与其他主体之间的不可置疑的、不能还原的交互关系。因此，如果对海德格尔来说，"此在"是"共在"，那么对阿伦特来说就是，"共在"是"此在"。人的经验本原是与他者一起的。而胡塞尔自我——他我模式最终仍奠基在自我——理性的逻各斯中心主义中，因而仍然置身于西方传统哲学之中，无法摆脱这个传统本身所具有的严重问题③。就此而言，阿伦特对待主体的态度比胡塞尔与海德格尔更具优越性，她对主体的解释呈现了最具体的和最少抽象的主体描述。

---

① 赵中源：《新时代社会主要矛盾的本质属性与形态特征》，《政治学研究》2018 年第 2 期。

② Hannah Arendt, *The Human Condition*, p. 76.

③ Mildred Balkan, "Hannah Arendt's Critical Appropriation of Heidegger's Thought in Political Philosophy", p. 227.

非线性复杂系统视阈下对人的
全面发展与生态文明建设实践的超越*

李丽红　刘卓红**

马克思指出："全面发展的个人……，也就是用能够适应极其不同的劳动需求并且在交替变换的职能中只是使自己先天和后天的各种能力得到自由发展的个人来代替局部生产职能的痛苦的承担者。"① 并指出，在共产主义社会，"任何人的职责、使命、任务，就是全面地发展自己的一切能力，其中也包括思维能力。"② "根据共产主义原则组织起来的社会，将使自己的成员能够全面地发挥他们各方面的才能。"③ 从马克思、恩格斯关于人的全面发展的概念可以看出，人的全面发展是一个整体性的概念，既包括先天能力和潜能的激发，也包括后天各方面能力的培养和锻炼，总之是一切能力和各方面才能的发展。而"生态文明把包括人类在内的整个自然界理解为一个整体，认为自然各部分之间的联系是有机的、内在的、动态发展的，人对自然的认识过程只能是一个逐步接近真理的过程。人们不再寻求对自然的控制，而是力图与自然和谐相处。科学技术不再是征服自然的工具，而是维护人与自然和谐的助手。把人与自然的协调发展视为人的一种内在的精神需要和文明的一种新的存在方式"④。

---

　　* 本文载于《湘潭大学学报（哲学社会科学版）》2019-03-15。

　　** 李丽红，女，汉族，广州大学马克思主义学院讲师。在马克思主义哲学、人的主体性发展、人的发展与生态文明建设、思想政治教育等方面有一定的研究。刘卓红，华南师范大学马克思主义学院教授。

① 《资本论》法文版第 1 卷，中国社会科学出版社 1983 年版，第 500 页。
② 《马克思恩格斯全集》第 3 卷，人民出版社 1960 年版，第 330 页。
③ 《马克思恩格斯选集》第 1 卷，人民出版社 1995 年版同，第 243 页。
④ 许崇正、杨鲜兰等：《生态文明与人的发展》，中国财政出版社 2011 年版，第 137 页。

　　由此可见，生态文明的概念也包含着整体性的内涵。也就是说，人的全面发展和生态文明建设都是一个整体性的概念，都是一个综合各方面要素、各方面内容、各种要求的实践方式。这是人的全面发展与生态文明建设的一个相似之处。

　　人的全面发展与生态文明建设的另一个相似之处，是二者同样具有非线性复杂系统的特征。李景平、刘军海等学者指出，非线性复杂系统具有五个表现形式。一是系统各层次之间的相互联系广泛而又紧密，构成一个网络。每一层次的变化都受到其他层次变化的影响，并会引起其他层次变化。二是系统具有多层次、多功能的结构。每一个层次成为构建其上层次的因子，同时也有助于系统的某一功能的实现。三是系统在发展过程中不断地更新并对其层次结构与功能结构进行重组与完善。四是系统是开放的，它与环境有密切的联系，功能与环境相互作用，并能不断向更新更好的方向发展，以适应环境需要。五是系统是动态的，它不断处于发展变化之中，而系统本身对未来的发展变化有一定的预测能力。① 结合人的全面发展和生态文明的概念，他们都是自成系统，系统中的各个要素、各个结构、各种功能相互影响、相互促进，这样的系统都具有一定的自我重组和完善性，也都是动态开放的系统。由此可以看出，人的全面发展和生态文明建设都具有非线性复杂系统的特征。

　　人的全面发展与生态文明建设的区别也表现在两个方面。一个方面是问题的源起不同，人从大自然独立出来的那一刻开始，人的全面发展就成了应有之义，尽管有生存需要大过发展需要、生存与发展需要并存、发展需要成为主流等多种阶段和形式，但从本质上来说，始终都沿着人的全面发展的主线推进；而生态文明的建设不同，在人类文明没有产生的纯自然阶段，根本谈不上生态文明建设，只有当人类文明发展到一定阶段，资源和环境问题越来越突出的时候，生态文明的建设才走向了人类文明历史的前台。另一个方面是具体推进过程中的差异，人的全面发展虽然也受客观条件、历史发展等多方面因素的影响，但人的主观因素、人自身的改造和修养始终是问题的主要方面，主观因素的作用相对来说更为明显；而在生态文明建设中，人固然也起着非常重要的作用，但更多地受历史阶段、自然条件以及人自身产物等

---

　　① 李景平、刘军海：《复杂科学的研究对象：非线性复杂系统》，《系统辩证学学报》2005 年第 3 期，第 60-63 页。

多方面的影响，客观因素的影响相对来说更为明显。

　　人的全面发展与生态文明建设虽然是两个不同的概念，二者之间也存在一定的区别和差异，但从深层次和非线性复杂系统的视角来看，二者在不少方面是趋同的，尤其是既往实践中对二者的认识、推进方式的误区，以及需要超越、正确互动基础上的推进等方面，趋同的因素远多于区别和差异。本文基于二者多方面的这种趋同，以及二者多方面的互动关系，分析研究人的全面发展和生态文明建设实践中的不足与超越。

一、超越线性的理性思维方式，回归非线性的自然规律，整体性地 推进人的全面发展和生态文明

　　非线性复杂系统的整体性表现为："系统各单元之间的联系广泛而紧密，构成一个网络。因此每一单元的变化都会受到其他单元的影响，并会引起其他单元的变化。系统具有多层次、多功能结构，每一层次成为构筑其上一层次的单元，同时也有助于系统的某一功能的实现。"① 在人的全面发展与生态文明建设的互动关系中，同样也存在这种非线性复杂系统的特征。人与自然和谐发展是生态文明建设的核心内容，人的全面发展程度既取决于、依赖于生态文明建设的程度。同时，由于人的全面发展回归人的发展规律的本身，能以对自然生态的最小消费、最小影响为基础，所以人的全面发展也必然助推生态文明的建设。然而，一定时期以来的线性思维方式，违背了人的全面发展与生态文明建设的这种良性互动关系，既阻碍了生态文明的建设，也阻碍了人的全面发展本身。

　　（一）超越物质、科技的发展必将推动人的全面发展和生态文明建设的线性逻辑，注重人的全方位发展、生态文明的多方面建设

　　无论是西方还是东方，一定时期以来人类的发展模式主要建基于物质文明的发展上，有的历史时期甚至将物质文明的发展当作人的发展、人类的发展的全部，简单地、线性地认为只有物质文明发展了人才能够得到全面发展。

---

　　① 成思危：《复杂科学与管理》，《南昌大学学报》（社会科学版）2000 年第 3 期，第 1—16 页。

现代工业文明高度崇尚人的理性、智慧和科技，线性地认为依靠人的理性和科学技术可以解决一切问题，既可以解决人的生存问题，也可以解决人的全面发展问题，还可以解决生态文明建设的问题，即使自然生态遭到了严重破坏，未来的科技发展也依然可以修复、可以解决生态问题。

然而，现实的历史发展表明，这种线性的思维方式虽然也给人类带来了一定的物质财富，积累了一定的物质文明，但给人的全面发展和生态文明建设所带来的问题，在某个阶段或某一历史时期甚至远远超过这些物质财富带来的成就。一方面，自然生态遭到了破坏，有的地方甚至因为失去生态平衡而导致自然灾害不断，成为人类不宜居住的"荒原"；另一方面，人的全面发展并没有像预期一样得到长足进展，反而出现了人的片面发展、畸形发展，"经济人""片面人""封闭人"不断出现，属于人的本质特征的人文精神、艺术审美、思维享受等逐渐远离，人类的精神家园惨遭毁坏。这种线性思维的极度发展和运用，可以说与人的全面发展和生态文明建设是背道而驰的。

20世纪著名的科学史家萨顿提醒我们："单靠科学，即使我们的科学比现在再发达一百倍，我们也并不能生活得更美好。"① 因此，要超越这种物质和科技的线性思维方式，回归人的全面发展和生态文明建设本身的非线性复杂规律，注重人的全方位发展和生态建设的多个方面。

在人的全方位发展方面，马克思曾经有过美好的画面描写："任何人都没有特定的活动范围，每个人都可以在任何部门内发展，社会调节着整个生产，因而使我们有可能随我自己的心愿今天干这事，明天干那事，上午打猎，下午捕鱼，傍晚从事畜牧，晚饭后从事批判，但并不因此就使我成为一个猎人、渔夫或批判者。"② 在这里，马克思强调的人的全面发展就是要激发各种能力、培养各种能力，而不是局限于片面的某一方面。实际上，人的全面发展也是个体人自身的和谐发展，包括精神与肉体的和谐发展，心理与行动的和谐发展，更加包括人的本质能力的多方面实现。马克思指出："社会的人的感觉不同于非社会的人的感觉。只是由于人的本质客观地展开的丰富性，如有音乐感的耳朵、能感受形式的美的眼睛，总之，那些能成为美的享受的感觉，即

---

① ［美］乔治·萨顿：《科学史和新人文主义》，陈恒六、刘兵、仲维译，华夏出版社1989年版，第2页。

② 《马克思恩格斯选集》第1卷，人民出版社1995年版，第85页。

确证自己是人的本质力量的感觉，才一部分发展起来，一部分产生出来。"①
这正好说明，人的全面发展，既要有理性思维的能力，又要有艺术审美的能
力，还要有与其他人、与大自然和谐相处的能力，只有这样全方位的发展，
个体人才能和谐，人类才能和谐，人与自然才能和谐。

在生态文明建设中，就要在"靠消耗最小的力量，在最无愧于和最适合
于人类本性的条件下来进行这种物质变换"②的基础上，凝聚全体人们合力，
加强生态治理，打好雾霾治理、大气净化、水污染治理等一个一个的攻坚战；
合理开发森林文化、草原文化、沙漠生态旅游；健全生态文明建设的机制及
其他相关设施。

（二）超越现实中人的全面发展与生态文明建设只能有其一的片面认
识，注重整体性地推进

美国经济学家西蒙·库兹列茨的"倒 U 形假说"认为，当一个国家经济
发展水平较低的时候，环境污染的程度较轻，但是随着人均收入的增加，环
境污染由低趋高，环境恶化程度随经济的增长而加剧；当经济发展达到一定
水平后，也就是说，到达某个临界点或称"拐点"以后，随着人均收入的进
一步增加，环境污染又由高趋低，其环境污染的程度逐渐减缓，环境质量逐
渐得到改善，这种现象被称为环境库兹涅茨曲线。实质上，这就是处理环境
与经济发展关系上的"先污染后治理"观点。这一假说其实是具有欺骗性和
虚伪性的，西方经济发展起来后并非真正把环境治理好了，实质上只是将污
染转移到欠发达或不发达的国家和地区而已。但这一假说的内在涵义就是经
济发展、物质需求、人的生存发展与生态文明建设是难以两全的，要么注重
经济发展、物质需求、为人的发展提供基础条件，要么为了保持生态平衡、
维护生态发展而放弃经济发展，放弃人的生存和发展。

这种线性的片面认识，危害性是非常大的。恩格斯曾经论述过美素不达
米亚的情况。"美素不达米亚、希腊、小亚细亚以及其他各地的居民，为了得
到耕地，毁灭森林，但是他们做梦也想不到，这些地方今天竟因此而成为不
毛之地，因为他们使这些地方失去了森林，也就失去了水分的集聚中心和储

① 《马克思恩格斯全集》第 3 卷，人民出版社 1960 年版，第 305 页。
② 《马克思恩格斯全集》第 46 卷，人民出版社 2003 年版，第 929 页。

藏库。阿尔卑斯山的意大利人,当他们在山南坡把在山北坡得到精心保护的同一种枞树林砍光用尽时,没有预料到,这样一来,他们就把本地区的高山畜牧业的根基毁掉了;他们更没有预料到,他们这样做,竟使山泉在一年中的大部分时间内枯竭了,同时在雨季又使更加凶猛的洪水倾泻到平原上来。"①恩格斯所论述的这一例子,就是只顾人的生存不顾生态,只顾人的发展不顾生态文明建设的"人间惨剧",最严重的是可能因为放弃生态文明的建设、随着生态的极度破坏而导致人类文明的消亡。

因此,必须扭转这种二者只能有其一的片面认识,既注重人的全面发展,又大力推进生态文明建设,统筹、协调、整体性地推进人的全面发展和生态文明建设。

一是坚持最低的环境生态消费和影响。与自然进行物质交换是人的生存基础,但不是人的全面发展的全部,这种物质交换应该仅限于人的生存与发展所必需,以尽可能小的生态代价、尽可能不破坏生态环境、尽可能在生态环境能够承受的范围内为前提和条件。不能为了物质而物质、为了经济发展而经济发展,尤其是不能为了自身的奢华享受、为了自身的生存发展,而剥夺、牺牲其他人生存和发展的基本需要。必须在人类命运共同体的理念下,坚持和执行最低环境生态消费和影响。

二是将生态文明建设作为促进人的全面发展的目标之一。生态文明建设是人的全面发展的必备条件,没有良好的生态环境,一个千疮百孔、残缺不全的自然环境,人的生存都成为不可能,更遑论人的全面发展。因此,为了促进人的全面发展,无论是人的基本物质需求,还是艺术审美享受,还是包括理性思维能力在内的各方面能力、各种潜能的激发和发展,都要与生态文明的各要素、各方面联系起来,都要以维护自然各部分之间的有机、内在的动态联系和发展为目标,以良好的生态环境激发、发展人的各方面能力,同时,也以激发、发展人的各方面能力促进生态文明的发展,从而整体性地推进人的全面发展和生态文明建设。

三是真正促进人与自然的和解。恩格斯在对资本主义进行政治经济学批判的时候,认为19世纪人类所面临的最迫切的变革,就是"人同自然的和解

---

① 《马克思恩格斯选集》第 4 卷,人民出版社 1995 年版,第 383 页。

以及人同本身的和解"①。马克思在《1844 年经济学哲学手稿》中，进一步把实现"两个和解"理解为是对共产主义的价值诉求，共产主义就是"人和自然界之间、人和人之间矛盾的真正解决"②。整体性地推进人的全面发展和生态文明建设，就是要在真正促进人与自然的和解中进行。一方面，应该发挥人的理性、创造力以及由此形成的科学技术的发展作用，不断探索、全面准确地认识自然规律，按照不断深入揭示的自然规律去推进人的全面发展和生态文明建设，而不是单纯为了经济发展、为了人的全面发展或者单纯为了生态文明建设而"无知者无畏"地破坏生态环境、破坏人的全面发展。另一方面，也必须超越单纯依靠科学技术、以科学技术为唯一方式的线性思维方式，而是要整体地看待人的全面发展与生态文明建设，平等地对待自然生态环境。"大地伦理使人类的角色从大地共同体的征服者变为普通的成员和公民。它蕴含着对它的同道的成员的尊重，也包括对生命共同体的尊重。"③ 要逐渐践行这种大地伦理，将人类真正放在整个大自然、整个生态系统中去理解、去行动，整体性地推进人的全面发展和生态文明建设。

二、超越对立的情感处理模式，回归"母子式"的情感实质，和谐共生地推进人的全面发展和生态文明建设

马克思说，"人直接地是自然存在物"，是"站在牢固平稳的地球上吸入并呼出一切自然力的人。"④ 恩格斯也说，"人类是从自然分化出来的，自然界对人来说占有优先地位，它是我们人类即自然界本身赖以生长的基础，在自然界和人以外不存在任何东西。"⑤ 人来自自然、依赖自然，又具有相对的独立性，这是一个普遍认可的基本常识。

在处理人的全面发展与生态文明建设的关系的时候，也必须遵循这一基本常识和规律。"'我同自然物都是有生命的存在，因而我应该像对待我自己

① 《马克思恩格斯全集》第 1 卷，人民出版社 1956 年版，第 603 页。
② 《马克思恩格斯全集》第 42 卷，人民出版社 1979 年版，第 120 页。
③ ［美］利奥波德：《沙乡年鉴》，侯文蕙译，吉林人民出版社 1997 年版，第 194 页。
④ 马克思：《1844 年经济学哲学手稿》，人民出版社 1985 年版，第 124 页。
⑤ 《马克思恩格斯选集》第 4 卷，人民出版社 1995 年版，第 222 页。

的生命那样对待其他一切自然生命'。这样，自然就不再是满足人类欲望的工具，而是人类的有生命的伦理伙伴、'同宗兄弟'或养育人类的'母亲'。"① 简单地说，大自然是人类的母亲，人的生存和发展都离不开自然生态。通过加强生态文明建设，大自然"母亲"能够永恒地稳定地健康地提供哺乳的汁液，确保其"子女"人类能持续全面自由地发展；而促进人的全面发展，回归自然规律地激发和发展人的各方面能力，以符合自然规律的方式回报和报恩自然"母亲"，这应该是人的全面发展和生态文明建设的良性互动关系。相当长一段时期来的实践，却远离了这种良性互动关系，在人的全面发展和生态文明建设实践中必须予以纠正和超越。

（一）超越"忘了来时路"的狂妄无知，以敬畏、尊重、顺应、保护的方式推进人的全面发展与生态文明建设

在处理人与自然生态的关系方面，曾经有相当多的人"忘了来时路"，忘了来自自然、依赖自然的根本，而是过度强调人的相对独立性，放弃了人自身及对大自然的终极追求。"因为，只有放弃了终极关怀，才能专心致志地谋求经济发展和科技进步。全球化的现代化，全球化的经济竞争，便是今日之全球化的实质。这样的全球化，也便是人类以最强的动力向自然开战……全人类都放弃终极关怀之际，便是人与自然之间的战争达到最激烈之时。"② 这种忘根丢本的做法，给生态环境带来了严重的问题。有专家指出，自工业革命以来，大气中的二氧化碳含量增加了25%；世界水资源和矿产资源不断枯竭，世界60%的地区面临着淡水不足的困境；森林惨遭毁灭，植被破坏，导致沙漠化趋势日趋严重；海洋被污染，生物物种不断减少，至20世纪末，地球上的物种已经灭绝了五分之一，等等。

在促进人自身的全面发展方面，同样也存在这种忘了来时路、忘根丢本的现象。人相对独立于自然界其他生物的根本标志就是人的智慧、情感和精神。然而一段时期以来，为数不少的人没有把激发人的潜能、发展人的各种能力作为根本追求，反而在追求物欲、动物式的奢华物质享受方面极尽没有底线的能事。

---

① 刘福森：《新生态哲学论论纲》，《江海学刊》2009年第6期，第12-18页。
② 卢风：《应用伦理学》，中央编译出版社2004年版，第472页。

恩格斯说："必须时时记住：我们统治自然界，决不像征服者统治异族一样，决不像站在自然界以外的人一样，——相反地，我们连同我们的肉、血和头脑都是属于自然界，存在于自然界的；我们对自然界的整个统治，是在于我们比其他一切动物强，能够认识和正确运用自然规律。"[①] 恩格斯在这里启示人们：无论是在生态文明建设中，还是在人的全面发展实践中，都必须始终立足于本质的自然规律，必须不忘本，注重与自然生态发展的有机联系。科布说，"人类在生理和心理上，都被纳入一个包括所有受造物的母体中。我们之间的关系是内在于我们的实存。无论何处被破坏，都会于每个个体有损。"[②] 习近平总书记在纪念马克思诞辰 200 周年大会上指出，"自然是生命之母，人与自然是生命共同体，人类必须敬畏自然、尊重自然、顺应自然、保护自然。坚持人与自然和谐共生……" 在生态文明建设的过程中，首先就是要像对待母亲一样对待自然生态，敬畏、尊重、顺应、保护自然，纠正以前那种为了一丁点眼前利益而轻视自然、践踏自然的做法。

在促进人的全面发展方面，务必要以敬畏大自然母亲的情怀，尊重母亲孕育生命过程中的艰难付出，顺应人发展的自然规律，不过度追求物质等"身外之物"，注重人自身各方面能力的修炼和完善，注重自身精神境界的追求和升华，激发自身的潜力，发展多方面的才干和才华，享受全面发展的美好生命过程。

（二）超越"连根拔起"的态度和方式，以感恩和回报的情义推进人的全面发展和生态文明建设

在既往的实践中，只看到人相对于自然的独立性，而不顾人的根永远在大自然、血脉永远在大自然的事实，以"连根拔起"的态度和方式，掠夺大自然，所谓的征服大自然，甚至"过分陶醉于我们对自然界的胜利"[③]。事实上，恩格斯早就告诫我们，"如果说人类靠科学和创造天才征服了自然力，那么自然力也对人进行报复，按他利用自然力的程度使他服从一种真正的专制，

---

① 《马克思恩格斯全集》第 25 卷，人民出版社 1999 年版，第 308 页。

② John B. Cobb, Deep Ecology and World Religious: New Essays on Sacred Ground [M]. Albany: Stat University of New York, 2001 p. 227.

③ 《马克思恩格斯选集》第 4 卷，人民出版社 1995 年版，第 384 页。

而不管社会组织怎样。"①

因此，必须纠正和超越这种"连根拔起"的态度和方式，回归人与自然、人与自身的自有规律。"系统在发展过程中能够不断地学习并对其层次结构与功能结构进行重组与完善。"② 这就是非线性复杂系统的自组织性。这种自组织性在人的全面发展和生态文明建设中同样存在。"在人类的物质生活、以及人类的历史和人类意识的进步史中，自然界对于人类来说始终是一个能动的伙伴。由人类自身所推动的自然界的变化，反过来会决定人类历史发展的可能性及其界限。森林的持续性、土壤形成的周期、特定种类人口的增长模式以及气候的变化，都是自然界之'弱规律性'，或者说自然界的无规律性、相对性和绝对自主性的明显例子。"③ 这是自然生态发展自组织性的典型。在人的全面发展方面，这种自组织性特征也非常明显。人的全面发展具有更多的主观因素，在一定限度内人通过主观努力所能改变、所能改造的东西更多，但这种改变和改造的事情，很多时候并不完全由人自己的主观愿望所能掌握和控制，很多时候会出现"有意栽花花不发、无心插柳柳成荫"的实际效果。产生这种效果的原因，就是因为人的全面发展所具有的自组织性特征。

人类在处理与自然生态关系即生态文明建设方面，必须回归这种自组织性的特征和规律，以对母亲的感情和情怀来对待对自然生态，以对母亲的感恩、回报的情义来加强生态文明建设。正如罗德里克所说，"宇宙难道不是地球的子宫吗？难道不应把它也包括进最终的伦理王国中来吗？离开个体生命存在于其中的'生态子宫'，就不会有个体的幸福和自由。"④

促进人的全面发展实践也同样如此，不断认识自组织性规律，必须遵循这种自组织性的规律。要感恩大自然给予的每一次生命机会，因为每一个生命都来之不易。一个纯粹偶然的现象，染色体和染色体的排列有多少可能，可以计算。但这一个特定的机会，落在哪一个胚胎上，能预先算定吗？显然是不能预先算定的。每一个生命个体的得来都是偶然的，所以必须感恩大自然给了自己生命的机会，珍惜生命的过程。只有不断"认祖归宗"，不断加深

---

① 《马克思恩格斯全集》第 21 卷，人民出版社 1965 年版，第 318 页。
② 成思危：《复杂科学与管理》，《南昌大学学报》（社会科学版）2000 年第 3 期，第 1—16 页。
③ ［美］奥康纳：《自然的理由——生态马克思主义研究》，南京大学出版社 2003 年版，第 1 页。
④ ［美］罗德里克·费雷泽·纳什：《大自然的权利：环境伦理学史》，杨通进译，青岛出版社 1999 年版，第 183 页。

对人的全面发展的认识，不断靠近人的全面发展、深化人的全面发展，从潜意识层面增加对人的全面发展的亲切感。"一个人只可能信仰不仅是智慧、而且是内心感到亲切的东西，只可能让个人采取积极态度的东西。"① 在这个基础上，注意日常生活中的一点一滴的行为，时刻关注自身潜力的激发，时刻注重各方面能力的培养。马克思说，"人以一种全面的方式，就是说，作为一个总体的人，占有自己的全面的本质。"② 现实中就是要以这样的感恩之心、回报之义，去全面改造升级自身、全面发展自身，全面占有人自己的本质。

三、按照"量变到质变"的突变规律，真正发挥人类意志的作用，坚持不懈地推进人的全面发展和生态文明建设

一个时期一个阶段的人的全面发展，将一定程度上推进生态文明的建设，同时，生态文明的建设也为人的全面发展营造了良好的氛围。这种良性的互动关系是动态发展而非静止不变的。一个阶段的良性互动往往会随着历史向前推进而打破，极端时候甚至会完全丧失这种良性互动，回到以牺牲某一方面为代价而满足另一方面的发展需要。这就需要真正发挥人类意志的作用，时时处处把握和坚持良性的互动关系，坚守和期待人的全面发展和生态文明发生好的突变。

突变是非线性复杂系统的特征之一。而突变的本身并非"突然"的变化，实质上是一个从量变到质变的逐渐演变过程，在这一过程中，意志的实践起着非常关键的作用。习近平总书记在党的十九大报告中指出，"建设生态文明是中华民族永续发展的千年大计。……形成绿色发展方式和生活方式，坚定走生产发展、生活富裕、生态良好的文明发展道路……"然而，生态文明的建设并非一朝一夕的事情，而是一个从理念到战略、到具体行动都必须逐渐推进、由量变到质变的过程。因此，必须遵循这种非线性的突变性思想，增强意志实践，发挥意志作用，坚定不移、逐步有序地推进人的全面发展和生态文明建设。

---

① ［苏］乌格里诺维奇：《宗教心理学》，沈翼鹏译，社科文献出版社1989年版，第203页。
② 《马克思恩格斯全集》第3卷，人民出版社1960年版，第303页。

（一）遵循"进化"的意志感受，不断克服人的"未完成性"，完善生态文明建设中的人文因素

"人的生活并不遵循一个预先建立的过程，而大自然似乎只做完一半就让他上路了。大自然把另一半留给人自己去完成。"① 这就是被学术界广为称道的"人的未完成性"。按照进化论的观点，实质上就是人这一高级智能动物，是一个不断进化、不断完善的过程，并没有一次或永久性地完成，人的进步和完善"永远在路上"。但无论如何，人的每一次突变，每一次的进化、进步和完善，都是由量变到质变的逐渐积累过程，都是一个突变的过程，而在这一过程中，都离不开意志的作用，很多时候甚至具有决定性的作用。

在讨论人的进化的时候，马克思曾经指出，"因为它逼迫着动物去适应和平常吃不一样的食物，因此它们的血液就有了和过去不一样的化学成分，整个身体的结构也渐渐变得不同了。"② 可以想见，这种被逼迫着去适应另一种食物、另一种生存方式，最开始经历的那些动物、那一群或几群动物、那几代动物，所承受的"苦痛"有多大，但因为靠意志和毅力坚持下来，生理等物质结构才慢慢有了改变，这种改变的不断积累才走向突变、完成进化。第一只站立起来行走、将手独立出来的猿，所经历的苦与痛、意志所发挥的作用同样如此。正是因为有了意志和毅力的坚持，才从猿手变成了人手，迈过了从猿进化为人的最关键一步。

人在生态文明建设中起着关键的作用，是破坏生态文明建设还是推进生态文明建设，是服从服务于生态文明建设的大局还是"鼠目寸光"、只顾及眼前的自身利益，是自以为战胜征服自然而沾沾自喜还是转向克服自身的"未完成性"、走向完善的自我，直接决定着生态文明建设的可能性和现实性。

因此，必须遵循"进化"的意志轨迹，经受各种"痛苦"、各种"折磨"、各种"挫折"，不断克服"人的未完成性"，不断克服外在的欲望，尤其要克服当前那种"人生苦短、及时行乐"的悲观意志，强化作为人的"担当"精神，以深重的历史责任感将精力、注意力转向自身的完善和发展，转向人的全面自由发展，扭转不健康的发展观、遏制乃至抛弃各种过于极端的

---

① ［德］米夏埃尔·兰德曼：《哲学人类学》，张乐天译，上海译文出版社1988年版，第7页。
② 《马克思恩格斯选集》第3卷，人民出版社1995年版，第513页。

欲望、回归人类生活发展的本质和本真。唯此，坚韧、宽容、追求高尚精神的人文因素不断增长，伤害自然生态并且自伤的"动物"因素不断减少，为生态文明的建设打下坚实的基础、提供基本的条件。

（二）遵循激发潜力的意志轨迹，不断克服人性的弱点，形成有利于人的全面发展和生态文明建设的良好习惯

美籍匈牙利科学家冯·诺伊曼认为，人大脑中的神经元，总数在 1 乘 10 的 10 次方到 1.4 乘 10 的 10 次方之间，也就是 100 亿到 140 亿个，相当于 7 亿册书所容纳的信息量。如果一个人一生 80 年，活到老，学到老，思维到老，也只不过用了大脑信息储存量的百分之几。[1] 作为一个以智能区别于其他生物的人来说，人的全面发展在一定意义上就是不断激发人大脑的这种潜力。不用说百分之百地使用大脑的这种信息储存能力，能够使用到 20% 以上的人都是当今时代的"天才""全才"了。

意大利学者巴蒂斯塔·莫迪恩在其《哲学人类学》一书描述："在人的活动中有一个持续的要求不断超出已经实现的结果的张力，也就是一个超越、向前的冲动，一个指向最高水平的意志。"其实质是一种不断激发潜力、开展创造、全面自由发展的冲动意志。在这种激发潜力、全面发展的过程中，意志和毅力的作用某种其程度上起着决定性的作用。从生命实践的层面来看，人由于发挥意志和毅力的作用，每经历和战胜一次困难就增长一点生存和发展的才干、能力。从激发潜力的角度来看人的全面发展，科学研究具有典型的代表性，因为科学发现也是一个由量变到质变的过程，科学成果的最后取得是一个突变的过程。"在科学上没有平坦的大道，只有不畏劳苦沿着陡峭山路攀登的人，才有希望达到光辉的顶点。"[2] 也就是说，只有凭着顽强的意志、坚韧的毅力，不断攻克各种主观和客观的、内在和外在的艰难险阻，才能真正激发出自身的潜力，促进人的全面发展，"达到光辉的顶点"。

无论是人的全面发展还是生态文明的建设，都有一个量变到质变的过程，只有充分发挥人自身意志和毅力的作用，坚持不懈地努力，才可能发生符合规律的突变。这就需要人们养成良好的习惯，充分发挥意志和毅力的作用。

---

① 洪道炯、范康生、陶代汉：《创造思维趣话》，江苏人民出版社 1988 年版，第 12 页。
② 《马克思恩格斯全集》第 44 卷，人民出版社 2001 年版，第 24 页。

英国的普德曼曾经说过，播种一个行动，你就会收获一个习惯；播种一个习惯，你会收获一个个性；播种一个个性，你会收获一个命运。在非线性复杂系统视阈下，生态文明建设必须沿着人激发潜力、全面发展的意志模式，日复一日、年复一年地不断克服人性的弱点，形成符合发展规律的良好习惯，最大限度地减少对自然生态的伤害。在吃方面，改变那种攀比虚夸之风，回归生命存在和发展的实质需要，简朴过日子，扭转那种先毫无节制地吃、后艰难减肥的不良习惯。从一开始就勤俭节约，既为自己的身体健康打下基础，也为减轻环境负担、建设生态文明做出一定的贡献。在穿方面，除了适当地保持美的追求外，不过于追求奢华，尤其是大肆毁坏植物、捕杀动物而制作成的衣服，必须养成拒绝的良好的习惯，从一件衣服一件衣服地做起，从当下做起，为环境保护作出实际行动，为建设生态文明尽一份力量。在住的方面，应该真正践行"房子是用来住的"时代要求，既要改变房子越宽显示自己越有价值的落后观念，也要改变房子是财富的陈旧观念，立足于满足生存和发展所必需为标准，践行环境保护、建设生态文明的日常行为。在行方面，只要摒弃了攀比的心理、尚奢的陋习，回归低碳的出行方式，回归健康的出行方式，能坐公交车的坐公交车，能骑单车的时候骑单车，能走路的时候走路。日复一日地养成良好习惯，尽可能将人从各种外在的约束中解脱出来，促进个体生命的健康和发展，促进人的全面自由发展，也为环境保护、建设生态文明贡献一份力量。

第三章

唯物主义视域下的历史与空间

唯物史观空间话语的当代转换[*]

黎庶乐^{**}

　　马克思、恩格斯的唯物史观中隐含着空间话语当代转换的重要前提——人类的生存与发展从物理空间脱域，并向社会化空间转向。伴随着资本主义空间生产的迅速发展，人类社会交往和社会关系的极大拓展与人类空间呈现的连续性和片断性并存的发展态势之间的矛盾日益突出。因此，空间问题在唯物史观中的意义，无疑就是空间已经成为了人类实践活动的本体论基础。这既符合唯物史观的基本观点，即人作为现实的个人，总是在特定的时空下进行历史活动的，也迫切需要对历史构成进行重新认识。一些西方思想家的空间理论对于社会化空间的阐释，为唯物史观如何解答人类自由解放与社会化空间之间的关系，乃至对唯物史观的当代阐释与话语转换提供了许多有益的启示。然而，唯物史观空间话语的当代转换不仅是概念史的阐释模式创新，还是对当代空间问题的现实回应。它必须阐明三个问题：一是人类空间演变与社会历史发展之间的逻辑关系；二是通过揭示社会化空间的建构机制，阐明唯物史观空间话语的当代转换如何在本体论与实践论中相一致；三是个体生存空间状态与人类自由解放之间的深层次关系。由此可见，空间话语的当代转换是唯物史观实现自身的理论创新和实践创新的必由之路。

---

　　* 本文系 2018 年度广东省哲学社会科学规划学科共建项目（项目编号：GD18XZX02）和 2017 年度广州大学青年拔尖人才培养计划项目（项目编号：BJ201728）的阶段性成果。本文载于《世界哲学》2019-07-02。

　　** 黎庶乐，广州大学特聘广州学者教授，博士生导师。广州市高层次人才，兼任中国辩证唯物主义研究会价值论研究专业委员第四届理事会理事，广东省习近平新时代中国特色社会主义思想研究中心广州大学基地特聘研究员，广州市哲学学会秘书长。

一、人类历史活动的空间性变化：从物理空间到社会化空间

空间是指一切事物的存在形式或呈现状态。它使事物具有了变化性，是事物抽象概念的载体。社会化空间既以物理空间为前提，又通过人的实践活动对社会结构和社会活动进行空间构型，从而表现为事物和人的存在形式。物理空间表征的是实体关系，而社会化空间表征的则是实践关系。尽管马克思、恩格斯在《德意志意识形态》中明确指出"第一个需要确认的事实就是这些个人的肉体组织以及由此产生的个人对其他自然的关系"①，这是唯物史观产生的前提条件。但是马克思、恩格斯在探索人类社会历史发展规律的过程中，发现社会形态更替的根源在于社会基本矛盾运动，而非自然条件的变化。从空间话语转换的角度来说，唯物史观之所以对由物质单一性条件解释历史活动的机械唯物主义进行批判，就是因为以往的唯物主义只承认物理空间，而忽视社会化空间对于人类历史活动的重要性。事实上，人类历史活动的展开就是不断地从物理空间脱域，并向社会化空间转化的过程。由此可见，人类空间的演变从根本上说是与社会历史的发展相一致的。

资本主义大工业生产是马克思、恩格斯创立唯物史观的历史背景。唯物史观揭示了大工业如何通过创造交通工具和现代的世界市场将所有的资本都变为工业资本，从而使流通加速和资本集中的奥秘。"它（资本主义大工业生产）首次开创了世界历史，因为它使每个文明国家以及这些国家中的每一个人的需要的满足都依赖于整个世界，因为它消灭了各国以往自然形成的闭关自守的状态。……它把自然形成的性质一概消灭掉……还把所有自然形成的关系变成货币的关系。"② 资本主义生产方式的扩张影响着人的空间性的存在状态，而人的空间性变化又改变着人类的生活方式、话语方式和思维方式，并最终使空间成为社会经济、政治和文化上的构成要件。唯物史观的空间话语转换首先表现为人类历史活动的空间性变化，这主要集中在以下三个问题上：

① 马克思、恩格斯：《德意志意识形态（节选本）》，人民出版社2018年版，第11页。
② 马克思、恩格斯：《德意志意识形态（节选本）》，人民出版社2018年版，第60页。

第一，生产力与生产关系的矛盾表现为生产与空间的矛盾。大工业的巨大扩张力致使生产力变成为生产与空间结合的能力，生产越是跨越物理空间的限制，生产力水平越高；生产过程中越是拓展社会化空间，所形成的生产关系（包括社会制度以及社会形态）越先进。然而，一旦这种扩张力超过它所能承受的程度，就表现为不受任何由大工业产品的消费、销路、市场所形成的反作用力的约束。"大工业得到比较充分的发展时就同资本主义生产方式对它的种种限制发生冲突了。新的生产力已经超过了这种生产力的资产阶级利用形式：生产力和生产方式之间的这种冲突。"① 资本市场的扩张赶不上资本生产的扩张。因此，生产力与生产关系的矛盾表现为生产与空间的矛盾，进而影响着人类生存与发展的空间演变。

第二，人类社会交往的发展与人类历史活动的空间拓展是一致的。在唯物史观看来，正是从 18 世纪的工业革命到 19 世纪更为广泛的世界贸易而逐渐形成的世界市场，以及资本主义生产方式的迅猛发展引发了对空间问题的思考。"大工业便把世界各国人民互相联系起来，把所有地方性的小市场联合成为一个世界市场。"② 这使得"过去那种地方的和民族的自给自足和闭关自守状态，被各民族的各方面的互相往来和各方面的互相依赖所代替了"③。自此以后，人类的历史活动就从单个人的活动扩大为世界历史性活动了。世界历史的形成标志着资本主义生产方式促使人类历史活动从单一、区域的固化空间向多维、复合的活化空间的转换。

第三，人类是社会化空间的创造者，个人空间与社会化空间的复合度是衡量自由实现程度的标尺。社会化空间是人的主体性活动的载体，人的主体性通过自身创造的社会化空间加以呈现，人类历史正是在特定或相应的时空中获得其具体的规定性。由此，社会化空间是个人空间建构的框架性条件，是实现个人自由的前提。然而，在资本主义社会里，个人空间与社会化空间矛盾重重，人在空间、权力和自由中的关系是非对称的。唯物史观坚持历史辩证地对待资本主义社会，"在现今社会中造成一切贫困和商业危机的大工业的那种特性，在另一种社会组织中正是消灭这种贫困和这些灾难性的波动的

① 恩格斯：《反杜林论》，人民出版社 2015 年版，第 290 页。
② 《马克思恩格斯文集》第 1 卷，人民出版社 2009 年版，第 680 页。
③ 《共产党宣言》，人民出版社 2018 年版，第 31 页。

因素。……从现在起，可以把所有弊病完全归咎于已经不适应当前情况的社会制度；……通过建立新的社会制度来彻底铲除这些弊病的手段已经具备"①。当个人空间与社会化空间严重分裂时，人类作为社会化空间的创造者必然会通过积极的空间实践，打破既定社会化空间对于自身的束缚和压制。同时，对既定社会化空间的重构又将促使经济制度和政治权力发生相应的变革。只有当个人空间与社会化空间高度复合时，权力才能在合理空间中行使，从而保障人类自由的实现。

从唯物史观的相关文本来看，马克思、恩格斯不仅把资本逻辑纳入空间问题，而且把对普鲁士政治制度、英国工人阶级状况和亚细亚生产方式的研究置于"空间关注"的范畴之内。他们从历史辩证法的角度深刻而全面地阐述了空间问题，同时表达了对人类生存空间的迫切关怀。因此，唯物史观的空间话语转换关系到对人类历史活动的理解。人类实践活动的社会化空间成为实现从必然到自由的关键，是人类通往自由和幸福的必由之路。历史构成本身并没有忽略空间。恰恰相反，唯物史观需要以社会化空间为基础展现人类的真实生存状态。

二、揭示资本主义的社会化空间的建构机制

马克思、恩格斯对唯物史观的诠释主要是从人类社会发展历史进程的时间性序列和从资本主义发展的社会活动的空间性布展两个方面展开的。他们根据当时资本主义发展的特征，明确指出资本逻辑的运行机理是通过不断地努力克服地域障碍并"用时间消灭空间"。对此，马克思在《1857—1858年经济学手稿》（资本章第二篇"资本的流通过程"）中作出了进一步详细论证。他把时间和空间看作同样重要的生产要素，并认为资本主义在工业文明和科学理性的逻辑基础上重新建构起自己的时空观。马克思认为："资本越发展，从而资本借以流通的市场，构成资本流通空间道路的市场越扩大，资本同时也就越是力求在空间上更加扩大市场，力求用时间去更多地消灭空间。"②

①《马克思恩格斯文集》第1卷，人民出版社2009年版，第683页。
②《马克思恩格斯全集》第30卷，人民出版社1995年版，第538页。

从这个意义上说，资本主义的社会化空间虽然扩大了人类的交往范围，同时世界市场的形成也为个人主体性与社会整体性之间的融通提供了一定的条件。然而，在资本主义生产关系中，工人（活劳动）与资本（死劳动）是不对等的。资本主义生产方式使空间成为资本流通的手段，从而形成由资本逻辑主导的社会化空间。资本主义的社会化空间实际上是通过以下四个方面建构起来的：

第一，通过分工限制并固化了个人的生存空间。大工业分工导致人与人之间是分散的、异己的联系，而仅剩的联系只限于交换，社会分工影响着人类生存的空间构型。资本主义的社会化空间建构将人按分工规定在一定特殊的活动范围，实质上是划定了个人生存空间的限度。"当分工一出现之后，任何人都有自己一定的特殊的活动范围，这个范围是强加于他的，他不能超出这个范围。"① 分工越是发达，个人生存的空间越是固化。"各个人在资产阶级的统治下被设想得要比先前更自由些，因为他们的生活条件对他们来说是偶然的；事实上，他们当然更不自由，因为他们更加屈从于物的力量。"② 人与人的互相独立为物与物的全面依赖的体系所补充。分工使劳动力片面化的结果，就是让个人的生存空间紧紧地依附在资本市场空间之中，由资本主义土地关系和劳动力关系共同完成资本主义的社会化空间的建构。

第二，资本与劳动的对立造成个人空间与社会化空间的分裂。在资本主义制度下的工人阶级生存状况的异化实际上是人类生存空间被严重挤压，个人空间与社会化空间处于严重分裂的状态。一切资本主义生产不仅是劳动过程，而且是资本的增殖过程。但是资本主义积累的本性，决不允许劳动剥削的程度有可能危及资本体系的不断生产与再生产。因此，"资本自行增殖的秘密归结为资本对别人的一定数量的无酬劳动的支配权"③。从资本主义发展的历史活动来看，工人阶级，如同死的劳动工具一样是资本的附属物。其原理是资本市场空间挤压与掠夺个人生存空间，而这种狭隘的个人生存空间仅够满足自身的生存以及后代的繁衍的基本需要。而且"资本主义生产过程在本身的进行中，再生产出劳动力和劳动条件的分离。这样，它就再生产出剥削

---

① 《德意志意识形态（节选本）》，人民出版社 2018 年版，第 30 页。
② 《德意志意识形态（节选本）》，人民出版社 2018 年版，第 66 页。
③ 《马克思恩格斯全集》第 44 卷，人民出版社 2001 年版，第 611 页。

工人的条件，并使之永久化"①。工人阶级生存状况的异化实际上是人类生存空间被压缩在份额极为微小的资本主义的社会化空间之中，从而实现资本对劳动的支配权力。

第三，资本主义的占有和分配首先表现为对空间的占有和分配。个人的自主活动受到有限的生产工具和交往方式的空间束缚，个人所占有的有限生产工具造成新的局限性，并屈从于分工和生产工具。资本主义的社会化空间的神秘性在于劳动力的不断买卖是形式，而其"内容则是，资本家用他总是不付等价物而占有的他人的已经对象化的劳动的一部分，来不断再换取更大量的他人的活劳动"②。因此，对于资本家来说，占有和分配表现为对他人无酬劳动或产品的权力；而对于劳动者来说，则表现为不能占有和分配自己的产品。占有和分配还受到它们必须采取的方式的制约。资本主义的社会化空间造成个人的孤独活动，个人空间的占有和分配屈从于资本市场空间。只有联合起来的个人才能实现对全部生产力总和的占有，才能消灭私有制，并最终使个人占有和分配自己生存与发展的空间。

第四，私有制和阶级的存在导致财富分配极不平等，空间正义在现实的社会关系中走向自己的反面。资产阶级利用空间占有和分配的不平等，从而占有他人劳动来积累与增殖资本，最后形成适应于资本主义的社会化空间统治。这实质上是一个如何寻求空间正义的问题。"私有制，贪欲和劳动、资本、地产三者的分离之间"，是全部异化和货币制度之间的本质联系。"工人生产的财富越多，他的产品的力量和数量越大，他就越贫穷。……物的世界的增值同人的世界的贬值成正比。"③资本主义生产方式所造成的生产力和由它创立的财富分配制度，日益挤压个人的生存空间以服从于资本市场空间的需要。空间作为个体生存与发展的本体论基础，在实践活动中却被无情地掠夺，个体在私有制与资产阶级统治之下无法达到自身存在的本体与实践的统一。由此，寻求空间正义"只有在革命中才能抛弃自己身上的一切陈旧的肮脏东西，才能胜任重建社会的工作"④。

① 《马克思恩格斯全集》第 44 卷，人民出版社 2001 年版，第 665–666 页。
② 《马克思恩格斯全集》第 44 卷，人民出版社 2001 年版，第 673 页。
③ 《马克思恩格斯全集》第 3 卷，人民出版社 2002 年版，第 267 页。
④ 《德意志意识形态（节选本）》，人民出版社 2018 年版，第 36 页。

三、西方空间理论对唯物史观空间话语转换的启示

马克思、恩格斯之后，伴随着世界市场的形成与拓展，资本主义的发展日益引发出更为复杂、深层次的空间问题，越来越多的西方学者将空间问题纳入其理论建构之中，这主要从以下两种学术路径上展开：

一是表现为对资本主义的社会化空间的世界体系及其空间矛盾和斗争的分析研究。罗莎·卢森堡揭示出马克思的剩余价值生产与资本积累之间的空间关系，而列宁则提出帝国主义所引发的资本主义经济政治的不平衡发展，使得殖民地、半殖民地国家和不发达资本主义国家成为其薄弱环节的空间策略。其后阿锐基的现代世界体系理论、奈格里与哈特的帝国理论以及布伦纳的新国家空间理论等，进一步深化了对资本主义不平衡发展问题的研究。

二是对资本主义的社会化空间借助科技挤压人类生存空间的批判。后现代主义理论拒斥理性思维传统，有意通过突出感性、身体和酒神精神，在空间与身体的狂欢中消解宏大叙事而转向微观生活。存在主义理论和西方马克思主义的部分研究强化了对人类的空间生存状态的关注，通过对人的生存状态和生命体验的分析，进而思考人类作为空间性的存在。尽管哈贝马斯认为人类社会交往将技术、资本和空间整合起来从而重新塑造了人类空间，但是对此并没有进一步延伸与拓展。而其后阿尔都塞的结构主义马克思主义通过对历史决定论的批评，为马克思主义发展打开了一个重申空间问题的视角。阿尔都塞以马克思主义的社会结构观（经济基础——上层建筑）为其理论基础，强调上层建筑与经济基础之间多元决定的复杂关系。到了20世纪70年代，资本主义空间生产趋势进一步加强，一方面导致个人生存空间与资本（市场）空间的激烈冲突；另一方面造成空间的脱域与泛域之间的深层矛盾。这致使西方空间理论转向对社会化空间进行深层次思考，并且使之与人类自由解放相结合。这主要从以下四个方面展开：

第一，建构社会化空间的元理论。尽管唯物史观在对资本主义的社会化空间的批判过程中具体地分析了资本的形成过程、运作机理和逻辑发展的空间性变化，但是却没有进一步展开其社会化空间的思想。列斐伏尔和哈维意识到唯物史观对社会化空间的高度关注，在继承马克思、恩格斯唯物史观对

资本主义的社会化空间批判基础上，建构起关于社会化空间的元理论。列斐伏尔揭示了资本主义的空间生产规定了人类生存的空间秩序，并且初步提出空间解放本体论的基本思想。"这样的空间生产本身是由世界市场的压力和资本主义生产关系引起的。……要建立一个自己可以掌控的资本市场是不容易的。它将会导致政治霸权、生产力激增、以及市场控制不当的综合结果，就是在最狭隘的层面上和在世界范围内经历的空间混乱。"① 由此，列斐伏尔将人类的解放与空间的生产问题结合起来，进一步重申阶级斗争在空间生产的主导作用。哈维从马克思主义地理学出发，形成了对资本主义空间实践的政治经济学批判。他认为，资本主义的当代危机是通过"空间修复"来解决的，但是"长期的后果始终肯定是加剧了的国际和地区间的竞争，以及最不发达国家和地区所遭受的最严重的后果"②。因此，一方面，空间的压缩、扩张和扭曲无不体现了空间转换的逻辑；另一方面，探寻社会化空间的重构对于实现人类自由解放具有重要的作用。

第二，建构资本主义的社会化空间批判的权力话语。唯物史观的空间话语转换根源于对自由资本主义生产状况、资本主义社会的构成及其生产方式的全面剖析。基于这些分析可以看出，唯物史观揭示了资本主义社会的政治和权力正是贯穿于资本逻辑之中。无论是无产阶级生活状态的空间异化，还是资本主义社会结构对人的空间统治，都体现了由资本、权力和政治相互联结而成的资本主义社会化空间。由此，唯物史观的空间话语转换不仅要在具体现实中阐明资本、权力和空间之间的关系问题，而且要解决人类生存空间的合理性问题。福柯正是洞察到资本、权力和空间一体化的发展趋势，于是围绕着知识、权力和空间及其关系，建构起他的空间权力论。他认为，资本主义的社会化空间将多种权力关系纳入社会机体中，并使之构成社会机体的显著特征。"一旦知识能够用地区、领域、移植、移位、换位这样的术语来描述，我们就能够把握知识作为权力的一种形式和播撒权力的效应的过程。"③因此，资本主义的社会化空间就是通过生产知识、真理和话语来维持自身的

---

① Lefebvre，H.，*The Production of Space*，Blackwell Publishing，1991 p. 62-63.

② ［美］戴维·哈维：《后现代的状况——对文化变迁之缘起的探究》，阎嘉译，商务印书馆2003 年版，第 232 页。

③ 包亚明主编：《权力的眼睛——福柯访谈录》，严锋译，上海人民出版社1997 年版，第 205页。

运转，从而获得特定的权力。

第三，建构后现代超空间的文化批判理论。唯物史观之所以能实现空间话语转换，是因为人的空间性存在已经构成历史活动的重要组成部分。然而，鲍德里亚认为，仅这种表述已经无法表征后现代社会所出现的超空间特征。他宣称：由异己的资本逻辑、消费主义、后现代文化三位一体建构起来的资本主义超空间，已经全面消解了人的真实存在。鲍德里亚通过弱化列斐伏尔的空间解放本体论和强化福柯的空间权力论，形成了解构资本主义理性空间的后现代理论逻辑。他指出，在资本主义的超空间中，"所有的现实都变成了符号操控的场所，成为结构模拟的场所"①。人类沦落为科学逻辑的牺牲品，人与人之间的关系被外化为符号。由此，资本主义理性空间通过禁锢整个人类本真的存在，使得人彻底虚无化了。显然，鲍德里亚在这里抽空了空间的历史和现实基础。詹姆逊的后现代超空间文化批判理论既延续了列斐伏尔对资本主义抽象空间的批判，同时指出了鲍德里亚解构资本主义理性空间的根本缺陷。他认为，后现代超空间揭示的是从福特主义向后福特主义更为灵活的资本主义积累方式的转变，从而使得整个资本系统加速运作，最终实现了空间对时间的绝对压制。它表征着全球资本主义已经将差异与多元内化为自身内在的逻辑功能，它的形成与全球资本主义普遍化逻辑的形成是一致的。因此，对社会主义的可能性思考是其后现代超空间文化批判理论的应有之义。

第四，建构以社会化空间为基础的城市和都市哲学。唯物史观指出，资本主义生产方式促使资产阶级开拓世界市场，而资本流动的全球化极大地拓展了人类的社会化空间。城市已经成为人类的社会化空间的新载体。20世纪下半叶，资本主义城市化弊病尽显，人类解放与资本主义城市空间的关系问题日益凸显。以社会化空间为基础的城市和都市哲学以全球化为其背景，反思和批判城市化和都市化所造成的人类生存空间的异化问题，尤其是中心与边缘、全球与地方之间的矛盾关系，及其文化和认同的不断解疆域化与再疆域化问题。新马克思主义的城市社会学代表人物，苏贾和卡斯特对资本主义的工业化和城市化问题进行了审视与批判。卡斯特一方面将结构主义引入城市研究领域，通过社会关系的动态联结来理解和解释都市生活的空间特性；另一方面基于对城市的信息化及信息化的城市的社会变迁的判断，将信息城

① ［法］鲍德里亚：《生产之镜》，仰海峰译，中央编译出版社2005年版，第113页。

市理论和信息技术的社会学纳入城市和都市理论中进行思考，"空间不是社会的拷贝，空间就是社会。空间的形式与过程是由整体社会结构的动态所塑造"①。由此，社会、空间与时间的物质基础正在转化，并围绕着流动空间和无时间之时间而组织起来。卡斯特强调社会运动在城市的冲突性转型中的作用，他在"网络社会理论三部曲"中指出，网络组织形式将取代资本主义层级结构的社会组织形式。苏贾则认为，城市不仅发挥着作为工业生产和积累中心的独特作用，而且成为了资本主义社会再生产的控制点。"围绕着城市空间以消费和再生产为目的而被社会地组织起来的方式。一个具体的城市空间问题框架……既出于理论方面的考虑又是为了激进的社会行动而被提到了议事日程上。"② 他在坚持城市权利的基础上寻求资本主义空间政治的解放策略。

四、唯物史观空间话语当代转换的意义

人类的空间性变化引发的社会历史构成上的差异，是西方的空间理论与唯物史观空间话语共有的理论前提。西方的空间理论通过建构各具特色的理论形态赋予社会化空间以新的生命力，并且在回应当代社会的空间问题上业已突破唯物史观的原有理论框架和命题。由此，唯物史观必须将人类实践活动的社会化空间作为重要范畴纳入当代建构之中，并通过实现空间话语的当代转换来拓展和深化其理论框架及基本原理。综观当代空间的整个问题域，它体现的是人类生存方式的根本性变革，并且迫切要求唯物史观作出相应的回答。因此，唯物史观空间话语的当代转换的意义主要表现在以下五个方面：

第一，唯物史观空间话语的当代转换是深化空间问题研究的内在要求。社会化空间是人类生存性活动的展开，是实现从必然到自由的关键。传统历史决定论认为，必然性指的是历史发展过程中时间序列，而偶然性则指的是历史发展中的空间布展。然而，随着空间的生活意义大大提升，对历史构成的重新认识将为唯物史观的当代解释力提供一种全新的时空格局。唯物史观

---

① ［美］卡斯特：《网络社会的崛起》，夏铸九等译，社会科学文献出版社 2003 年版，第 504 页。

② ［美］苏贾：《后现代地理学：重申批判社会理论中的空间》，王文斌译，商务印书馆 2004 年版，第 143 页。

空间话语的当代转换，既有助于推进对于人类历史构成的重新认识，也为唯物史观的理论创新和实践创新提供了一条重要路径。

第二，空间依附于资本逻辑之上所衍生出的虚拟空间与符号化空间等问题，是历史虚无主义与文化虚无主义盛行的根源。在资本主义社会中，空间作为生产要素已经被整合到资本逻辑之中，特别是伴随着网络技术的迅速发展而衍生出来的虚拟空间与符号化空间，极大地改变了人类的生存方式和思维方式。由此产生的后果便是，人类精神日益从物理空间中剥落，个体生活陷入文化无根性的危机当中。物理空间的脱域与社会化空间的泛域使得人类空间变得更为离散，由此导致的历史虚无主义与文化虚无主义又造成人类认知的偏差与虚妄。事实上，虚拟空间和符号化空间触及的只是人类的非规范性自由，而合理的社会化空间构型则仍然需要理性和责任作为指引，并最终实现规范性自由。可见，虚拟空间和符号化空间等问题对人类自由解放造成巨大的威胁。人类迫切需要对世界历史和文化重新进行认知图绘，而唯物史观空间话语的当代转换恰好能够解决这一棘手难题。

第三，社会化空间是人类生存意义与价值文化的重要载体，共产主义实质上是社会化空间的重新构型。既然资本主义只是人类历史发展过程中的一种社会形态，那么它就必然会走向灭亡并为新的社会形态所取代。这之所以能成立，是因为在共产主义社会中，社会化空间在占有和分配上是相对公平和正义的。在资本主义社会之后，新的社会形态将被重构，社会化空间也会随之被重新分配，并且充分体现每个人生存发展的可能性。因此，马克思所说的"每个人的自由发展是一切人的自由发展的条件"[①]，从空间角度应该理解为：在资本主义社会中，资本逻辑本身是一种强制性的空间设定，它无法使人类获得真正的自由。只有到了共产主义社会，社会化空间实现了个体的主体性和社会的整体性之间的充分融通，人类在这样的社会化空间中才能感觉到充实和满足，从而获得真正的自由。因此，唯物史观空间话语的当代转换关系到人类自由解放逻辑的重构，它为人类的未来发展指明了方向。

第四，当代世界发展的首要问题是国际政治空间问题。近年来中国面临复杂而紧张的地缘政治关系，诸如南海事件、中印边境冲突和"萨德入韩"等事件。全球化以来的世界空间秩序体现了各个国家、集团的政治格局以及

---

① 《共产党宣言》，人民出版社 2018 年版，第 51 页。

它们之间的相互关系，直接导致了全球大国间政治战略上的对抗与竞赛。然而，各民族国家都非常清楚，当今世界单纯的地域扩张和殖民侵略已经不再可能。相反，以经济为纽带，实现各民族国家之间的经济和文化交往（如"一带一路"等举措）则是最优方案。唯物史观空间话语的当代转换将为世界的发展和人类的自由与幸福提供更多的历史活动的可能性，也将创造更多空间实践的可能性。

第五，空间记忆将成为开启人类文化的新起点。以往人类都是以历史记忆来书写自己的历史意识，而在未来，空间记忆将成为一种强有力的维度。由时间更替记录的历史记忆将实现向空间记忆的转换，这将为人类文化的重塑带来革命性变化。如果说西方马克思主义的文化批判转向是资本主义的总体统治已经从政治经济转向文化领域的结果，那么今天唯物史观空间话语的当代转换正是出于对当代资本主义的空间批判的现实需要。空间将展现出另一种逻辑的生存样态，空间话语的性质也将被重新界定。随着网络技术的不断发展，记忆的形态也不可避免地随之发生变化。网络技术打开了一个通向空间记忆的特殊通道。在这个意义上，唯物史观空间话语的当代转换使其能够在另一种逻辑中呈现出新的理论样态。

历史

——地理唯物主义视野中城市经济空间的演进路径与地理趋势[*]

刘 莉^{**}

党的十九大报告指出，要"以城市群为主体构建大中小城市和小城镇协调发展的城镇格局"，提出"推动京津冀协同发展""长江经济带发展""进行粤港澳大湾区建设"等目标。这些发展策略和目标是建立在对全球城市经济空间发展的演进路径和地理趋势的规律性认识之上，并设想通过国家和政府的科学规划、合理布局、制度引导助推中国部分区域形成"多中心协同状网络化"的聚合型区域城市经济空间的地理趋势。区域城市经济空间的地理趋势是当今世界城市经济空间演进的一个地理表现。那么，从整个人类历史来看，城市经济空间演进的推动力、路径和地理趋势是什么？把握了这些演进的历史规律和地理趋势，对中国进行城市空间生产实践的意义又是什么？

马克思主义地理学家哈维试图通过"历史—地理唯物主义"的分析框架来实现对历史唯物主义的地理升级，"强调诸如空间、位置、时间、环境这些地理学概念"[①] 在历史唯物主义分析中的重要位置，并从资本主义生产方式的变迁来研究了城市空间地理的演进，指出要让空间处于运动状态，"如此便可展现出城市演进的新历史地理学"[②]。沿着哈维开创的"历史—地理唯物主义"这一分析框架，在生产力和生产关系的历史结构和具体进程中来分析城

---

　* 本文载于《学术研究》2018-11-20。

　** 刘莉，广州大学教授，博士、硕士生导师，广东省理论宣传青年优秀人才、广州市宣传思想战线优秀人才，兼任广东省中小学德育指导委员会委员，国家社科基金通讯评审专家。

　① 胡大平：《从历史唯物主义到历史地理唯物主义——哈维对马克思主义的升级及其理论意义》，《南京大学学报（哲学、人文科学社会科学版）》2004 年第 5 期。

　② 唐晓峰：《创造性的破坏：巴黎的现代性空间》，载 [美] 大卫·哈维：《巴黎城记》，黄煜文译，广西师范大学出版社 2010 年版，序言 IV。

市经济空间演进的历史规律和地理趋势，一方面探寻城市经济空间"地理"演变的规律，从"地理"维度印照、丰富和扩展唯物史观的基本观点；另一方面，有助于把握当今全球城市空间地理变迁的趋势，并在此基础上更科学更有效地规划、组织、引导和培育中国各类城市的经济空间。

一、城市经济空间演变的历史动因：生产方式的地理反映

城市经济空间是生产、流通、交换等经济活动展开的场所总和，包括了生产空间以及衍生出来的流通空间、交换空间和消费空间等。在历史—地理唯物主义的分析视野中，城市经济空间演变的历史动因是生产方式在地理上的反映。

（一）技术进步推动城市经济要素的地理集聚和空间延展

空间是生产劳动及其相关经济活动展开的场域，在生产中经济要素的空间聚集和配置，直接影响和制约着生产力发挥的效能。技术的进步提供了人口聚集的生产和生活条件，人口集聚，劳动力、消费人口数量增大，生产资料、流通设施增加，实现了经济要素的地理集聚；同时经济集聚又刺激人口聚集，空间中生产设施、流通设施更精细化，这就进一步提出了对这些更复杂的空间经济要素的聚集、组合、连接以提高空间生产效率的问题，客观上提出了城市经济空间延展的地理必需。

原始社会末期"犁耜的发明和金属工具"的出现，使生产力水平进一步提高，人口加速繁衍集中，方便发展大型水利工程、粮食生产、公共设施和初始的交通运输。这些要素形成了空间聚集点，使城市最终在与乡村的空间区分中"脱胎"出来。在奴隶社会和封建社会城市中，房屋建造、给水排水、公共交通、手工业生产等技术进一步发展，为城市在更大规模上的人口集聚、物品贸易、公共生活提供了技术条件。当然在机器大生产出现之前，只存在少量的政治首都、港口城市和分散的农业小城镇，城市手工业生产空间、流通空间和商业空间缓慢地延展着。

直到以蒸汽机为代表的科学技术的出现，才从根本上改变了城市经济空间的规模和形态。正如马克思所说，"蒸汽机是工业城市之父"。以蒸汽机为

核心的科学技术促进了生产原材料的加工、储存和运输，生产设施和流通设施的加速发展，劳动力远距离的居住以及流动，土地等劳动对象的深层次立体开发，形成了厂房、仓库、铁路、商店等城市生产性和流通性物理景观在地理上的空间延展，"生产的扩大超过这种界限，也就要求扩大土地面积"。①这极大地需要对原有的封建手工业城市的经济空间进行重塑，最终形成现代化大工业城市经济空间的规模、形态和结构，如曼彻斯特、利物浦、伦敦等早期大工业城市的加速膨胀。马克思指出，大机器工业"建立了现代的大工业城市——它们的出现如雨后春笋——来代替自然形成的城市"②。

当今，以微电子技术为核心的信息技术的应用，使"空间的集聚与分散同时进行"。生产过程的跨国分散促进了城市跨国性经济景观出现，如连接到全球经济体系的大航空港、跨国公司总部和分公司、跨国金融机构、跨国贸易公司等。同时，跨国资本通过信息技术网络对分散在全球各个城市的经济要素进行全球集中管理，通过信息技术网络来操纵各城市中经济要素的空间安置、流转、连接和组合。城市经济空间虽然在地理空间范围上并没有实际"扩展"，但是通过信息技术与全球经济网络的连接将自身的空间边界"发散式辐射"到全球范围。

（二）分工发展塑造了城市经济空间区隔地形和空间整合

技术进步引起了城市经济空间的经济景观的增多和空间地理上的延展，描绘的是一幅经济空间地貌图；分工发展则引起城市经济空间内部的地理区隔以及空间部位的整合连接，描绘的是一幅经济空间地形图。分工意味着生产劳动的分类化、专门化和协作性，是生产劳动在空间中的具体运行方式，必然会在空间上引起地理反映。随着生产力的发展分工越来越精细化，分工的细化导致经济组织在地理上的分化，刻画了一幅城市经济空间"区隔""纵形"的地形图。

个人之间劳动分工促进了对生产组织的空间集中管理。同一劳动部门中个人之间的分工导致了生产中的协作劳动，将"许多同时劳动的工人在同一

---

① 《马克思恩格斯全集》第 25 卷，人民出版社 1974 年版，第 880 页。
② 《马克思恩格斯文集》第 1 卷，人民出版社 2009 年版，第 566 页。

个空间（在一个地方）的密集、聚集",① 对空间中的协作劳动进行"管理、监督和调节"变成了生产力的要素。这就需要对人口、技术、厂房、土地、设备等空间元素进行位置匹配、协调空间流程，并进行技术的空间编配、改变空间的劳动组合形式等空间管理活动，这些活动产生了对同一生产空间内部生产组织的空间分区与布局，形成了众多空间"小纹路"。

生产部门内部的分工牵动着对区位空间的整合。在当今基本的生产部门内部又分化出许多新的生产部门，如金融业、房地产业、信息技术产业、休闲娱乐业、服务业等。这当然也要涉及在一个大的经济空间中新产业部门的空间规划和区位布局，如形成新的产业园区、科技园区、经济开发区、商务办公区、金融中心、大型主题娱乐区等条块状分隔；同时通过交通网络对各类生产空间、流通空间、消费空间进行沟通、连接和整合，形成城市经济空间中的地理区隔和交通线路构成的"圈层状"地形图。

分工还意味着在全球经济网络中的国际化分工。在资本主义大工业时期，马克思已经指出"生产和交往间的分工随即引起了各城市间在生产上的新分工，不久每一个城市都设立一个占优势的工业部门"②。随着当今经济全球化进程的推进，城市的不同部位还形成了在全球经济网络中的"弹性专业化"分工，如伦敦、纽约和东京郊外的金融业、房地产业，洛杉矶郊外的电影产业、航天科技业等，这样就形成了跨国资本对全球经济空间的专业化分工的选择、布局和协调，城市经济空间直接受到全球经济网络的辐射状控制而被"牵扯"着进行区位形塑，形成了若干从事专业化生产的经济活跃的多核状"中心点"，"点"与"点"之间通过信息技术和交通网络连接形成大型跨城市的"网状"区域经济空间。

（三）生产方式变迁推动城市经济空间结构的整体演变

技术进步和分工都是生产力的表现，生产力必须和生产关系结合起来，才能显示在城市经济空间结构性、整体性变迁中的意义。不同历史时期的生产方式会根据所有制形式、生产的协作组织形式、生产技术来"生成"一个带有自身烙印的城市经济空间结构，也会根据生产方式内部技术特征、分工

---

① 《马克思恩格斯全集》第 47 卷，人民出版社 1979 年版，第 291 页。
② 《马克思恩格斯选集》第 1 卷，人民出版社 1995 年版，第 107 页。

组织形式的变化局部化地"重塑"城市经济空间结构，形成适合生产关系的新城市经济空间结构，这就是城市经济空间变迁的"历史协同—地理重塑"机制，正如列斐伏尔指出，"从一种生产方式转到另一种生产方式，必然伴随着新空间的生产"。①

与原始社会、奴隶社会、封建社会、资本主义社会的生产方式相适应，城市也经历了"原始初城"—"城邦城市"—"封建政治城市"—"资本主义城市"不同类型的城市经济空间结构的演进路径。在"原始初城"和奴隶制"城邦城市"中存在着一些孤立的"点状"的交换空间和手工业生产空间，在封建政治城市出现了一些"手工业作坊"聚集的"片状"生产空间和消费空间。随着"自由竞争资本主义—垄断资本主义—跨国资本主义"时期资本主义生产方式的局部变化，早期"大工业城市"的城市经济空间呈现"同心圈"结构，"垄断城市"的城市经济空间呈现"中心—边缘"结构，再到"后大都市"遍地开花的"多核"的"扩散型"的城市经济空间结构。这是"自都市工业资本主义生产以来一直在塑形（或重塑）城市空间的危机产生的重构过程和地理性历史化的崎岖发展"②。与社会主义生产方式相一致，在计划经济体制下的中国城市，由于计划手段和公正原则形成了"均质、规则、秩序"的城市同心圈空间结构，城市行政机关、政治广场是城市核心区，与工业—居住区、休闲区和外围加工区呈四个同心圈分布。③ 市场经济体制的运行重构和分异了原有同心圈层的城市空间结构，城市经济空间普遍向郊区"环状化"扩展，在内部沿着"轴线扩散"，在诸多大城市生成了圈层、多核、多轴混合的城市经济空间结构。

二、城市经济空间变迁的活动机制

人的"空间生产"实践城市经济空间的变迁根本上由生产方式的变迁引

---

① Henri Lefebvre, *Production of space*, Trans. Donald Nicholson-Smith, Maiden: Blackwell Publishing, 1991, pp. 46.

② Edward W Soja:《后大都市：城市和区域的批判性研究》，李钧等译，上海教育出版社2006年版，第192页。

③ 赫曦滢:《新马克思主义城市学派理论研究》，博士论文，吉林大学马克思主义学院，2012年，第89页。

起，这是一条"隐形"的历史主线。另一方面，城市经济空间还反映了社会政治权力关系，不同生产关系下掌握生产资料的城市权力阶级总是根据自己的利益来进行"空间生产"实践。"空间生产"即对空间本身的生产，意味着城市权力阶级不断利用地方政府权力、城市规划专家、城市设计者对城市空间进行组织、布局、设计、划分、规定、意义化等活动，按照自己的需要来组织城市经济空间，"生产"出新的经济空间结构、空间地貌和空间地形。这是一条"显形"的城市经济空间变迁的人的活动"主线"。正如列斐伏尔所说："城市是一个在特定的历史时期内被社会行为塑造、塑形和投资形成的空间。"①

（一）空间布局：生产要素的地理空间选择

空间为物质生产提供资源、土地等生产要素，提供人员协作、交往的空间集结域和产品交换的场所，生产力运行的地理条件、具体方式、组织形式都要受到空间的制约，因此生产资料所有者一开始总是选择具有优势资源、土地等生产要素和交流便利的地理初始空间位置进行生产。这是生产力运行需要的初始地理空间选择。同时在这一个过程中政治权力也聚合进来，强化对初始选择空间的布局、重组、优化，为生产力的运行提供更优势的生产空间位置。"生产关系在生产要素集结的一定空间位置上建构，又反过来塑造、强化其运行的这种空间位置。"② 通过对经济空间的功能区进行布局、场域细化和区位化、优化交通运输条件、建设消费配套设施，城市统治阶级和生产资料所有者"合谋"对空间区位进行了优化，形成一种更"有效率的经济空间结构"。

在原始社会末期，一部分从农业生产中脱离出来的人群选择了"旁"集市而居，同时商人阶级推动集市成为固定的交换场所，集市就是早期城市中经选择形成的经济空间区位。从"原始初城"到"古典城邦城市""封建城市"，城市的经济空间狭小、孤立，和生活空间混杂在一起，这是商人和手工业者共同选择的空间位置。一直到资本主义"工业生产对都市结构的入侵剧

---

① Henri Lefebvre, *Production of space*, Trans. Donald Nicholson-Smith, Maiden：Blackwell Publishing, 1991, pp. 73.

② 胡潇：《生产关系的地理学叙事——当代唯物史观空间解释的张力》，《广东社会科学》2014年第6期。

烈重组了城市空间。"①

"现代经济的规划倾向于成为空间的规划，都市建设计划和地域性管理只是这种空间规划的要素。"② 哈维指出，开始于 1848 年的巴黎"奥斯曼"城市重建项目中，"占有巴黎的却是奥斯曼、土地开发商、投机客、金融家以及商场力量，他们依照自己的特定利益和目的来重塑巴黎"。③ 奥斯曼政府根据资本生产和流通需求对原有城市空间景观进行了拆除，重新设计巴黎的城市空间布局，动员了金融力量和土地开发商去开发、建设、经营空间，开辟了市中心林荫道，建立了纵横交错的给排水系统，修建广场、商场、公园、医院、火车站、图书馆、学校、纪念物等，优化了生产要素的布局、便捷空间交往、畅通消费渠道，完善了"生产—流通—消费"城市经济空间结构。马克思也指出，"城市'改良'是通过下列方法进行的：拆除建筑低劣地区的房屋，建造供银行和百货商店等等用的高楼大厦，为交易往来和豪华马车而加宽街道，修建铁轨马车路等等。"④

当前生产部门进一步分化，出现了许多新兴的生产部门，如以高科技为基础的电子、宇航和生物医学等，以及以工艺为基础并且劳动和构思高度密集型的工业，从服装、家具和珠宝生产到导弹和电影生产。⑤ 城市政府、规划设计专家、建筑设计师根据资本的生产需要来选址、定位、规划、布局以及调整城市的中央商务区、高新技术产业园区、金融机构区、大航空港、大型国际航运码头、休闲娱乐城、高速公路系统等新的经济空间点、流通空间和消费空间，并综合考虑各单元空间的区位、各单元空间的分隔布局、空间之间的交通连接设施和信息高速通道，以形成更有效率的整合性经济空间结构。

（二）空间划级：城市经济空间区域的等级设定

空间并不是均匀同质的容器，而是有着不同空间部位的区隔和等级，掌

---

① Edward W Soja：《后大都市：城市和区域的批判性研究》，李钧等译，上海教育出版社 2006 年版，第 97 页。
② ［法］列斐伏尔：《空间：社会产物与使用价值》，载包亚明主编：《现代性与空间生产》，上海教育出版社 2003 年版，第 47 页。
③ ［美］哈维：《巴黎城记》，黄煜文译，广西师范大学出版社 2010 年版，第 99 页。
④ 《马克思恩格斯全集》第 23 卷，人民出版社 1972 年版，第 721-722 页。
⑤ Edward W Soja：《后大都市：城市和区域的批判性研究》，李钧等译，上海教育出版社 2006 年版，第 214 页。

握政治权力和生产资料的阶级及其城市代理政府对城市空间进行等级划定，使一些空间部位优位于另一些空间部位而在其中获得空间分异带来的经济效益和社会权益，因此不同空间的分割、区隔和划定都蕴含着社会权力关系，"它不仅被社会关系所支持，也生产社会关系"。①

在原始城市、古代城市和封建城市，城市空间等级性主要表现为政治空间压倒经济空间，政治空间如城堡、宫殿、教堂、公共广场、市政大厅和法院等，处于最高等级，而生产空间、商业空间在这一城市空间格序中是处于低序位的，是"被贬抑"的空间。列斐伏尔指出，这是"一个等级化的空间，从最低贱的地方到最高贵的地方，从禁忌之地到最高统治之地"②。在资本主义生产条件下，城市政府积极对土地进行分类划分和分级使用。哈维指出，1970 年代初，纽约通过城市政府的财政管理、土地市场、房地产投机以及在"最高产出和最好使用"的旗号下，按照能产生最高经济回报率的方式对土地进行了分类，鼓励"高层土地"使用。空间分级形成对一些空间部位的优先和高等级开发，在优先部位布局新兴产业和高端产业部门、优化生产辅助设施和公共设施、制造优势空间的稀缺性与昂贵性，造成优势空间土地升值和区位价值提升。建筑商、金融资本、房地产商在城市"黄金地段"打造高档购物中心、高档住房、娱乐休闲中心、办公楼和信息总部等，获得因空间位置级差带来的超额地租，而被划为"劣等"的空间则遭受了资本流出、产业凋零、设施缺乏、土地贬值的危机。马歇尔·伯曼指出，在 20 世纪 70 年代以来纽约城市建设策略是"消灭大街"，"金钱和精力"被政府引导到开发公路、娱乐公园、购物中心和郊外住宅区的建设上，而原有的内城大街成了污浊、破败和过时的象征。③

当今，跨国资产阶级在全世界范围根据地方的地理差异选择跨国公司的海外制造基地。发展中国家城市政府为了迎合跨国资本在全球的空间选择条件，有意识地进行诸多"城市重建项目"，积极打造"国际化"的空间区域，

---

① ［法］列斐伏尔：《社会产物与使用价值》，载包亚明主编：《现代性与空间生产》，上海教育出版社 2003 年版，第 48 页。

② Henri Lefebvre, *Production of space*, Trans. Donald Nicholson-Smith, Maiden: Blackwell Publishing, 1991, pp. 292.

③ ［美］伯曼：《一切坚固的东西都烟消云散了》，徐大建等译，商务印书馆 2003 年版，第 422 页。

以便吸引跨国资本来"自己特定空间内部发展"。① 这也就形成了城市空间内部"国际化"的经济空间，如国际航空港、国际流通港口、国际产业园区、中央商务区等形成的城市新核心区域，从而形成了和"本土"经济空间如低端制造业、加工业和老区作坊小铺等区域空间的等级划分，产生了城市内部经济空间"不平衡的地理发展"。

（三）空间架设：城市生产和生活空间的一体同构

城市政府通过政治权力规划、设定、等级化生产空间，并以生产空间为中心向其他空间拓展和泛化，以便将其他空间如生活空间、消费空间统一纳入社会生产的整个体系而发挥经济功能。这样就达到了对整个城市经济空间的一体化同构，既显示出"具有粉碎、分割以及区分空间的力量"，又具有"制造空间差异同时又架设空间桥梁，密切空间联系的能力"②。

列斐伏尔指出，在 20 世纪五六十年代，发达资本主义国家代表垄断资产阶级利益的城市政权围绕垄断资本循环需要，规划出一个"中心—边缘"的生产生活一体化的城市空间结构。在城市中心区布置新的商业、娱乐业、文化艺术业以及各种政府机构、信息中心、公司总部，在郊区则开发大型集居区、新城和卫星城中心这些由"被雇员、技术人员和体力劳动者"居住的生活空间。同时，大力发展高速公路、航空、通信网络等公共交通网络和信息网络，将居住在城市郊区的人群安排到城市中心进行休闲、娱乐、购物等消费活动，"中心"地区对边缘地区进行延伸性控制和整合，形成一个"具有复杂内部秩序、等级层次和弹性"的一体化城市经济空间结构。

雷勒·史密斯指出，20 世纪 80 年代以来，城市建造项目越来将居住与消费空间整合起来进行同构，"城市中心重建欲来越多地将与居住有关的各种土地使用——办公室、零售业、娱乐、运输整合起来"③。人们在城市中心兴建各类综合性的集办公、零售、娱乐休闲为一体的大型综合性建筑区域；打造

---

① ［美］哈维：《后现代的状况：对文化变迁之缘起的探究》，阎嘉译，商务印书馆 2013 年版，第 370 页。

② 胡潇：《空间的"生产性"解读——马克思恩格斯空间理论多维释义之一》，《哲学动态》2012 年第 9 期。

③ Henri Lefebvre, *The Urban Revolution*, Trans. Robert Bononno, London: University of Minnestita Press, 2003, preface 21.

城市外围空间的旅游休闲景观和郊外大型主题娱乐公园等所谓的"后花园"休闲娱乐空间，采取多节点、网格状的密集轨道交通网络来实现人员的远距离休闲娱乐等消费活动；将"城市传统、集体记忆"赋予在街道、公园、楼盘中，打造象征"身份""地位"的高档住宅产品和生活空间，力图促进居住、生活与消费空间的一体化同构。

三、城市经济空间演进的地理趋势：多中心协同状网络化

城市经济空间和生产方式存在着相互创造、双向同构的辩证关系。一方面，空间作为生产的"容器"，生产力的发展如新的生产部门的涌现、新的专业化分工、新的生产技术带来空间专门化和分异化的需要，形成了人类对空间的类型化和纵深化利用。另一方面，空间本身作为生产的要素，对空间的组织和管理也会影响到生产的具体运作形式进而影响到生产的效率，这就必须运用恰当的形式来对空间进行集合化和联合型利用。当今世界的城市经济空间正在呈现"分异"和"连合"的辩证演进趋势，从 20 世纪 70 年代在发达资本主义国家开始形成城市经济空间三种推进的地理趋势："多核"的专业化生产空间——"带状"的区域化经济空间——经济空间的全球"接入性"。随着经济全球化程度的加深，这一城市经济空间的地理趋势也正在加深，并且向不发达的城市地区和发展中国家的城市蔓延。越来越广泛的地方城市，越来越深入地卷入全球经济网络之中，被"拉扯""牵动"着进行经济空间的"外扩"和"内爆"。我们应该顺应这一城市经济空间演进的历史地理趋势，积极推动对中国各类城市经济空间的合理规划、组织、引导和培育，以提升中国城市经济空间的专业化、聚合性和全球"接入度"。

（一）"多核"的专业化生产空间

当前，跨国资本依靠信息技术对全球生产空间采用灵活细分策略，以适应分化的生产部门、灵活"分包"的分工形式对特质化、类型化、差异化空间的需求。一些发达资本主义国家城市的空间部位凭借一些新兴的生产部门，在全球经济体系中承担着"弹性专业化"的生产分工，凭借竞争优势成为全球经济网络的新中心，在原有的城市边缘地带生出经济活跃的多"核"状的

生产"小中心"。例如，洛杉矶城市郊区从事专业化电子、宇航和生物医学、电影生产的多个高新技术产业中心，各个小中心之间通过信息、交通网络形成"扩散型"的城市经济空间结构。戈迪纳提出了"多核心大都市区域"，以及爱德华·索亚使用了"合成的扩散型城市"一词来描述这种拼凑式多中心的城市空间形态。

而发展中国家的部分城市承接了发达资本主义国家制造业的转移，成为了跨国资本的海外加工基地和制造业中心，如中国珠三角的各个城市，各自以电子信息、服装、家具生产等专业化生产参与到全球制造业生产体系中，成为专业化的代工产品加工基地。在珠三角城市区域形成了以广州、深圳、东莞、佛山、珠海、中山、惠州、江门等"多核"的小生产中心，经济和人口高度集聚在这些核心城市，同时在这些"核心城市"之下又形成了更小的次级"中心点"或者说"亚中心"，各中心点之间已经通过功能分工和资金流、劳动力流、信息流、技术流密切联系起来，成为一个功能上的城市经济区域，这是规划和发展粤港澳大湾区已有的空间物质基础。

发展中国家包括中国的大部分城市虽然并不直接服务于全球经济体系，与全球经济网络的联系并不太紧密，但是也会在一定程度上加入到国际区域经济网络中，因此在城市空间发展战略上，应定位城市不同空间部位的专业化生产优势，积极承接跨国资本和沿海企业转移的工业和发展特色文化产业，并通过区域内现有大都市集聚点的带动和辐射，培育若干"遍地开花"的专业化生产小"中心"甚至"亚中心"。

(二)"带状"的区域化经济空间

经济活跃的"多核"小中心之间由于生产集聚产生的集合效应会辐射到更大的空间范围，相邻的从事相关产业的小中心会不断增加，形成产业集聚乃至带状的城市集聚带，各小中心空间单元彼此间共享资源、技术、信息等要素，形成一种竞争合作、分工协作的互动式关联，形成整体的区域竞争优势。"在发达国家产生了都市圈、全球城市区域、全球性巨型城市区、巨型城市区等各种城市群体空间聚集的地域景观"。[1] 发达国家的城市群主要有美国东北部大西洋沿岸城市群、北美五大湖城市群、日本太平洋沿岸城市群、英

---

[1]　张京祥、罗震东：《体制转型与中国城市空间重构》，东南大学出版社 2007 年版，第 13 页。

伦城市群、欧洲西北部城市群，其中又包括了多个城市区域，如美国东北部大西洋沿岸城市群是美国最大的生产基地、商业贸易中心和世界最大的国际金融中心，包含波士顿、纽约、费城、巴尔的摩、华盛顿等城市区域。"都市圈、都市区、城市群等，已经成为一个国家和地区参与国际竞争的基本空间单元。"① 在中国的城市空间发展战略中，也需要培育功能互补、专业化凸显、整合效应的点连网、网连圈、圈套圈的大型聚合型经济区域，优化区域城市群的空间聚集、整合和辐射效应，提升城市空间整体的经济效能和边际效应。党的十九大报告提出的"推动京津冀协同发展"和"长江经济带发展""进行粤港澳大湾区建设"，就是对这一城市经济空间发展趋势的准确把握，还需要在这些目标基础上进行科学规划、合理布局、稳步推进、积极实施。

（三）经济空间的全球"接入性"

跨国公司凭借信息网络技术对全球分散的生产进行"集中控制和管理"，导致了一个"由网络和都市节点组成的新地理学的诞生"。② 萨斯基娅·萨森指出，一些城市凭借跨国金融业、新型高科技部门、专业化的跨国生产服务业上升为"全球城市"，成为全球经济网络中的"节点城市"，"由日益增多的全球城市形成的跨国网络，构成了全球经济的组织结构中的关键组成部分"③。依照与全球经济网络的"接合"紧密程度的不同，形成了城市新的全球等级体系，"处在这些城市的等级体系之外的那些城市和地带，变得边缘化了"。同时，萨森指出，"全球城市是逐渐培养、发展和建设起来的"，④ 中国自改革开放以来，一大批城市也融入全球经济网络中去，城市的经济"全球性"程度也在加深。如香港，萨森认为它已经是"全球城市"，北京和上海直接服务于全球区域市场，具有一定程度的"全球性"，而大多数城市处在"全球城市体系"的边缘和之外。为此要积极推进"全球城市"的建设，在2016年最新公布的《长江三角洲城市群发展规划》已经首次提出"提升上海全球

---

① 张京祥、罗震东、何建颐：《体制转型与中国城市空间重构》，东南大学出版社2007年版，第1页。

② ［美］卡斯特：《21世纪的都市社会学》，《国外城市规划》2006年第5期。

③ ［美］沙森：《全球城市——纽约、伦敦、东京》，周振华等译，上海社会科学院出版社2005年版，第186页。

④ ［美］萨森：《城市的专业化差异在今天的全球经济中至关重要》，《国际城市规划》2011年第2期。

城市功能"；对一些发展得好的区域性中心城市要根据条件提升经济的"全球性"，以提供独具的专业化产品和服务"接入"到全球各种经济圈，如制造业圈、金融圈、航运圈、科技与文化产业圈等圈层中；一些边缘的城市可通过与发达城市间的经济联系间接加入到全球或者国际区域经济圈中，如通过旅游业、特色文化产业加入全球旅游经济圈和文化圈，提升经济空间的"国际接入性"。

穿过城市的历史，我们看到城市经济空间由孤立的"点状"到"块状"，再到"圈层""带状"发展，甚至形成了隐形的全球"网状"。一方面，这显示了经济空间的分异和联合是生产力发展的必然要求，也显示了人类对空间的组织、管理的主体能力的极大提高；另一方面，城市经济空间的演进中也包含着空间等级化、空间设施不平衡、劳动分工的不平等、弱势群体空间权利缺失等社会关系问题。作为社会主义国家，我们必须把握城市经济空间演进的趋势以顺势而为，并运用制度的优势优化城市空间关系，实现"高效、公平、和谐"的社会主义城市空间发展目标。

大数据方法论的新特征及其哲学反思[*]

陈志伟^{**}

　　大数据技术出现的时间并不是很长，其概念在 1998 年才首次出现在《科学》杂志上①，但是它已经对当下社会生活的方方面面都产生了深远的影响。例如，我们在日常生活中的购物、社交乃至我们的运动轨迹实际上都通过口袋中小小的智能手机而成了大数据的一部分，我们社会中的每一个人都成了大数据的来源。另一方面，我们同时也都成了大数据的使用者，如我们在网购的过程中，大数据技术会计算出最佳的出货仓库和送货线路。实际上，这已经涉及大数据技术运作过程中的几个基本的环节，即数据的采集、处理与应用。在随时可以上网的智能手机时代，我们实际上每天都处在数据的采集、处理与应用之中。

　　但是，如果我们对大数据技术作深刻的哲学反思的话，就会发现其所带来的影响远不止上面所提到的日常生活中的各种便利，还带来更为深远的影响：大数据技术带来一种全新的方法论，它将改变我们做事的方式，乃至改变我们思考问题的方式，而且这些改变正在当下世界中切切实实地发生着。从哲学的角度对之进行反思也就成了非常紧迫的事情：大数据方法论的新特征到底是什么？它在何种层面上对之前的方法论造成了冲击、改变乃至重塑？大数据方法论本身真的是合理的吗？我们可以从何种角度对之进行批判？我们可以从何种意义上来恰当地接受和应用大数据方法论？这些问题都是当下哲学工作者应当反思的。

---

　　* 本文载于《湖南师范大学社会科学学报》2020-02-11。

　　** 陈志伟，副教授，哲学博士，硕士生导师。主要从事现代西方哲学、国外马克思主义、马克思主义原理等方面的研究。

　　① T Cass, "A Handler for Big Data" Science, 1998, vol. 282, No. 5389, p. 23: 636.

上面提到，大数据技术的运作过程涉及大数据的采集、处理与应用三个环节。同样，大数据的方法论也可以分为三个基本的环节，即"事物—大数据"—"事物"，而这三个环节又涉及两个基本的层面：事物的数据化与数据的事物化。事物的数据化意味着从事物到数据，而数据的事物化则意味着从数据到事物。接下来，我们具体展开对这两个层面的分析。

一、大数据方法论的第一个层面：事物的数据化

事物的数据化听起来似乎是非常理论化的东西，但实际上，它就发生在我们的日常生活之中。我们可以用一个例子来说明。我在跑步的时候，用智能手机的跑步软件记录了跑步的轨迹和步数，跑完后，我进入到便利店用微信扫码付款买了一瓶冰镇饮料，然后在微信上和朋友聊天。实际上，这个过程就是一个事物数据化的过程，包括跑步的轨迹、步数，消费的金额，以及聊天的内容等都已经被数据化，并成了大数据的一部分。通过这种日复一日的数据积累，就可以借助大数据技术对我的行为作出预测。下面，我们从一般事物的数据化和人的行为与历史事件数据化这两个方面来展开分析。

（一）一般事物的数据化——相关关系与因果关系

所谓的事物数据化指的是将事物量化，以数据的形式记录事物的信息，积累大量的数据，并在此基础上分析数据之间的相关关系，然后基于数据之间的相关关系对事物进行预测。总的来看，大数据技术对事物进行数据化的方法可以分为三步：关于事物的数据的获取—数据的分析处理，找出数据之间的相关关系—基于相关关系对事物进行预测。

相对于传统的方法，事物数据化的方法具有一定的突破性意义，它实现一种范式的转变，即从因果关系转变为相关关系。传统的因果关系建立在实体性的物之间的相互作用的基础上，或者，建立在时间上先后发生的事之间的关联性的基础上。实体性的物以及发生性的事是传统因果关系的核心。而

大数据时代的方法论则以数据化为基本前提，倡导"量化一切"①，追求"世间万物的数据化"②。在完成数据化之后，需要处理的对象不再是时空中的实体或者时间中的事件，而是数据，需要分析的是数据之间的关系而非现实事物之间的关系。因此，传统的因果关系就变得不再重要。在很多大数据理论家看来，因果关系甚至已经过时，应该用数据之间的相关关系来取代传统的事物之间的因果关系，"大数据时代的最惊人的挑战，就是社会需要从对因果关系的迷恋中解放出来，用更为简单的相关关系来取代它"③。在他们看来，因果关系是一种特殊的相关关系，因果关系可以还原到相关关系之中。而且，相对于因果关系，相关关系可以更加有效对事物进行预测，"大数据的相关关系分析法更准确、更快，而且不易受到偏见的影响"④。这种方法论背后的逻辑在于：将事物与事物之间的关系数据化，然后用数据之间的相关关系来解释事物之间的关系。有些大数据理论家如安德森甚至走得更为极端，认为仅依靠大数据就可以很好地解释世界，大数据意味着理论的终结，大数据可以取代各种理论，"大量的可用数据，以及处理这些数据的统计工具，提供了一个全新的方式认识世界。通过相关关系而不是因果关系，即使没有清晰的模型、统一的理论，甚至没有任何机理解释，科学依然能够取得进步"⑤。

必须要承认的是，大数据的这种事物数据化的方法确实有诸多优势。首先，就广度而言，事物数据化方法可以处理空前多的内容，它处理的"不是随机样本，而是全体数据"⑥，数据不再是局部性的而是全体性的。而且，大数据技术可以处理之前所不能处理的非结构化数据，它可以"为非结构化数

① 迈尔-舍恩伯格、库克耶：《大数据时代》，盛杨燕、周涛译，浙江人民出版社 2013 年版，第 105 页。

② 迈尔-舍恩伯格、库克耶：《大数据时代》，盛杨燕、周涛译，浙江人民出版社 2013 年版，第 123 页。

③ V M Schnberger, K Cukier. *Big Data: Revolution that Will Transform How WLive, Work and Think*, New York: Houghton Mifflin Harcourt, 2013, p. 7.

④ 迈尔-舍恩伯格、库克耶：《大数据时代》，盛杨燕、周涛译，浙江人民出版社 2013 年版，第 75 页。

⑤ C Anderson, "The End of Theory: The Data Deluge Makes the Scientific Method Obsolete" *Wire*16, 2008, Vol. 16, No. 7.

⑥ 迈尔-舍恩伯格、库克耶：《大数据时代》，盛杨燕、周涛译，浙江人民出版社 2013 年版，第 27 页。

据提供结构"①。通过对这些大数据的分析处理，就可以发现诸多新的、之前未曾发现的相关关系。其次，就精度而言，大数据的这种事物数据化方法可以更为精准地对事物进行预测，这一方面是因为它所拥有的数据更为全面，另一方面也是因为它对数据的处理能力空前提高。

需要注意的是，虽然这种方法具有种种优势，但它并不是没有问题。例如，有些大数据理论家认为在大数据时代因果关系已经过时，它应该被相关关系取代。在笔者看来，这种说法实际上是偏颇的。我们不仅需要知道事物"是什么"，而且总是在寻求事物的"为什么"。相关关系可以告诉我们"是什么"，但是却不能够告诉我们"为什么"。它可以"说明"，却不能"理解"。我们不但需要"事实"的说明，还需要"意义"的理解。传统因果关系依旧可以非常好地发挥自身的作用，它可以让我们知道"为什么"，帮助我们理解事物并知道事物的意义。大数据实际上只能知其然而不知其所以然，"'大数据'用事实向人类宣告：'知其然不知其所以然'，既是电脑不如人脑的劣势，也是电脑超越人脑的优势！"② 总之，从理解与说明的角度讲，因果关系永远都不会过时，永远都不会被相关关系所取代。实际上，相关关系和因果关系是性质不同的两类关系，是两回事，"确立起有意义的相关关系是一码事，而从相关关系到因果属性的跨越则又是另外的一码事"③。

从另外的角度看，传统上的因果关系，很多时候是从时间发生的角度来理解的。原因在时间上要先于结果，然后，结果伴随原因而发生。休谟说道："原因必须是先于结果的。"④ 康德也说道："原因的因果规定性（原因的一种状态）一定先于结果而存在……否则在原因和结果之间就不能设想出什么时间连续性来。"⑤ 从本质上讲，相关关系只能是一种数量关系，而数量关系显然不同于时间上的发生关系。按照胡塞尔的观点，数是一种本质构造物，其规定性与时间无关，它是超时空的存在。本质不同于事实，与时间无涉。胡塞尔说道："对本质的设定首先是对它的直观的把握，丝毫不包含对任何个别

① J. J. Berman, *Principles of Big Data*: *Preparing*, *Sharing*, *and Analyzing Complex Information*, San Francisco: Morgan Kaufmann Publishers Inc. 2013, p. 1.

② 吕乃基：《大数据与认识论》，《中国软科学》2014年第9期，第34-45页。

③ D Bollier. *The Promise and Peril of Big Data*, Washington, DC: The Aspen Institute, 2010, p. 16.

④ [英]休谟：《人性论》，关文运译，商务印书馆1996年版，第173页。

⑤ [德]康德：《任何一种能够作为科学出现的未来形而上学导论》，庞景仁译，商务印书馆1988年版，第128页。

的事实的存在设定，纯本质的真理丝毫不包含有关事实的断定，因此甚至不重要的事实性真理也不能从纯本质真理本身推出。"① 从这个角度看，相关关系与因果关系性质完全不同，因此自然也就无法相互取代了。

总之，二者之间与其说是相互取代的关系，不如说是相互配合的关系，"在实践中，理论和数据相互支撑。那不是一个关于数据相关关系对阵理论的问题。数据相关关系的使用使人们可以检验和精炼理论"②，"还要对因果关系产生有启发性的认识，包括理论、假设、现实世界的心理模型、事情的原委等，两者必须更密切地相互配合"③。其实，除了这种用相关关系取代因果关系的做法有问题之外，更大的问题在于将事物数据化的方法应用到人的身上。对人进行数据化的做法，会引发更大的后果，更加需要我们对之进行哲学上的反思。接下来，我们展开关于人的数据化的讨论。

（二）人的行为与历史事件的数据化——决定论与自由

在很多大数据理论家看来，大数据的数据化方法，不仅适用于事物，而且适用于人，可以对人的行为进行数据化。对人的行为进行数据化的方法同样也可以分为三个基本的环节：将人的行为以数据的形式记录下来，进而获取大量的数据——借助现代计算技术对数据进行分析处理，并找出其中所蕴含着的数据之间的相关关系——基于这些相关关系对人的行为进行预测。很多大数据理论家都认为这种方法是非常有效的。例如《爆发：大数据时代预见未来的新思维》的作者巴拉巴西就认为，基于大数据技术，人 93% 的行为都是可以预测的，而且这种预测是非常准确的。他说道："他们有充分的证据证明，人类的大部分行为都受制于规律、模型以及原理法则，而且，它们的可重现性和可预测性与自然科学不相上下。"④ 由此，甚至可以引申出一个结论：所谓的自由意志其实是表面的。在大数据时代，只要获取了充足的数据，就可以准确地预测出人的行为，"每个人的意志都是自由的，这使得所有事情都变得复杂起来——包括电子邮件、打印资料以及浏览网页等，都变得复杂

① ［德］胡塞尔：《纯粹现象学通论：纯粹现象学和现象学哲学的观念》第 1 卷，李幼蒸译，商务印书馆 2012 年版，第 63 页。
② D Bollier. *The Promise and Peril of Big Data*, Washington, DC: The Aspen Institute, 2010, p. 7.
③ ［美］洛尔：《大数据主义》，胡小锐、朱胜超译，中信出版集团 2015 年版，第 163—164 页。
④ ［美］巴拉巴西：《爆发：大数据时代预见未来的新思维》，马慧译，北京联合出版公司 2017 年版，第 13 页。

起来。不过，不管我们做了什么，我们都不知不觉地遵循着一个规律——幂律规律"①。也就是说，人的行为其实是被决定的，它符合固定的规律。按照这种方法论的逻辑，它实际上宣告了人的自由意志之不可能，并用决定论取代了人的自由意志。假如人的行为是被决定的，那么历史事件实际上也是被决定的，因为历史本身无非是人的行为的集合。众多人的历史行为构成了历史事件，而众多的历史事件构成了历史。按照一些大数据理论家的说法，在以前，历史之所以被认为是无法预测的，是因为之前的人们并没有掌握足够多的历史数据，一旦我们掌握了足够多的数据，那么，我们就可以对历史进行预测。大数据时代的到来，实际上宣告了这种历史预测的实现。历史不再不可捉摸，历史的运行实际上也遵循着大数据之间的相关关系，被大数据的相关关系所决定，"历史不会重演，却自有其韵律。虽然万事皆显出自发偶然之态，但实际上它远比你想象中容易预测"②。

我们必须承认，大数据技术的应用确实意味着一种重大的甚至根本性的变革，大数据技术确实可以在很大程度上提升预测的准确性。在前大数据的时代，人们虽然也可以获取很多数据，但相对于"大数据"而言，它们只能算作"小数据"。大数据技术在一定程度实现对人的信息的充分收集，"很有可能，一种比以往更广泛的，关于我们行动的痕迹会被收集起来，并被保存在数字化记忆中"③。

大数据时代所带来革命性进展体现在以下两个方面。第一个方面是就数据的获取而言的。在小数据时代，人们通常以抽样调查的方式来获取数据，而抽样的方法意味着其所获取的数据是不全面的，基于这种不全面的数据所做的归纳只能是不完全归纳，它所得出的结论只能是或然的、可错的。而大数据时代的到来，则意味着数据不再是局部的获取，而是全面的获取，不再是不完全的归纳，而是相对完全的归纳。数据是整全的数据，基本没有遗漏，极大地提高了预测的准确性。第二个方面是就数据的分析而言的。在大数据时代，人们借助于超算、云计算等革命性的计算工具，空前提升了数据的分

---

① [美] 巴拉巴西：《爆发：大数据时代预见未来的新思维》，马慧译，北京联合出版公司2017年版，第120页。
② [美] 巴拉巴西：《爆发：大数据时代预见未来的新思维》，马慧译，北京联合出版公司2017年版，第1页。
③ [美] 迈尔-舍恩伯格：《删除：大数据取舍之道》，袁杰译，浙江人民出版社2013年版，第16页。

析处理能力，而且这种能力是之前的时代所无法比拟的。数据处理所寻求的是数据之间的相关关系，而不再是传统的因果关系，因果关系不再重要，重要的是相关关系，知道相关关系就已经足够了。大数据时代的革命性技术可以处理非结构化的、模糊的数据，大数据时代所需要的不是精确性而是混杂性，"执迷于精确性是信息缺乏时代和模拟时代的产物"①，原本无法处理的非结构化数据在大数据时代突然具有了重要的价值，大数据可以从这些混杂性的数据中，找出其中的相关关系，将之结构化，为非结构化的数据提供结构，"大数据必须有吸收非结构化数据的能力"②。

正是因为有了上述的革命性进展，大数据才可以获取之前所不能获取的数据（从局部的数据转变为全体的数据），处理之前所不能处理的数据（从只能处理结构化的数据转变为可以处理非结构化的数据），发现数据间所蕴含的之前未曾发现的相关关系，从而可以借此对人的行为进行空前准确的预测，"建立在相关关系基础之上的预测是大数据的核心"③。

虽然大数据具有以上的种种优势，但我们依然需要考虑到人的特殊性。在笔者看来，人不同于物，认为人的行为可被预测甚至被决定的观点，有些夸大，它并没有充分考虑到人的特殊性。

接下来，我们从存在论的角度，指出人的存在方式的特殊性，以及由此而来的不可预测性。按照海德格尔对"此在"的理解，此在的基本存在方式在于"时间性"。此在总是朝向着"未来"筹划自身，为未来而"操心"。相对于过去和现在，未来是此在之存在的更为重要的环节。此在的这种朝向未来的敞开性，是此在之为此在的一个基本的规定性。大数据对人进行数据化的方法存在着一个明显的缺陷：对人进行数据化只能是对过去、现在的人进行数据化，而无法对未来的人进行数据化。这也就决定了对人的数据化是不可能全面的。按照海德格尔的理论，相对于过去和现在，未来是人的时间性之最为重要的一维，但这最为重要的一维却恰恰是大数据的数据化方法所欠缺的。另外，人朝向未来"敞开"自身，朝向未来"绽出"自身。这种敞

---

① ［美］迈尔-舍恩伯格、库克耶：《大数据时代》，盛杨燕、周涛译，浙江人民出版社 2013 年版，第 45 页。

② J. J. Berman, *Principles of Big Data*: *Preparing*, *Sharing*, *and Analyzing Complex Information*, San Francisco: Morgan Kaufmann Publishers Inc. 2013: 1, p. 21.

③ ［美］迈尔-舍恩伯格、库克耶：《大数据时代》，盛杨燕、周涛译，浙江人民出版社 2013 年版，第 75 页。

开、绽出，从本质上讲，是一种可能性而非现实性，是一种可能存在而非现成存在。而按照大数据的方法论，人是可预测的甚至是"被决定"的，这也就意味着人的未来存在都已经被"确定"好了，人不再是一种朝向未来的可能存在，不再是"此在"，而是成了"现成的存在者"。按照海德格尔的理论，现成的存在者没有领会存在的能力，而对存在本身的领会是此在不同于一般之"物"的根本特征所在。大数据技术对人的数据化，实际上意味着将人抹平为一般意义上的物，此在如同桌子椅子一样，而不再是本来意义上的"此在"了。

因此，大数据技术对人的数据化实际上是把人当成了一般的"物"，是对人的"异化""物化"，这不得不引起我们的警觉与反思。舍恩伯格对此也有着清醒的认识，他说道："人类住进了数字圆形监狱"①，"太多的数字化记忆可能会压垮人类的思维能力、决策能力、应变能力和怀旧能力"②，"数字化仿佛一个诅咒，人们对它愈发强烈的依赖阻碍了我们从中学习、成长和发展的能力"③。大数据方法论方兴未艾，正在越来越广泛地被应用。这种方法的前提与后果尚不明朗，亟需哲学上的反思，尤其是在这种方法论应用到人自身的时候。如果人们在对大数据方法论缺乏足够反思的情况下，就已经普遍地接受了它，那么就有可能加剧人的"异化""物化"，导致人们的"本真状态"的丧失。大数据在给人带来自由的同时，也可能带来潜在的奴役，如同伯曼所说的："当你有权访问大数据时，你会感到自由；而当大数据访问你的时候，你会感到被奴役。"④

当然，我们并不否认对人的行为进行数据化的可能性，也不否认对人的行为进行预测的可能性，而是试图指出大数据方法的限度与可能的后果。

---

① ［美］迈尔-舍恩伯格：《删除：大数据取舍之道》，袁杰译，浙江人民出版社 2013 年版，第 16 页。

② ［美］迈尔-舍恩伯格：《删除：大数据取舍之道》，袁杰译，浙江人民出版社 2013 年版，第 187 页。

③ ［美］迈尔-舍恩伯格：《删除：大数据取舍之道》，袁杰译，浙江人民出版社 2013 年版，第 161 页。

④ J. J. Berman, *Principles of Big Data*: *Preparing*, *Sharing*, *and Analyzing Complex Information*, San Francisco: Morgan Kaufmann Publishers Inc. 2013: 1, p. 226.

二、大数据方法论的第二个层面：数据的事物化

所谓数据的事物化，指的是在数据的基础上对事物的构造，数据在现实的事物之中获得表达。它是大数据方法论的第二个重要层面。数据事物化的一个最为明显的例子就是3D打印技术，我们可以更为直观地体会到数据事物化的实实在在的发生。

数据的事物化是事物的数据化的逆向表达，它以事物的数据化为前提，但是又远远地超越了事物的数据化。如果说事物的数据化主要是把事物以数据形式存储下来并对数据关系进行分析处理，从而可以对事物进行预测的话，那么数据的事物化则不仅仅是对事物进行预测那么简单，它是对事物的直接构造。分析预测更多的是对事物的认识，虽然大数据的出现可以使得这种预测获得前所未有的广度与精度，但它仍旧主要停留在认识论意义的层面，是一种认识方法的拓展。相对而言，数据的事物化则具有更为根本性的革命意义。它是一种对事物的全新的构造模式，它不再仅仅局限在认识论的领域，不再仅仅是一种认识的方法，它深入到本体论的领域，内在地改变了人们构造事物的方式，是一种全新的事物构造方法，不亚于一场革命。数据的事物化也是最能够体现大数据方法论的突破性的地方。

（一）事物构造范式的转变

数据事物化的方法，意味着一种对事物的全新构造方式，其革命性的意义在于对事物的构造范式进行了根本性的转变。

在前大数据时代，人们构造事物的一种典型的模式为：对事物的需要——形成事物的概念、图型——对事物的构造，即人们首先有了对某种事物的需求，然后人们在头脑中形成了这个事物的基本概念或图型，最后根据概念或图型来构造事物。用最为简单的话来说，即根据头脑中事物的蓝图来构造事物。实际上，这种思路从久远的古希腊就已经产生，柏拉图"模仿说"就是一个典型的代表。工匠对床的构造，是对头脑中床的图形的模仿，而头脑中床的图形则又是对于床的理念的模仿。理念（Idea）这个词，还有眼睛所看到的东西的意思（id即"看"的意思），因此它也可以翻译为型相，型

相是现实事物的构造蓝图。这里蕴含着双重含义：第一，理念是现实事物的模仿原型，现实事物依据它而被构造出来；第二，理念与现实事物在性质上、存在方式上是根本不一样的，二者分属于两个不同的世界。

柏拉图的上述构造模式，一直支配着西方哲学的事物构造理论，"事物的概念、图型—事物的构造"的思路从本质上讲并没有超出柏拉图的构造范式。按照现代西方哲学的基本区分，概念、图型和现实事物是不同的存在物，但概念、图型却可以规范、导引现实事物。

胡塞尔就对"本质"与"事实"作出了严格的区分。事实是现实之物，在时空中存在，而本质则是超时空的，它是一种观念性的存在而非现实性的存在，它不受时空的制约，抽象概念并不会随着时间空间的转变而发生变化。但是，本质又可以规定事实，对事实进行"导引"，人们按照本质的范畴体系也即形式本体论和区域本体论来规定现实事物。

总之，概念、图型同事物是性质不同的存在物，但人们却可以依据概念、图型来规定事物。以上是就构造的发生过程而言的，而就构造的结果即已经被构造完成的事物而言，则适用于亚里士多德的"形式—质料"模式。工匠依照头脑中床的概念、图型来构造床，构造出来的床具有床的形式和木头的质料。实际上，我们不难发现，床的形式来源于概念、图型。被构造物的形式是由构造者预先具有的概念、图型所赋予的，是概念、图像在被构造物之中的凝固与体现。

那么，大数据时代的构造理论从何种意义上改变了这种传统构造范式呢？如果传统构造范式的内在逻辑是"事物的需求—事物的概念、图型—事物的构造—事物"的话，那么大数据时代的构造范式则是数据事物化的范式，这种范式的内在逻辑是"事物的需求—事物的数据化—数据—数据的事物化—事物"。一旦事物的数据被获取之后，就立马可以进行数据的事物化，从数据可以直接通达事物，事物直接作为数据的表达而被构造出来。

基于对这两种不同逻辑的反思，我们会发现以下的根本不同之处：大数据时代的事物构造模式不再需要概念、图型，而是直接从数据到事物，概念、图型变得不再必要，只需要有数据就足够了。因此，这也就意味着"概念、图型—事物的构造"的模式转变为"数据—事物的构造"的模式。大数据并不需要概念或者概念所组成的理论来构造事物，也无须一张蓝图，它需要的仅仅是数据。

　　大数据之数据事物化的构造理论相对于传统构造理论的另一个不同之处在于：数据与事物之间并不存在一个明显的鸿沟。输入数据之后，可以直接"打印"出事物。事物更像是数据的一种"翻译""表达"，而且这种"翻译"与"表达"具有很高的直接性和精确性。表达可以高度地契合于数据，二者之间并不存在一个明显的间距。而按照传统的构造理论，在图型与事物之间，存在着一个永恒的鸿沟，被构造出来的事物仅仅是对图型的模仿，而永远无法真正契合于图型。图型（理念）与事物处在性质不同的两个世界中。而在大数据的构造范式中，数据与事物不再是一种模仿的关系，而是一种表达的关系。事物是数据的一种直接的、完全的表达，二者高度契合，并不存在一种无法消除的鸿沟。也就是说，到了大数据的时代，间接"模仿"的范式转变为直接"打印"的范式。

　　总而言之，大数据实现了构造范式的转变，其意义不仅体现在认识论层面，更体现在本体论的层面。对于认识论层面的意义，王天思、王天恩已经有了一些研究。王天思创造性地提出了"创构认识论"的新范畴，并指出："与'描述认识论'相对应，'创构认识论'更符合虚拟技术条件下，大数据出现之后的信息时代的性质"①，他敏锐地意识到大数据所带来的"创构"方式的变革，看到了大数据"创构"的未来指向性，"一方面，未来是我们创构的；另一方面，只有在创构中，才可能真正有效地预测未来"②。与之类似，王天恩也指出了"相关关系""数据物化"与"创构活动"之间的紧密联系，"在大数据相关关系中，因素相互作用过程前的因素和潜在结果之间的相关关系，对于数据物化从而对创构活动特别重要"③，"也正是通过相关，大数据使因素这一关键概念得以凸显，从而导向了与描述不同的创构——对新事物的创设。而创构正是在大数据基础上，以数据物化为典型形式的基本活动"④。本文则不仅把大数据构造看作同传统不同的认识论方法，也更加突出其在本

　　① 王天思：《大数据中的因果关系及其哲学内涵》，《中国社会科学》2016 年第 5 期，第 22-42页。

　　② 王天思：《大数据中的因果关系及其哲学内涵》，《中国社会科学》2016 年第 5 期，第 22-42页。

　　③ 王天恩：《大数据相关关系及其深层因果关系意蕴》，《社会科学》2017 年第 10 期，第 85-87页。

　　④ 王天恩：《大数据相关关系及其深层因果关系意蕴》，《社会科学》2017 年第 10 期，第 85-87页。

体论上所实现的范式转变。

（二）数据事物化之构造的三个层次

数据的事物化随着科技的发展有了非常多样化的呈现方式。在此，我们可以对数据事物化的不同层次进行大致的归类：音像、虚拟现实、现实。

就"音像"而言，它是最早出现的，它以对声音和图像的数据化为基础，然后，在此基础上进行数据的事物化——把以数据的形式存储下来的声音、图像再次展现出来。一个典型的例子就是数字电影。数字电影与胶片电影的根本不同就在于它有了"音像的数据化"和"数据的音像化"的过程。音像以数据的形式被记录下来（音像的数据化），然后通过对数据的读取再现出音像（数据的音像化）。"虚拟现实"（Virtual Reality，VR）技术的出现，则在此基础上更进一步，使得二维的图像变成了模拟的三维现实。这种通过数据的事物化而产生的虚拟现实，使得人们仿佛置身于现实世界之中。3D打印技术的出现，则标志着通过数据事物化就可以直接创造出现实事物，而不仅仅是虚拟现实事物。只要输入事物的数据，就可以直接将事物打印出来。在3D打印时代，数据与现实之间不再存在鸿沟，数据的事物化意味着数据可以直接转化为现实。当然，我们也可以设想更为先进的技术的出现。哲学不仅应该探讨在现实世界中已经存在的事物，而且应该充分考虑到未来可能出现的事物。比如，我们甚至可以设想，未来的人可以完全生活在数据事物化的世界之中，即整个世界都是数据的表达、数据的事物化。如此一来，"世界"的含义就发生了根本性的转变，"有了大数据的帮助，我们不会将世界看作一连串我们认为或是自然现象或是社会现象的世界，我们会意识到本质上世界是由信息构成的"①。这时候，我们的世界观、我们的生活方式都将发生根本性的改变，"将世界看作信息，看作可以理解的数据的海洋，为我们提供了一个从未有过的审视现实的视角。它是一种可以渗透到所有生活领域的世界观"②。

如果对数据事物化的三个层面进行反思的话，就会发现其与传统构造模式的另一个重要的不同之处：三类数据事物化中的两类，即音像和虚拟现实，

————————
① ［美］迈尔-舍恩伯格、库克耶：《大数据时代》，盛杨燕、周涛译，浙江人民出版社2013年版，第125页。
② ［美］迈尔-舍恩伯格、库克耶：《大数据时代》，盛杨燕、周涛译，浙江人民出版社2013年版，第126页。

作为被构造物并没有传统意义上的形式与质料的区分。例如，就虚拟现实而言，我们看到的是由数据事物化而产生的三维立体的虚拟相，但是这个相本身并没有任何的传统意义上的质料，只有纯粹的"形相"。一旦投影结束，这个虚拟的"相"立马消失，并不会剩下什么质料。同样，二维的图像，如数字电影，也是如此。也就是说，对于大数据的数据事物化而言，在前两个层面上，其构造物无须任何意义上的质料，只有作为数据之表达的纯粹的形式。我们在前面提到，在传统的构造模式中，构造物同时具有质料和形式。而在数据事物化的构造模式中，被构造物可以没有质料（当然，投影出来的"光"本身似乎也可以被看作一种特殊意义上的质料，但是，这种意义上的质料同传统的质料相比还是有着很大不同的。），而只有形式。当然，就数据事物化的第三个层面来说，被构造物是有质料的，与传统的被构造物一样，它是同时具备形式和质料的现实之物。但是，在 3D 打印这样的例子中，它实际上也是把质料作为一定的参数、数据来处理的。也就是说，质料实际上也首先被数据化，然后作为数据被处理。例如，质料的强度、硬度、体积等都被数据化。至于到底哪种材料符合这种数据要求，是无关紧要的，它可以是某种钛合金，也可以是某种纳米材料。关键在于这些材料背后的参数是否符合数据要求。在数据事物化的构造模式中，质料也被数据化。重要的是数据，而不是质料本身。

三、对大数据方法论的反思——大数据方法论的界限

在上文中，我们从事物数据化和数据事物化的层面对大数据的方法论展开了探讨。在事物数据化的层面，我们从一般事物的数据化和人的数据化两个角度展开了探讨；在数据事物化的层面，我们则从事物构造的角度，突出了数据事物化之构造方法所带来的事物构造范式的转变，厘清了它的三个层次和其中蕴含的突破性意义。

总体而言，大数据方法论的第二个层面（数据的事物化）是建立在第一个层面（事物的数据化）的基础之上的，因为数据的事物化首先需要有数据。因此，从这个角度而言，事物的数据化更为基础。下面，我们从事物的数据化入手，对大数据方法论进行哲学上的批判，指出大数据方法论的界限，从

而为自由等数据化之外的东西留出地盘。大数据方法论以事物的数据化为基础，倡导"世间万物的数据化"。我们试图指出这里的"世间万物"恰恰是不准确的。数据化的方法无法应用到所有的事物之上，而是有其自身的限度。下面，我们从三个不同的角度展开论述。

（一）事物侧显的无限性与数据化的有限性

就空间的角度而言，事物数据化的方法其实只能数据化事物的某些方面，无法把它们完全数据化。在此，我们可以诉诸胡塞尔现象学关于事物"侧显"的一些论述。在胡塞尔看来，事物的侧显是一个无穷无尽的过程，原则上我们不可能直观到事物的所有侧面，总是有尚未呈现出来的侧面存在。胡塞尔说道："目前指出下面几点就已经足够了，即自然事物的空间形态基本上只能够呈现于单面的侧显中；而且，尽管在任何连续的直观过程中这个持续存在的不充分性不断获得改善，每一种自然属性仍把我们引入无限的经验世界；每一类经验复合体不管多么广泛，仍然能够使我们获得更精确的和新的事物规定性，以至于无穷。"[1]

我们在观察事物的时候，总有某种视角和间距。随着"动觉"的改变，事物所呈现出来的侧面也总是随之改变。例如，我转动我的眼球、挪动我的脚步等，都会导致事物所呈现的侧面的不同。结合大数据来说，我们可以设想通过数码相机来获取事物侧面信息的过程。我们在使用数码相机进行拍摄的时候，也总是在某个特定的角度和距离上进行拍摄，角度和距离的细微的改变都会导致事物侧面显现得不同。另外，就同一个侧面而言，还存在着图像清晰度的问题。为了获取事物全面的信息，就需要像素尽可能的高。但从原则上讲，照片像素的提高是一个无限的进程，我们总是可以设想一个更高的像素，从而可以拍摄出某侧面的更为清晰的图像，这个过程是无穷无尽的。而大数据的数据化在实际的操作中，却总是有限的。侧显在理论上的无限性与数据化在实际操作中的有限性之间，产生了不可避免的张力，这就决定了数据化只能够获取事物的一部分信息而不可能获取全部信息。

---

[1]　［德］胡塞尔：《纯粹现象学通论：纯粹现象学和现象学哲学的观念》第 1 卷，李幼蒸译，商务印书馆 2012 年版，第 60 页。

（二）事物的开放性与数据化的有限性

以上是从空间的角度讲的，就时间的角度而言，数据化也存在着一个极限，即数据化只能对人或事物的过去以及现在进行数据化而不可能对人与事物的未来进行数据化。对于未来，大数据只能够在过去和现在的数据的基础上，对之进行预测。由于未来总是开放性的，它不可被数据化，这也就决定了大数据对未来的预测总是存在出错的可能性。因此，严格意义上的决定论是不可能成立的，哪怕它借助的是大数据的最新技术。

此外，即便是对过去的数据化，也不可能是完全的数据化。很多事物的过去，要远远超出大数据出现的年代。而且，就算过去的信息可以以某种方式被存储下来，这种存储也总是有损耗、有限度的。更为关键的是，过去之为过去，从时间性上来讲，是不可以重演的。时间是单向度发生着的，一旦错过了某事物的过去，那么，这段时间的数据就永远地缺失了。例如，我们不可查阅一万年以前人们的交往数据，因为那时候大数据尚未产生，也没有对他们的交往行为进行数据化。

（三）行为的内在性与数据化的有限性

根据我们在上面所做的分析，人不同于一般意义上的物。人之存在的特殊性，决定了人的存在本身抗拒被数据化。真正能够被数据化的只能是人的身体行为。就人的身体行为而言，上面两条数据化的局限性同样适用。在这里，我们需要特别指出的是人的内在行为，以及这种内在性对数据化的抗拒。

按照现象学的观点，每一个外在行为其实都伴随着一个内在的意识过程，包括意识对对象的指向即意向行为，以及意向行为的"自体验"等。例如，"我举起我手中的杯子"这个简单的行为，其实可以分为两个层面，即外在的手臂举起杯子的物理运动过程和内在的关于举杯子的意向过程。在此，我们可以将它们区分为外显行为和内在行为。外显行为或许是可以被数据化的，但是内在行为却不可被数据化。内在行为之内在性，决定了它不可能被外在地观测到。有的大数据理论家认为，借助于大数据技术，即便是人的内在的情感、态度等也可以被数据化，"数据化不仅能够将态度和情绪转变为一种可分析的形式，也可能转化人类的行为"①。但其对情感、态度进行数据化的方式依旧是统计人们的外显行为的数据，本质上是通过外显的行为来推测内在的行为，它仅仅是一种间接的观察，而非自体验。在此，或许有人会想到脑电波的测量技术。但是，脑电波的测量本身是以脑电波的外显为前提的。外显的脑电波不等同于内在的意识行为。意识行为本身很难被还原为电荷的运动。电荷的运动距离意向行为、意义的构造、情绪的体验等还非常遥远。因此，总的来说，人的行为可以区分为外显的行为和内在的行为，外显的行为或许可以被数据化，但是内在的行为则抗拒被数据化，从原则上讲它是不可被数据化的。

以上是从三个不同的角度对大数据方法所做的"划界"。其实，大数据的数据化还存在着数据存储的界限、数据处理能力的界限等，在此不再展开。通过这种"划界"，我们可以为人的自由等数据之外的事物留出地盘，从而可以防止大数据方法论的滥用。大数据方法论一旦被滥用，就可能带来危害。实际上这种滥用的趋势已经存在了。伯曼说道："大数据领域的当下发展趋势表明，在未来的几十年会出现滥用的行为。在很多情况下，会产生有害的社会效应。"② 因此，对之进行哲学批判显得越发必要。

总之，用数据化的方法来看待世界、与世界打交道，固然有一定的优势，但它不是万能的，而是有其自身的限度，这种限度决定了大数据方法应用的范围。如同知性范畴只能够应用到经验的范围之内而不可作超验的应用一样，大数据的数据化方法也有其自身的应用范围，而不能作"超越"的应用。它只是我们与世界打交道的众多方法中的一种，而不是唯一的方法，其他的方法也有其自身的意义与价值。

---

① ［美］迈尔－舍恩伯格、库克耶：《大数据时代》，盛杨燕、周涛译，浙江人民出版社 2013 年版，第 122 页。

② J. J. Berman, *Principles of Big Data*：*Preparing*，*Sharing*，*and Analyzing Complex Information*，San Francisco：Morgan Kaufmann Publishers Inc. 2013：1，p. 226.

马克思历史哲学的叙事前提*

——评洛维特《世界历史与救赎历史》对马克思的神学解读

刘　田**

　　叙事前提是使得对某一事物的叙述活动得以展开和成立的先在条件，其深刻影响着叙述方法的科学性和叙述内容的真理性。厘清马克思历史哲学的叙事前提是准确把握马克思历史哲学理论性质的重要环节。洛维特在《世界历史与救赎历史》中以近代西方历史哲学的神学倾向为视角，认为马克思历史哲学的叙事前提具有超验性与神学性。关于洛维特对马克思历史哲学的这一评判，学界已经从不同角度展开了深入探讨，主要涉及马克思历史哲学与神学的关联[1]、洛维特的历史进步论批判[2]、洛维特批判历史唯物主义的哲学立场等方面[3]，为深化研究马克思历史哲学的叙事前提奠定了基础。笔者认为，洛维特之所以判定马克思历史哲学的叙事前提具有神学色彩，是因为他认为马克思历史哲学与近代西方历史哲学一脉相承，表现出一种具有同质性的历史进步意识，并将历史进步意识与神学信仰相关联。然而，洛维特未能认识到马克思历史哲学与近代西方历史哲学在历史进步意识上的差异所在，由此误解了二者之间的理论关系。马克思历史哲学的叙事前提不能依据近代西方历史哲学的神学性质加以推断，需要细致考察马克思历史哲学与近代西

　　* 本文基金项目：国家社会科学基金青年项目"马克思对古典自由主义的批判及其当代价值研究"（22CKS004）。本文载于《四川大学学报（哲学社会科学版）》2023-07-20。

　　** 刘田，男，1992年5月，汉族，湖北荆州人，2022年获浙江大学法学博士，现任广州大学马克思主义学院讲师。主要从事党的思想理论建设、马克思主义哲学中国化、马克思主义历史哲学研究。

　　① 参见张文喜：《历史唯物主义岂能谋取神学的支持——对洛维特〈世界历史与救赎历史〉的批评》，《学术月刊》2004年第7期。

　　② 参见刘小枫：《洛维特对历史进步观念的批判》，《安徽大学学报社会科学版》2015年第6期。

　　③ 参见刘春晓：《揭开"国民经济学语言的救赎史与唯心主义历史构思"的迷雾—对K.洛维特对马克思的批判的批判》，《世界哲学》2020年第6期。

方历史哲学的思想关系，进而从思想史进程以及马克思历史哲学本身出发加以理解与澄清。

一、历史进步意识的内在连续性：洛维特对马克思历史哲学叙事前提的解读

无论是中世纪的历史神学，还是发展至近代的西方历史哲学，都蕴含着较为鲜明的历史进步意识，即承认历史朝向某种具有终极意义的目的不断迈进。历史进步意识从历史神学到近代历史哲学的发展中保持了一种内在连续性，这构成洛维特对马克思历史哲学叙事前提进行神学解读的理论出发点，其中暗含洛维特对马克思历史哲学与近代西方历史哲学之间关系的误识。在《世界历史与救赎历史》中，洛维特将批判矛头指向历史进步意识，认为其以神学为前提，并判定马克思历史哲学的叙事前提同样是神学，他从马克思对"阶级斗争"等概念的解释和运用中说明马克思历史哲学与基督教神学之间存在本质关联，认定马克思对历史的阐释本质上与基督教神学的末世论信仰具有一致性，是"国民经济学语言的救赎史"，建基于历史进步论的共产主义运动，是以宗教救赎为目的的"现代世俗性的神圣革命现象"。[①]

历史进步意识伴随近代自然科学的革命性发展和启蒙运动的思想解放得以兴起，随后逐渐成为近代历史哲学中的主流观念之一。自启蒙运动萌发到19世纪末，历史进步意识在科技理性主义的影响下成为备受关注的理念。历史进步意识的支持者认定，"'进步'既是每个时代历史不可抗拒的总体趋势和永恒主题，又是人类历史发展的内在本质和客观规律"。[②] 历史是一种因果律作用下以线性时间结构进步的过程，即存在因果关联的客观历史事件不断从过去、现在走向理想未来状态的序列过程。在这一过程中，人类由于知识的拓展和时间的自然推移，必将克服进步征途中的种种困难，当下社会必然比过去更为良善，未来社会也必然会超越现在。历史进步意识的批评者则基

---

① ［德］洛维特：《世界历史与救赎历史》，李秋零、田薇译，商务印书馆2017年版，第56页、"中译本导言"第16页。

② 郭广：《本雅明对历史主义进步观的批判与重建》，《马克思主义哲学研究》2015年第2期。

于不同视角和目的对其展开批判。在历史进步意识崛起的启蒙运动时期，卢梭基于科学艺术和道德的对立状况，提出"人类社会历史的发展是进步还是倒退"① 的重大问题，其对历史进步意识的反思与质疑引发了学者们对历史进步意识的持续性探讨。本雅明曾从历史灾难学的理论视角对历史主义的进步观念进行批判，通过深入社会历史根源展开对马克思历史唯物主义的重新建构和时代阐发。作为历史进步意识的批判者之一，洛维特在以思想史探源的方式批判历史进步意识的过程中，展开了对马克思历史哲学叙事前提的神学解读。洛维特对历史哲学进行现象学溯源，"从现代性处境来询问历史的意义和个体生活的意义"②，以求解虚无主义危机。本质上虚无主义乃是现代性的流动性、抽象性、矛盾性以及世俗性的时代表征，"是资本原则的'现象'"③。但在洛维特看来，虚无主义根源于启蒙哲学所提供的关于人类不断进步的历史意识。

洛维特在批判历史进步意识的基础上展开对马克思历史哲学叙事前提的解读。在洛维特看来，历史进步意识作为关于历史不断向某个终极目标迈进的坚定信仰，其叙述的真理性依赖于神学支撑。"未来是历史的真正焦点，其前提条件是，这种真理是建立在基督教西方的宗教基础之上的"④，只有当基督教确立了对上帝的"原始信仰"，世界进步的事实以及关于历史进步的信仰和知识才得以发生。而近代西方历史哲学的历史进步论是对基督教末世论历史观的改造，这是洛维特进一步对马克思历史哲学叙事前提展开神学解读的理论出发点。这一出发点包含两重逻辑：第一，马克思历史哲学同近代西方历史哲学之间构成直接的承续关系，对洛维特来说是无须解释的结论；第二，马克思历史哲学是对近代西方历史哲学的直接承续，而近代西方历史哲学又承认并发展了以神学为前提的历史进步意识，马克思历史哲学也直接承续了以神学为前提的历史进步意识，并同基督教神学之间存在本质关联。客观而言，思想史上并不缺少对马克思主义与基督教神学之间关系的讨论，但主要认定二者存在模式的重合或形式的关联，更多是对马克思主义作出了肯定性

① 李秋零：《德国哲人视野中的历史》，中国人民大学出版社 2011 年版，第 28 页。
② ［德］洛维特：《世界历史与救赎历史》，"中译本导言"第 7 页。
③ 罗骞：《现代性的存在论批判——论马克思的现代性批判及其当代意义》，人民出版社 2019 年版，"序"第 4 页。
④ ［德］洛维特：《世界历史与救赎历史》，第 25 页。

评价。如罗素虽指出"基督教或犹太教人士所熟悉的感情内容使得马克思的末世论有了信仰的价值"①，却未把马克思关于生产方式和分配方式在历史进步中的决定性作用的论述，解读为以基督教神学为叙事前提的历史哲学结论②。相较而言，洛维特却由于一种理解"前见"上的误识，模糊了马克思历史哲学同近代西方历史哲学之间的理论关系，以及两者在历史进步意识上的区别，进而主观地建立起马克思历史哲学的叙事前提与基督教神学之间的本质关联——"弥赛亚主义根植于马克思自己的存在之中"。洛维特试图以对马克思最具历史哲学意义的文本《共产党宣言》的解析为其结论提供有效证明。③

在洛维特看来，《共产党宣言》乃是"先知主义的档案"，这一文本的"奠基性前提"指向两大信仰阶级之间的对抗。洛维特指出，马克思关于资产阶级必然在历史发展过程中消亡以及无产阶级必然胜利的论断，本质上是对资产阶级的"末日判决"和引领无产阶级革命行动的宗教信仰，这种信仰或观念背后的现实推动力是显而易见的弥赛亚主义。洛维特认为，"阶级斗争"作为《共产党宣言》的核心观点所传达的是一种宗教救赎承诺，为实现这一承诺，需要"新型的人"或"创造共同体的共产主义者"，即资本主义时代的无产阶级。无产阶级作为被精心挑选的"特选子民"和"未来历史的'心脏'"，充当着"一场世界革命实现全部历史的末世论目标的世界历史工具"。在马克思的理论视野中，无产阶级在市民社会中普遍异化，在经济上也被排除于社会特权阶级之外，这一阶级以人的方式以及阶级斗争的最高形式表现了资本主义社会的内在矛盾，但却被洛维特解读为马克思方案中的"救世者"角色。《共产党宣言》体现了马克思立足人类社会发展必然趋势对资本主义社会的双重批判，被洛维特简化为对"资本主义时代的原罪"的单一道德批判。洛维特从一种"普遍的和末世论的视角出发"，曲解了马克思所揭示的现代经济体系中两大阶级的斗争及其导致的历史进步，而将两大阶级的对抗等同于"光明的子民"和"黑暗的子民"之间的信仰对抗，进而指责马克思建构了一种"朝着一个有意义的终极目标的、由天意规定的救赎历史"。④

① ［英］罗素：《西方哲学史》何兆武、李约瑟译，商务印书馆1982年版，第448页。
② 参见［英］罗素：《西方哲学史》下，马元德译，商务印书馆2005年版，第339-340页。
③ 参见［德］洛维特：《世界历史与救赎历史》，第55、41页。
④ 参见［德］洛维特：《世界历史与救赎历史》，第53、46、46—47、56页。

洛维特据此认定，共产主义实质上是"末世论的信仰"变种和弥赛亚先知主义的"变形"，马克思以政治经济学批判的方式而展开的历史叙事被洛维特加以神学解读。

在洛维特对马克思历史哲学叙事前提的神学解读中，隐含着洛维特对马克思历史哲学与近代西方历史哲学之间关系的误解，这使得马克思历史哲学被不加以区分地置于近代西方历史哲学的体系之中。洛维特基于近代西方历史哲学的神学性质直观认定马克思历史哲学同基督教神学之间存在本质关联，从而形成了"马克思历史哲学的叙事前提是神学"的结论。笔者认为，澄清洛维特的误读应当回到近代西方历史哲学的发展历程之中，在阐明近代西方历史哲学的前提和根本性质的基础上，对马克思历史哲学的叙事前提予以准确理解。

二、超验历史目的：洛维特对近代西方历史哲学神学性质的判定

洛维特对近代西方历史哲学神学性质的判定，揭示了近代西方历史哲学的目的论倾向与"神"或"上帝"等超验预设的内在联系，指出近代西方历史哲学以某种超验性历史目的为基础的历史进步意识，以神学为前提，是对历史神学或宗教信仰的"真正完成"。在批判历史神学中逐步生成的近代西方历史哲学，开创了不同于历史神学解释历史的研究范式，这种范式以超验方式确立起一种普遍性的解释框架，即承认历史之外存有某种规制其发展的"超人"力量以及历史存有某种先验或超验的神圣目的。从维柯到黑格尔发展了一种以哲学反思历史、以历史证明神学的历史哲学，表现出鲜明的神学性质。

近代西方历史哲学总体上虽然构成对历史神学的批判性发展，但未能彻底挣脱神学的规训，仍属于神学范畴。近代西方历史哲学脱胎于"超世的末世论神学"，尽管近代西方历史哲学的核心命题是"从历史神学的母题出发反历史神学"，但本质上仍是一种试图以超验方式证明现实历史道义的"哲学神

学"，① 其发展史乃是历史神正论的完成过程。在历史神学向历史哲学转变的历程中，意大利哲学家维柯开创的历史哲学范式通过将历史与事实经验相挂钩、历史思想与哲学思想之间相互渗透的尝试，在批判历史神学的"一次进步论"中发展了历史进步意识，开辟出以哲学反思历史、以历史证明神学的理论先河。维柯历史哲学理论的形成奠基于前人历史感的积淀与发展。英国哲学家弗朗西斯·培根通过揭示人类知识、经验的累积性使历史的进步性质得以凸显，其将历史视为理性思维提供观察和反思材料的经验对象，从而首次在哲学研究中表现出一种历史感，培根的这种努力和功绩被赞誉为以推进历史思想与哲学思想相互融合和渗透的趋势而构成历史哲学诞生的前奏。② 在以培根为代表的哲学家努力推进哲学思想与历史相融合的基础上，维科以批判笛卡儿的历史怀疑主义即理性主义对历史知识及其真实性的怀疑为理论契机，进一步发展了以历史知识的累积性为内容的历史进步意识。

　　以维科为开端的近代西方历史哲学家致力于以普遍性的解释框架或研究范式对历史进行认识，进而探求历史的发展规律及意义。从性质上看，这种解释框架或研究范式的普遍性和有效性，建基于对宗教或神学的承认。维科的历史哲学是"以对宗教虔敬的研究为它的不可分割的一部分"，③ 在《新科学》中，维科通过将14世纪"地理大发现"以来地域性、民族性的人类历史向世界历史转变的经验性进步事实转化为思维中的进步性观念，完成了以哲学的方式对世界历史进行反思的范式革命。这种全新的历史解释范式确定了"全部历史是由人类创造并能够为人的思想所认识"的基本原则，④ 第一次在历史领域引入人的因素。但这并不意味着维科的历史哲学彻底地告别了神学。事实上，维柯不仅研究宗教、神学，而且广泛地运用神话学或半诗歌的叙事方式认识和解释历史的存在形态与内部结构。⑤ 维柯关于"最好的永恒的自然

---

① 参见［德］洛维特：《世界历史与救赎历史》，第15—16页。
② 参见韩震：《西方历史哲学导论》，北京师范大学出版社2008年版，第11页。
③ ［意］维柯：《新科学》，朱光潜译，外语教学与研究出版社2018年版，第531页。
④ 维科认为，历史会随着"人类的本性"而自然地延续下去，而"人类的需要和效益就是部落自然法的两个根源"。参见［意］维柯：《新科学》，第123—124页。
⑤ 参见［英］柯林伍德：《历史的观念：增补版》，何兆武等译，北京大学出版社2010年版，第71页。同样地，韩震认为，维柯在承认历史中的人的意图或计划的同时，却又将人的目的性降格为所谓"天意"实现自身善的目的的手段，这种目的的实现也并非人的有意识的行动结果，而是人的激情和冲动使然，在维柯的历史哲学中，"天意"永远具备高于人意的决定性地位。参见韩震：《西方历史哲学导论》，第29页。

政体"的构想，是以一种服从于"天神意旨"的必然在历史进步中不断实现的"较广泛的目的"①，取消了人类个体所谓"狭隘而特殊"的目的。通过在超验层面预设一种"广泛目的"，维柯试图解释历史进步的本质、内在动力、基本规律以及目的意义。以维柯为开端，承认历史不断朝着由某种超验力量预设的先验目的发展的进步意识，规制了近代西方历史哲学对历史运动及其规律的阐释模式。

延续维柯所开辟的历史哲学进路，欧洲历史哲学界逐渐形成唯物主义和唯心主义两种异质性历史哲学，但都是对"建基于神学的历史进步意识"的殊途同归发展。孟德斯鸠以自然神论为理论基础来寻求或制定一种规定上帝、人类以及存在于人类社会中的一切的普遍法则，并试图以此阐释历史运动及其规律。不同于维柯，孟德斯鸠因将"命运"或循环概念重新引回历史哲学而未能使历史进步意识成为一种主流历史观，但其勾勒的"理想社会"却终究以超越斯多葛自然主义和基督教神学的循环历史观，启发伏尔泰开创出一种真正的历史进步意识。法国启蒙运动领袖伏尔泰基于理性主义和历史批判主义，推动历史进步意识逐步成为牢不可破的坚定信念，他在批判神学历史观的基础上建构一种精英史观，实质上是将"人类精英"或"思想英才"及其才智抽象为另一种意义上的决定历史走向的"超人"力量。如果说，伏尔泰历史哲学中的"超人"尚且承认部分人在历史中的作用，那么孔多塞则完全使某种理性精神成为无人身的历史主体，人类历史被理解为"精神克服各种障碍为自己开辟道路的历史"②，精神的进步成为历史进步的度量器。

从神、"超人"再到无人身的历史主体，近代西方历史哲学愈加鲜明地表现出以理性或精神的自我实现来解释历史运动及其规律的总体趋势，这尤其在德国历史哲学中得到集中体现。"历史神正论"的理论雏形奠基于莱辛及其具有浓厚神学意味的历史哲学，莱辛借助神正论的观点和认识论试图重建已然走向式微的宗教权威，通过将历史进步指认为全知全能的上帝力量的体现，促使为人诟病和批判的宗教迷信成为全部历史进步的有机部分，从而赋予历史走向宗教意义上的道德完满状态的终极目标。作为德国古典哲学的开创者，康德致力于思考"道德何以可能"的重大问题，为实现人类道德走向完满的

---

① ［意］维科：《新科学》，第 522、529 页。
② 韩震：《西方历史哲学导论》，第 107 页。

历史目的，康德提出了一种神秘的历史目的论，以探讨"人是什么"的核心主题和中心命题，将柏拉图的形而上学神圣理性改造为人的先天认识形式或认识的先验结构，使认识人的理性和理性历史成为可能。在康德历史哲学中，自然作为构造世界的"伟大艺术家"，也是实现世界"永久和平"的根本保证，作为世界历史进程的合目的性和一种指向人类的客观终极目的，自然既是预先规定世界历史发展进程的"更高原因的深邃智慧"和"天意"，① 又作为"永久和平"的绝对力量，促使人运用自己的理性践行自身所肩负的"世界公民"天职，最终造就历史的进步。② 赫尔德的历史哲学与康德的历史哲学具有内在相似性，即把人类理想状态的实现理解为一个需要漫长的历史过程，并将"自然意图或天意这样的超越个人意志的力量"③ 视为历史进步的原动力。作为近代西方历史哲学的完备化发展，黑格尔的历史哲学构成一种体系完成。黑格尔的"理性的狡黠"④ 的原型可在维柯的历史哲学中窥见，维科基于"人类的心灵变化"寻求人类创造历史的原则或根据，乃是黑格尔以"绝对精神"的自我实现描述历史运动及其规律的理论雏形。黑格尔运用古希腊–基督教传统及其"逻各斯概念"，将历史纳入精神概念的运转之中，使"世界的历史与精神的历史等同起来"⑤。在黑格尔历史哲学的理论视域中，历史不是自然的计划而是"绝对精神"或"绝对理念"的自我实现，历史产生于这一过程并在精神对自身的认识以及同自我的调和中得以完成，⑥ 历史按照由"绝对精神"所建构起来的新原则运转，它们从抽象规定变为具体的丰富性"是经过基督教宗教而为世俗的王国才获得的"⑦。如马克思所说，黑格尔历史哲学是"在描述历史方面的真正的神正论的完成"。⑧ 作为历史创造和进步的现实根据与本质所在，历史的真正主体最终在近代西方历史哲学发展进程及其对历史的抽象阐释中被彻底遮蔽，以哲学反思历史、以历史证明神学的历史哲学达到理论发展的顶峰。

---

① 参见李秋零主编：《康德著作全集》第 8 卷，中国人民大学出版社 2010 年版，第 366 页。
② 参见方博：《康德历史哲学中的天意与人的启蒙》，《哲学研究》2014 年第 3 期。
③ 李秋零：《德国哲人视野中的历史》，第 146 页。
④ 参见韩震：《西方历史哲学导论》，第 30 页。
⑤ ［英］洛维特：《世界历史与救赎历史》，第 64 页。
⑥ 参见［德］黑格尔：《历史哲学》，王造时译，上海书店出版社 2001 年版，第 315 页。
⑦ ［德］黑格尔：《历史哲学》，第 330 页。
⑧ 《马克思恩格斯文集》第 1 卷，人民出版社 2009 年版，第 553 页。

近代西方历史哲学对"以神学为前提的历史进步意识"的发展，本质上是一种哲学反思历史、以历史证明神学的历史哲学方式，呈现鲜明的神学性质，但这种神学性质并未延伸至马克思的历史哲学。从理论关系来看，近代西方历史哲学的确作为重要思想资源，在诸如关于历史进程的问题上所确立起来的历史进步意识，在关于历史结构的深层次问题上对阶级斗争的有限承认和解释，以及对如何安置人的意识或精神力量在历史中的作用等方面影响马克思历史哲学。然而，这并非表明马克思历史哲学就是近代西方历史哲学的直接延续。正如马克思所说，维柯的《新科学》尽管以对近代历史哲学的萌芽包含了"不少天才的闪光"，[①] 但它却具有鲜明的神学性质。近代西方历史哲学作为马克思构建一种全新历史哲学的思想史资源，始终是被马克思自觉反思、批判和超越的对象。

三、"现实的人"及其目的性实践：对马克思历史哲学叙事前提的澄清

不同于近代西方历史哲学，马克思历史哲学的叙事前提并非某种具有神学性质的超验的终极目标，而是"现实的人"及其有意识的目的性实践活动。基督教神学历史观强调超世历史的绝对意义，不仅解构了"此岸世界"的真理性，而且形成了一种关于未来历史的虚无缥缈和不着边际的描述。近代西方历史哲学尽管起始于对现实历史进行哲学反思的理论自觉，却是以先验化的方式发展了基督教神学的历史观。对取消当下历史意义或以超验方式证明现实历史意义的种种历史观予以彻底批判是马克思一以贯之的学术立场，马克思对当下历史的真理性和未来历史的现实性以及二者关系形成了一种辩证认识：历史发展的确呈现出不断进步的趋势，但这种进步并非受到某种神秘力量的指引走向某种终极状态或致力于实现某种超验目的，其动力无法被归结为某种超历史力量，而在于以改变世界为目的的"现实的人"及其实践。历史的发展进程不是机械或线性的历史进步观念，而是历史进步与历史代价的辩证统一，社会形态的变革和历史的进步在"现实的人"的有代价的自由

① 《马克思恩格斯全集》第30卷，人民出版社1975年版，第618页。

自觉的实践即共产主义运动中逐步实现。

从古希腊自然历史观到基督教神学历史观的转变，尽管促使人类历史及其运动被纳入哲学家的理论视野之中，但这种历史却不具有完整的意义。现世本身在基督教神学历史观中并无意义，历史的意义在于超脱人类现世的来世，过去和现在只是未来的准备与跳板，因而已发生和正在上演的一切历史仅仅是实现"上帝末日审判"的过渡阶段或某一必然环节。由于以基督教神学历史观为原初形态的历史哲学只是将基督教末世论的超验历史观转化为进步论的世俗历史观，它对历史的描述只是一种只重视未来、预言未来的弥赛亚先知主义。基督教历史神学是在"彼岸世界"的超世俗生活中即天国寻求人类现世痛苦的解脱之道，而科学社会主义则是在"此岸世界"寻求解脱之道。脱离现实基础只能形成超验性理论想象的历史观，缺失对历史哲学阐释对象的真实性把握所得出的只能是关于未来历史的虚无缥缈和不着边际的描述。形而上学的历史阐释不仅忽略了历史的现实基础，而且将历史视为实现"神圣历史目的"的无意义环节。形而上学历史观并非从内在于历史自身的标准出发解释历史，而是往往将人的生活、生产等实践性活动认定为"非历史"或"超历史"的存在。由于没有在历史领域中留下人与自然界关系的空间，形而上学历史观主观预设了自然界和历史的割裂与对立。这种对立导致古往今来的诸种历史观"只能在历史上看到重大政治历史事件，看到宗教的和一般理论的斗争，而且在每次描述某一历史时代的时候，它都不得不赞同这一时代的幻想"①。马克思鞭辟入里的分析和结论，意味着在他对未来社会历史的描述中，无论是"共产主义""自由人联合体""自由王国"，还是"人的自由全面发展"，尽管被指责为包含了某种信仰意识，但它却绝不是神学语义中的"末世论信仰"，也不以某一时代的宗教幻想即神学为叙事前提。

将历史研究的重心转向"现实的人"及其自由自觉的目的性实践构成马克思历史哲学叙事的前提，也是马克思对古希腊自然意识、历史神学和思辨历史哲学实现批判性超越的根本所在。"历史倒退论""历史循环论"是古希腊时期较为典型的历史观，古希腊哲学家兴趣点重在探讨宇宙规律，对历史具有浓厚的在世情怀，因而只形成了被动的、无意识的历史观念。基督教以神—人的主体关系为基础的神学历史观，突破了"历史循环论"的局限，将

---

① 《马克思恩格斯文集》第 1 卷，第 545 页。

"向预定目标的进步"作为整个人类历史的表征,① 历史进步的观念由此出现。然而,这种历史进步观念却导致历史神学对"彼岸世界"真理性加以绝对肯定,进而规制思辨哲学形成了反思历史及其意义的超世俗方式,本质上是"轻视现实关系而局限于言过其实的重大政治事件的历史观",② 以对"彼岸世界"的空洞的神学寄托和期待,取代了对"此岸世界"的真正批判和彻底斗争,③ 是对"此岸世界"的真理性的解构。神学历史观的荒谬性就在于仅仅为历史提供研究的范式或主线,并聚焦于非人的或非具体的人的历史。因此,神学历史观不可能把握到现实的历史。

马克思在费尔巴哈批判黑格尔哲学作为神学的现代转化的基础上,指出包括费尔巴哈哲学在内的旧哲学,本质上作为人的本质异化的对象性产物,乃是被思维得以说明的宗教观念和神学理论,是以思想对人的异化存在形式的确认。④ 这种人的本质的异化及其形式和存在方式,就是人的本质或本性异化的抽象形式和观念存在方式,是把神学而不是"现实的人"的实践活动视为历史的真理性内容,因而是对神学的自我实现活动,而不是对"现实的人"和现实的历史运动加以阐释,仅仅构成另一种理论形态的宗教历史和历史神学,而非以真实的历史内容为对象的历史哲学。

对马克思而言,历史的意义并不存在于幻想的抽象的人的生活世界即真理的"彼岸世界"之中,而存在于"现实的人"的生活世界即"此岸世界"的真理之中。相较于观念中的理想现实即应然的历史,真正值得肯定且具有意义的是当下历史即实然的历史,应然的历史生发于对实然历史的理解与反思之中。那么,"世界"的真理性如何确证?近代西方历史哲学认识历史的出发点和落脚点是未来,从历史的未来反观历史的当下和过去,其预设了未来即"彼岸世界"的绝对真理性,"这就是为什么未来的理念采取了乌托邦的形式。并不是未来被从中引出来,而是未来的乌托邦被引出来"。近代西方历史哲学对未来历史的关注服务于逃避现实历史的目的,为实现这一目的就不得不展开对现实历史的解释,在关于如何挣脱现实、走向未来的方式问题上也

---

① 参见李秋零:《德国哲人视野中的历史》,第 31 页。
② 《马克思恩格斯文集》第 1 卷,第 540 页。
③ 参见张文喜:《历史唯物主义岂能谋取神学的支持——对洛维特〈世界历史与救赎历史〉的批评》,《学术月刊》2004 年第 7 期。
④ 参见《马克思恩格斯文集》第 1 卷,第 200 页。

仍旧是"解释性"的，而为了使自身的解释获得充分的信服力和理论的彻底性，就只能借助于无法被继续追究的不可名状的"神"或某个终极因，这"是一种整体论的想象"。① 然而，在马克思的理论视域中，世界的真理性指向"此岸世界"，其与"彼岸世界"之间乃是现实与理想的关系，"此岸世界"的真理性源于其作为"现实的人"的目的性实践的结果，既是历史阐释的"最过硬的事实"，也是"彼岸世界"等历史幻想的"世俗基础"和真正起点。② 在未来尚未成为当下之前只能以观念的形式存在，而关于未来的观念本质上是对当下的建构性反映，这种反映之所以是建构性的，根源于"现实的人"对不合理、不完美现实境况的超越诉求所引发的对当下历史的批判、改造与历史生成。"未来"就是对这种尚未成为触手可及的现实即"美好历史"的恰当描述。那么，如何使未来从一种关于美好现实的理想成为真实的历史存在，使关于当下历史的美好观念转变为当下历史的实体性内容？在马克思看来，"现实的人"及其以追求历史的理想存在形态为目的而展开的对现实的革命性实践，构成人类历史从前现代社会到现代社会，并最终迈入未来社会的真正动力与主题线索。

然而，在由资本统摄的现代社会中，"现实的人"只能按照资本逻辑或以资本的面貌塑造着自身的生活世界，③"现实的人"与其所创造的历史受到"归根结底表现为世界市场的力量的支配"，④ 在资本逻辑及其社会化产物等异己性力量的支配中逐步异化，这种愈益加深的异化状态致使"现实的人"的实践活动不是一种生存处境的良性提升与自由个性的全面发展，而是陷入生存境况恶化与自我丧失的现代性危机。在历史的进程中产生的不再是人的意义与价值，而是资本的增殖。历史发展变为资本的增殖过程，人的生存意义与价值则必然在历史的行进中，以及我们对历史的认知中消失殆尽。资本主义及其生产方式是虚无主义等现代性危机的滥觞：资本逻辑制造的"鼓吹贪婪、侵略、无谓享乐主义并且虚无主义日益盛行"的文化日益导致人与世界的二重化，人类逐步向自由个性的反面发展，全面丧失自身"存在的意义

---

① 参见［英］赫勒：《历史理论》，李西祥译，黑龙江大学出版社 2015 年版，第 320、321 页。
② 《马克思恩格斯文集》第 1 卷，第 531 页。
③ 参见《马克思恩格斯文集》第 2 卷，人民出版社 2009 年版，第 36 页。
④ 《马克思恩格斯文集》第 1 卷，第 541 页。

和价值"。① 重视"此岸世界"的真理性，即主张"现实的人"基于实然的历史现状以追求应然的历史理想，并非一种以必然实现的超验历史目的为前提的宿命论。这种理想历史到来的现实性在于资本主义时代"现实的人"所处的异化状态，这一现实问题只能在变革社会形态、推动历史从资本主义社会向更好社会进步的过程中才能够被彻底解决。"现实的人"对改善生存处境和自我实现等一系列有意识的目的追求，既涉及当下的现实境遇，也关乎对未来的革命设想，促使"现实的人"迫切要求以实际斗争打碎限制自身目的实现的种种枷锁。"现实的人"以批判和改造资本主义社会为目的的革命性活动，构成推动社会形态变革和历史进步的根本动力。"现实的人"及其目的性追求往往被纷繁复杂的社会表象所遮蔽，因此长期以来的历史哲学都以抽象的方式对其加以理解，然而"历史之谜"的真正规律一旦被揭示，就能够提供一种改造世界的伟力，有利于在改造世界的运动即共产主义运动中，创造不同于资本主义社会的人类社会。"现实的人"的自由个性的全面实现，是异化的社会关系的全面复归，体现为一种人与人的关系和谐统一、人与社会的关系和谐统一以及人与自然的关系和谐统一。历史"作为形成过程是一种有意识地扬弃自身的形成过程"，② 这是历史进步的本质所在。

然而，理想社会形态的必然性或历史进步的必然趋势并非意味建构理想社会能够一蹴而就或推动社会进步是线性上升的过程。"未来的进步不是一种必然性，但却是一种我们所致力于的价值，并且正是通过这种致力于的行动，它变成了可能性"。③ 历史的发展进程包含否定之否定的辩证图式与螺旋式的上升趋势，基督教神学的末世论信仰及其基础上的历史观，是一种无视历史的曲折发展过程的直线进步观。马克思对历史进步的理解包含着对历史发展过程的否定之否定的辩证理解，认为社会形态演进和历史发展进程是进步性与代价性的统一。在资本主义时代，由于资本逻辑及其社会性力量对自身统治的维持，社会形态的变革和历史的进步不可能靠期待资本的主动退场而实现，资本及其维持自身统治的社会性力量的瓦解，只能在对"资本主义社会的自我批判"中实现。认识"现实的人"具有革命性力量是关键性的一步，

---

① ［英］特里·伊格尔顿：《马克思为什么是对的》，李杨等译，重庆出版社 2018 年版，第 16 页。
② 《马克思恩格斯文集》第 1 卷，第 211 页。
③ ［匈］赫勒：《历史理论》，第 315 页。

作为一种具有主体性、能动性作用的历史力量，"现实的人"能够基于自身的自由自觉的意识展开创造性或革命性实践活动，开辟出一条通向理想社会形态的现实路径。

从历史进步的实现方式看，马克思对推动历史进步的革命性力量的揭示奠基于"一种真正全新的历史观"基础，① 这一历史观基础兼具科学论证与道德批判的双重色彩，彰显了马克思历史哲学致力于解释和改造现存世界的彻底性与革命性特征。马克思关于人类社会的理想性和信仰化表达本质上构成对历史的一种终极隐喻或符号呈现，而绝非以神学为前提，马克思的历史哲学叙事以"现实的人"及其目的性实践为前提。在马克思看来，对现实的批判性审视造就了关于现实的未来观念，而对现实的革命性改造则是创造未来的唯一路径，"现实的人"以其革命性实践在现在与未来之间架设通途。马克思对人类解放这一历史"终极状态的构想直接联系着对现存社会体制的批判和否定"，② 就是"使现存世界革命化，实际地反对并改变现存的事物"的共产主义运动，表征了历史的进步方向或发展趋势。马克思以科学论证的方式在说明历史运动的过程中揭示了历史主体的目的，人的多样性目的之总和构成了全部历史的目的，历史目的本质上表现为人对自身生存、发展等需要的自觉满足。历史在人的劳动实践活动中逐步生成，内蕴主体生存与发展的基本方向，呈现主体活动的目的。③ 历史的目的在本质上就是"现实的人"的目的的集合。如恩格斯所说，人在既定的历史条件下对自身目的的积极追求以一种不自觉的方式改变了生活条件，这形成了来自不同方向的各式各样的"力"，从而在一种整体性的、不自觉非自主的状态中造就了历史合力。在历史合力的作用下，历史运动就如同"一种自然过程一样地进行"，并表现出同自然运动一般的客观规律。④ 历史进步具有合目的性与合规律性的统一特质。

马克思将长久以来困扰历史哲学家的"历史的神义问题"（试图从神的角度来解释和求解人类历史中的罪恶、苦难与灾厄）和"历史的道义问题"或"历史的人义问题"（从人性、道德的角度来解释和求解人类历史中的罪恶、

---

① 参见［英］伊格尔顿：《马克思为什么是对的》，第 50 页。
② 张盾：《"历史的终结"与历史唯物主义的命运》，《中国社会科学》2009 年第 1 期。
③ 参见《马克思恩格斯文集》第 1 卷，第 527、295 页。
④ 参见《马克思恩格斯文集》第 10 卷，人民出版社 2009 年版，第 592—593 页。

苦难与灾厄）转换为"现实的人"及其目的性实践的阐述问题。在马克思之前，尽管从"历史的神义问题"到"历史的人义问题"已经从关注神的形而上学问题转向关照个体生存意义的具体历史问题，但这一转变没有改变对"上帝与其造物之间是一种必然的因果关系"① 这一神学前提的承认，对历史的阐释始终在一种神学语境和思辨话语中展开。马克思以"现实的人"及其目的性实践为其历史哲学的叙事前提，致力于在"现实的人"的实践语境和生存话语中展开对历史的叙事，始终围绕"现实的人"对现实的感受、体悟、审视、批判和改造完成对历史实体性内容的把握和历史运动规律的揭示，从而有力地开辟了一条不同于思辨历史哲学的人类解放路径。马克思对当下历史真理性与未来历史现实性的辩证理解，超越了以神学为叙事前提的思辨历史哲学，彰显了其历史哲学的理论彻底性与实践有效性。

---

① 林国基：《神义论语境中的社会契约论传统》，上海三联书店 2005 年版，"引言"第 3 页。

第四章

西方资本主义的当代批判

空间与资本：列斐伏尔与马克思的空间思想的同质性与异质性*

黎庶乐**

近年来，受到马克思主义"空间转向"研究的影响，学界一方面努力发掘马克思资本逻辑中隐含的空间话语，力图将空间与资本之间的内在联系的探讨推向深入；另一方面试图通过对列斐伏尔等人的马克思主义空间理论的历史梳理，厘清从马克思到列斐伏尔等人空间思想之间的继承关系。就已有的研究成果而言，研究者更侧重于从马克思到列斐伏尔的空间思想做同质性研究。他们对于空间与资本的关系讨论，由于过度诠释列斐伏尔与马克思的空间思想的同质性，而在一定程度上遮蔽了两者之间的异质性。要重读和诠释列斐伏尔与马克思的空间思想之间的异质性，需要从两人空间思想的生成逻辑、思想脉络以及理论图景，并对经典文本的相关论题叙述加以挖掘、梳理与澄明。只有通过对经典论域加以深度梳理，结合当代国内外学界对相关论域的理论主张与思想成果，才能创造性地将马克思的空间思想加以现代转换，并将马克思主义空间理论与当代中国特色社会主义实践和中国马克思主义哲学发展相嫁接。

　　* 本文系国家社科基金一般项目"马克思主义社会空间理论的范畴与逻辑研究"（项目号：20BZX007）和广东省哲学社科规划学科共建项目"马克思人类解放理论及其当代价值研究"（项目号：GD18XZX02）的阶段性成果。本文载于《教学与研究》2022-11-15。
　　** 黎庶乐，广州大学特聘广州学者教授，博士生导师。广州市高层次人才，兼任中国辩证唯物主义研究会价值论研究专业委员会第四届理事会理事，广东省习近平新时代中国特色社会主义思想研究中心广州大学基地特聘研究员，广州市哲学学会秘书长。

一、空间与资本：列斐伏尔与马克思的空间思想的生成逻辑

马克思的空间思想何以确认？事实上，马克思的思想体系中并未出现或使用专门的空间概念或范畴。从当下的学术视角来看，马克思的空间思想很大程度上是以隐喻的方式贯穿其中。从《1844 年经济学哲学手稿》到《资本论》，他通过科学地揭示资本的本质，形成其空间思想的基本脉络。这其中蕴藏了丰富而厚实的现代空间思想资源。探究马克思思想的形成与发展轨迹，不难发现，列斐伏尔与马克思的空间思想之间存在着诸多联系。实际上，列斐伏尔早期日常生活批判体现的是资本主义所创造的符号和消费意象对空间的渗透和影响，这仍处于马克思的空间思想逻辑之中。然而，直到提出空间生产的理论时，列斐伏尔就已经明确表示在现代社会中，资本不再是通过将自身逻辑渗透到空间，而是通过再生产出自身存在的抽象空间来实现积累的目的。正是此时，列斐伏尔的空间生产理论才开始呈现出其独特的理论内涵。可见，在两人空间思想的生成逻辑之中，空间与资本的关系是贯穿其始终的思想主线。

（一）逻辑起点：资本对空间的统治何以可能

马克思的《1844 年经济学哲学手稿》开始从国民经济学的事实出发批判资本主义社会。他着重分析资本主义制度与封建主义制度是如何发生断裂与彻底重构的，这恰恰是其空间思想生成的起点。因为现代土地所有制与旧式的地主所有制是两种完全不同的逻辑，资本主义制度依靠资本解构了土地的固定性，动产显示了工业的奇迹，最终建立起资本主义的社会关系。从此，资本不仅对劳动及其产品，而且对土地取得了普遍的统治地位。"最终的结果是资本家和土地所有者之间的差别消失，以致在居民中大体上只剩下两个阶级：工人阶级和资本家阶级。地产买卖，地产转化为商品，意味着旧贵族的彻底没落和金钱贵族的最后形成。"① 这标志着马克思初步提出了资本对空间统治何以可能的问题。

---

① 《马克思恩格斯文集》第 1 卷，人民出版社 2009 年版，第 150 页。

列斐伏尔的空间思想从日常生活批判中内生出来，最直接的是要揭示现代资本主义控制日常生活的方式。在《日常生活批判》第二卷里，空间尚未作为现代资本主义幸存的决定性范畴，还只是作为日常生活的场域和资本主义实现对日常生活控制的中介，即通过渗入空间的符号与意象来构造日常生活。然而，资本主义对日常生活的渗透依赖于现代社会的空间状况，这种状况在《日常生活批判》第二卷当中仅以"再隐私化"的模糊表述加以呈现，从而建构起现代资本主义的特殊异化机制。据此可论，对这种空间状况何以形成的问题将导向空间生产理论的追问，进而资本对日常生活的统治何以可能的问题也将转变为资本对空间的统治何以可能的问题。

（二）逻辑展开：城市化与普遍城市化

最初的城市化进程反映了城市与农村的空间关系。资本逻辑主导下城市发展与规划剥夺了人的生存空间及其权利，造成人的生存空间的错位。马克思虽然没有把城市化当作一个单独的问题，但始终将城乡二分问题看作资本逻辑发展的必然现象，因此解决城乡问题关键在于解决资本问题。在他看来，现代大工业城市是以农业和工业分离、劳动力和土地分离以及由此带来的城乡分离为前提条件的，城市成为资本主义生产关系的重要载体。在早期城市化阶段，资本主义生产依靠资本对人的生存空间的挤压来获得最大限度的社会必要劳动时间，从而确保剩余价值的创造。正因如此，恩格斯尤其关注城市规划不合理、住房拥挤、污染排放、环境恶化和疾病高发等城市化问题。[①] 因此，"城市和乡村的分离还可以看做是资本和地产的分离，看做是资本不依赖于地产而存在和发展的开始，也就是仅仅以劳动和交换为基础的所有制的开始"[②]。

从列斐伏尔的文本群可以看到，他对城市问题的研究正好处于日常生活批判与空间生产理论建构之间。尤其是 20 世纪以来西方资本主义国家的普遍城市化进程，恰恰是列斐伏尔研究城市与资本关系的历史背景。"城市危机是发达资本主义最核心、最根本的危机，因为对空间使用的争夺和日常生活的控

---

① ［德］恩格斯：《英国工人阶级状况》，人民出版社 1956 年版，第 58-115 页。
② 《马克思恩格斯文集》第 1 卷，人民出版社 2009 年版，第 557 页。

制是资本与社会需求之间冲突的核心。"① 列斐伏尔有意识地与马克思恩格斯所处的工业化阶段区分开来，并批判性地指出现代资本主义空间生产通过世界范围的银行网络，已经实现剩余价值的去领土化，从而完全消解了城乡二分的问题。因而 20 世纪以来的城市化问题，其实是世界普遍城市化导致区域发展不平衡的问题，这标志着现代资本主义已经从工业社会向都市社会转变②。因此，城市问题的解决是通过都市化的想象与实践方式从资本主义之外寻求差异空间。列斐伏尔围绕日常生活批判推进从城市到都市的研究，揭示了差异空间正是打破现代资本主义空间生产同质化的关键。

（三）逻辑指向：基于资本逻辑的空间隐喻与空间生产

马克思在《资本论》中已经基于资本逻辑展开了关于资本空间化与空间资本化的讨论，并初步完成了其空间思想的建构。近年来，国内学界对马克思关于空间与资本的内在关系的研究，主要成就体现在马克思的资本空间化与空间的资本化及其相互转化的论断上③。这一论断基于资本的内在属性，即资本本身具有的物质属性与关系属性。它体现在三个方面：一是资本空间化，二是空间资本化，三是二者之间的相互转化。从此，一种基于资本逻辑的空间隐喻得以建构。

从《空间的生产》一书看来，列斐伏尔从空间中物的生产到空间本身的生产，强调的是空间与资本的关系从马克思那时的相互萦绕到一体化。"空间整体的生产，正如与生产力水平相一致那样，具有某种合理性。因此，问题不再是孤立地引进形式、功能与结构，而是通过将形式、功能和结构按照某种一体化概念而融为一体，从而掌控整个空间。"④ 依据这一论断，空间的生产显然并非仅仅基于资本逻辑而生成的，而是一种资本逻辑与空间逻辑相耦合的整体性逻辑，同时这种空间生产的整体性逻辑反过来又重构了现代资本

① 桑德斯：《社会理论与城市问题》，郭秋来译，江苏凤凰教育出版社 2018 年版，第 143 页。

② 参见刘怀玉、鲁宝：《历史唯物主义视野中的城市哲学总问题——列斐伏尔的〈马克思主义思想与城市〉解析》，《南京大学学报（哲学·人文科学·社会科学）》2020 年第 3 期。

③ 参见张梧：《资本空间化与空间资本化》，《中国人民大学学报》2017 年第 1 期；庄友刚、仇善章：《资本空间化与空间资本化：关于空间生产的现代性和后现代话语》，《山东社会科学》2013 年第 2 期。

④ Henri Lefebvre, The Production of Space, Blackwell Pnblishers Ltd, 1991, pp. 24—105；［法］亨利·列斐伏尔：《空间的生产》，刘怀玉等译，商务印书馆 2021 年版，第 182 页，译文有改动。

主义空间。由此可见，马克思的资本空间化与空间资本化思想正是列斐伏尔空间生产理论的重要来源，而空间生产理论则是在马克思资本空间化与空间资本化思想的基础上将空间与资本的关系研究推向一个新高度。

二、列斐伏尔与马克思的空间思想同质性与异质性的评判依据

如果说列斐伏尔与马克思的空间思想的生成逻辑是讨论同质性与异质性的前提的话，那么要界定两者的同质性与异质性就必须确立一定的评判依据。

（一）空间生产理论的逻辑前提

马克思对资本主义社会的批判在于，一方面从唯物史观揭破资本主义社会不过是人类社会历史发展进程中的一个阶段，从而论证其终将被更替；另一方面从政治经济学揭示资本主义社会中资产阶级对无产阶级剩余价值的剥削本质，从而论证其终将灭亡。对此，列斐伏尔深以为然。因而他在阐述其空间生产理论的内涵之前，对空间生产的历史做了与马克思相同的工作。首先，列斐伏尔从横向上指出了"每一种生产方式都有其独特的空间，所以，从一种方式转变为另一种方式就必然要求有一种新的空间生产"[1]。一定社会的生产方式决定着这个社会的空间构型，这为空间生产理论确立了唯物史观的基础。其次，他从纵向上强调了"资本主义的生产空间本身是由世界市场的压力和资本主义生产关系引起的"[2]，因而构想一种"空间的政治经济学"是可能的。他进而强调必须回到马克思的政治经济学中，并"通过向它提供一个新对象——空间的生产——而将它从往日破产的局面中挽救出来"[3]。在这里，列斐伏尔指出，政治经济学批判的复兴将证明空间的政治经济如何与空间的自我表象相一致，进而说明这种空间的自我表象就是现代资本主义最终设立的全球媒介。他认为正是通过空间这一媒介，现代资本主义社会再生

① Henri Lefebvre, The Production of Space, Blackwell Publishers Ltd, 1991, p. 46；［法］亨利·列斐伏尔：《空间的生产》，刘怀玉等译，商务印书馆2021年版，第71页。

② Henri Lefebvre, The Production of Space, Blackwell Publishers Ltd, 1991, p. 62；［法］亨利·列斐伏尔：《空间的生产》，刘怀玉等译，商务印书馆2021年版，第94页，译文有改动。

③ Henri Lefebvre, The Production of Space, Blackwell Publishers Ltd, 1991, p. 104；［法］亨利·列斐伏尔：《空间的生产》，刘怀玉等译，商务印书馆2021年版，第153页。

产了它自身。空间秩序实际上起着连接控制资本主义内在矛盾的重要作用，关系到统治阶级的根本利益。

由此可论，空间生产理论的逻辑前提是列斐伏尔与马克思的空间思想同质性研究的依据。列斐伏尔先从唯物史观确立了空间生产的理论基础，后从政治经济学明确了空间生产作为资本主义发展的重要节点。在他看来，空间生产的历史是从绝对空间到抽象空间的过程，其空间转变的关键在于资本积累空间的形成。然而，从上述的论述中可见，列斐伏尔一直强调空间生产是一个新对象，正是因为通过它，现代资本主义社会才再生产了自身。反过来说，空间生产并未出现在原来的资本主义和政治经济学之中，马克思又是如何从空间与资本的关系批判资本主义抽象空间的呢？在马克思那里，资本主义抽象空间围绕资本内在属性形成了资本空间化与空间资本化及其相互转化。资本空间化使得资本主义不仅实现地理意义上的扩张，还促使资本内在矛盾关系的扩张，最终使得空间依附于资本；空间资本化则通过对固定资本与固定资本的所有权的区分实现不动产的流动，进而致使空间的自然属性与社会属性的权属相分离，从而解构了空间的自然属性，最终使得空间对于人的需要服从于资本增殖的需要。由此可见，马克思在讨论空间与资本关系时已经初步分析了资本空间化与空间资本化之间的联系与区别。这恰好说明马克思基于资本逻辑开发了对空间的思考。当然，此时马克思只是基于资本逻辑而形成了空间隐喻。这样看来，仅仅分析列斐伏尔空间生产理论的逻辑前提只能把握住两人空间思想的同质性方面，还不足以解释空间本身的生产，以及在何种程度上将空间生产与马克思的资本空间化和空间资本化区分开来。这一点只能从空间生产理论的特定内涵中求得答案。

（二）空间生产理论的特定内涵

在列斐伏尔看来，现代资本主义已经完全异质于马克思所批判的资本主义，其产生是同都市化的现实和总体规划的都市主义密切相关的，由老一代（资本主义）向新一代（现代资本主义）的转变反映的是抽象空间借助都市规划的方式形成对日常生活的压迫性统治，并且这一实现方式的实质正是对空间本身的生产。

将空间生产理论的逻辑前提与特定内涵区分开来，是列斐伏尔与马克思的空间思想同质性与异质性研究的分界线。从这个意义上说，空间生产理论的特定内涵蕴含了现代资本主义发展的所有奥秘。首先，空间本身的生产已经取代了空间中物的生产成为主导的社会生产方式。空间的生产"并不是资本主义社会发展到一定阶段的一定的次生的具体特征与景观，而是作为资本主义生产力、生产关系与基础、上层建筑各个部分的基本存在基础"①。因而现代资本主义所有的社会矛盾都呈现为空间的矛盾。其次，空间生产强调再生产在现代资本主义社会的决定意义。它表现为三重关系：即生命的再生产（家庭的再生产）、劳动力的再生产（工人阶级的再生产）和生产的社会关系的再生产（构成资本主义的社会关系的再生产）。随着现代资本主义生产的推进，它越发依赖于空间生产的再生产能力来构建起服从资产阶级利益的空间秩序，并最终直接关系到资本主义的内在矛盾是否受控制。这是空间生产自觉意识的重要体现。再次，空间的生产已经使得现代资本主义的统治方式发生了彻底的改变。现代资本主义通过策略性的城市建设改造社会空间，城市建设（土地和城市建成环境）通过金融投资使得空间被商品化与动产化，从而变成最具流动性的财富。这是资本主义解决普通商品生产的平均利润率下降的惯用伎俩。在更深的层面上，抽象空间形成统治是空间生产的实现逻辑。现代资本主义的抽象空间通过不断地重建种种社会关系进而约束着其他商品的物质存在以及社会关系。从此以后，"城市规划、城市主义不过成为了当代资本主义国家为了操纵碎片化的城市现实和控制空间生产的战略工具"②。最后，空间生产理论所导向的政治和阶级斗争也是完全不同，人类解放在现代资本主义空间生产的语境下表现为空间的解放。列斐伏尔指认现代资本主义的社会空间已经被商业化形象、符号与产品所建构，这是比马克思所指认的拜物教更加深刻的异化形式。空间解放的斗争对象正是现代资本主义的抽象空间统治，而问题的关键在于是否能从都市社会中提炼出一种新的辩证认识形式，即提出了都市革命所预示的新的未来激进政治可能性。这必须通过解构现代资本主义的抽象空间霸权，从而恢复日常生活的空间维度，最终以差异化的空间实践对抗同质化的总体规划，以差异空间作为取代抽象空间统治的空间秩序。

---

①　[法] 亨利·列斐伏尔：《都市革命》，刘怀玉等译，首都师范大学出版社 2018 年版，序言第 20 页。

②　Micheal Snrith, Cities in Transformation, Beverly Hills, Sage Publications Inc., 1984, p. 204.

据上所述，空间的生产实质上具有了超越马克思资本空间化与空间资本化的问题与框架①。值得注意的是，目前国内学界对于空间资本化的讨论，往往通过引入列斐伏尔和哈维等人的思想作为佐证。从表面上看，这种论证方式使得马克思的空间思想在一个更广的视域下展开，从而为马克思空间思想与后来的空间理论的逻辑一致性提供了基础；然而，也正是这种论证方式造成了学界对马克思空间思想与后来的空间理论之间的异质性研究的模糊与滞后。

三、列斐伏尔与马克思的空间思想的异质性分析

此前研究的误区在于仅仅关注了列斐伏尔空间生产理论的逻辑前提与马克思空间思想的一致性，就直接将空间生产等同于空间资本化②，从而忽略了其理论所具有的特定内涵。在列斐伏尔看来，空间生产的整体性逻辑已经取代了资本逻辑，成为现代资本主义幸存的根本原因。正是基于空间生产理论的特定内涵的分析，列斐伏尔与马克思的空间思想至少在空间的话语形态、建构形式和权力架构三个方面存在着比较明显的异质性。基于此，一种不同于同质性研究的异质性空间话语可以由此展开。

（一）空间话语形态的异质性

显然，基于不同的时代条件，即便面对同一论域，列斐伏尔与马克思对问题的分析框架存在许多内在差异，这导致两人的空间话语形态有着明显的异质性。马克思认为，资本缔造了万物皆可商品化的神话，由此彻底打破了资本主义以前的所有空间形式。从土地和劳动的分离到土地变成地产，这为空间的流动性提供了基础。由此，活化空间一度成为资本全球奔跑的重要手段，从此"一切坚固的东西都烟消云散了"。同时，它在深层次上重新固化空

---

① 有观点认为，"列斐伏尔的工作和马克思的工作表现出一个很深刻的差异，前者重视都市化和空间政治经济学，而不是马克思所说的工业化的、资本主义工业的经济学"。参见强乃社：《论都市社会》，首都师范大学出版社 2016 年版，第 40 页。
② 有观点认为，"空间生产是空间资本化发展的必然结果"，参见任政：《空间正义论——正义的重构与空间生产的批判》，上海社会科学院出版社 2019 年版，第 72 页。

间，一方面通过资本空间化极大地拓展了资本主义生产关系，使得非资本主义卷入资本主义的漩涡；另一方面通过空间资本化消解空间的自然属性，致使空间对于人的需要屈从于资本增值的需要。从固化空间—活化空间—再固化空间的转变中，空间作为资本力量的印证，使得马克思深感资本的力量，认识到唯有从本质上解构资本，才能够让无产阶级成为资产阶级真正的掘墓人。而在列斐伏尔看来，不是从资本统治空间中印证资本的力量，而是空间本身就成为资本实现统治的工具，由此建构起整体性的空间话语。在他看来，马克思的思想中已经潜藏着空间话语，但是这些话语是零散的、仅仅属于某一层面的。更重要的是，马克思的政治经济学批判有着转向空间研究的潜能，且随着资本主义的发展，这一潜能逐渐成为一种必要性。列斐伏尔通过引入空间这一新对象，采用马克思政治经济学的批判方法，在历史的深处找到了社会空间这一具体的抽象物。其最终结果是"从这样构想的历史出发，历史唯物主义将得到极大的扩展和证实，它将经受一场严肃的转变"①。在这里，他实际上是将马克思零散的、隐喻式的空间话语，还原为对社会关系的把握，并重新进行整体性的建构。这种建构赋予了社会关系以一种空间的存在，即"生产的社会关系把自身投射到某个控件上，当它们在生产这个空间的同时，也把自身铭刻于其中"②。

（二）空间建构形式的异质性

马克思的空间思想初步提出了资本主义空间建构的核心问题，列斐伏尔的空间生产理论则拓展了空间的内涵，并在异质性层面上推进了对资本主义空间建构形式的探索。在马克思看来，资本主义的空间建构奠基于现代土地所有制。土地的全部价值是由其社会架构和生产关系控制的劳动能力所产生的所有制度关系来决定的。最初马克思通过剖析资本主义经济制度、批判资产阶级经济学的"三位一体"公式，即"资本—利润、土地—地租、劳动—工资"，揭示了土地本身能产出价值不过是资本主义生产的一种幻觉：土地价值是资本主义生产的一种特殊关系。一旦土地被当作商品出售，进而作为生

---

① Henri Lefebvre, The Production of Space, Blackwell Publishers Ltd, 1991, p. 128；［法］亨利·列斐伏尔：《空间的生产》，刘怀玉等译，商务印书馆 2021 年版，第 187 页。
② Henri Lefebvre, The Production of Space, Blackwell Publishers Ltd, 1991, p. 128；［法］亨利·列斐伏尔：《空间的生产》，刘怀玉等译，商务印书馆 2021 年版，第 189 页。

产要素的一部分投入到生产之后，土地的价值形式就被剥离了一切具体属性而仅仅留下了作为生产要素的抽象属性。在这里，资本主义空间建构不过是满足资本主义生产循环而已。

然而，在《资本论》和《哥达纲领批判》中，马克思反复提及"三位一体"公式，其最重要的原因则在于，此时他已经改变了对土地概念的理解。"马克思把自然力作为生产力的构成要素，并把自然资源纳入'土地'概念中。"① 土地及其所有权问题再次出现，说明马克思注意到土地对于资本主义空间建构的重要性已经从一般性的物质载体上升到控制空间能力的政治战略高度。

列斐伏尔敏锐地捕捉到马克思这一转变，并指出"三位一体"公式的意义绝不只局限于揭露地租和利润的秘密上；它被重新解释并更强调土地的重要性，以一种辩证运动的方式揭示了空间生产语境下资本主义空间的建构形式。在列斐伏尔看来，土地不仅作为被组织到资本主义生产过程中的生产要素，还借助生产关系的再生产反过来制约着生产过程本身。由此，通过垄断权力操纵土地的开发，现代资本主义空间建构的形态已经完成，围绕城市土地再生产的城市建设成为现代资本主义城市化进程中最关注的问题之一。

列斐伏尔强调空间生产集中体现在现代资本主义控制土地形成的房地产上。在马克思那里，房地产还只是"工业和金融资本主义的从属部门和落后的分支"②，而土地价值只作为普通的资本形式而存在；到了列斐伏尔这里，房地产以一种"不平衡"的方式引领世界市场的全球化，而土地价值则成为资本积累最大化的价值形式。房地产投机不仅成为资本形成剩余价值的主要来源③，还管理和规范着空间的使用。作为空间商品，它拥有自己的市场；作为产业商品，它的生存能力是空间本身的一种功能④。空间生产甚至可以控制城市市场从而引发不平衡的发展模式，为获得更大的投资利益，要求国家干预开放土地。

---

① 卫兴华：《中国特色社会主义分配理论与实践的是是非非》，《海派经济学》2018 年第 2 期。
② Henri Lefebvre，The Prodnction of Space，Blackwell Publishers Ltd，1991，p. 335；[法] 亨利·列斐伏尔：《空间的生产》，刘怀玉等译，商务印书馆 2021 年版，第 494 页。
③ [法] 列斐伏尔：《都市革命》，刘怀玉等译，首都师范大学出版社 2018 年版，第 17 页。
④ [美] 戈特迪纳：《城市空间的社会生产》，任晖译，江苏凤凰教育出版社 2014 年版，第 185 页。

可见，列斐伏尔和马克思的空间在建构形式上存在着明显的异质性，这标志着空间的生产已经取代了物的生产，同时反映了空间在两人思想中有着不同层面的重要性。

（三）空间权力架构的异质

从马克思的空间思想隐喻到列斐伏尔空间生产的自觉，空间已经转变为现代资本主义国家首要的政治工具。从权力框架意义上说，现代资本主义表现出主动建构空间的积极性。

在马克思空间思想中，自由资本主义空间权力架构是以资本逻辑为轴心，首先通过分工限制并固化了个人的生存空间；在资本空间化与空间资本化的双向运动中资本实现对个人空间的挤压与掠夺，从而使得个人空间的占有和分配屈从于资本空间；资产阶级利用空间占有和分配的不平等，从而占有他人劳动来积累与增殖资本，最终形成适应于自由资本主义的空间统治。[①]由此，依据马克思的革命理论，要打破资本主义空间的权力构架，必须通过暴力革命来实现空间重构。

然而，在列斐伏尔看来，现代资本主义空间的权力架构却是具有完整的系统。第一，空间组织是权力架构的基础。现代资本主义社会通过将抽象空间同质化、碎片化、层级化来实现空间组织管理与控制，进而使得日常生活也被特殊化了（抽象空间驱逐日常生活）。"权力渴望从整体上控制空间，所以它将空间维持在一个'支离破碎的统一体'中，它既是碎片化的又是同质化的，权力对空间分而治之。"[②]第二，空间设计是现代资本主义控制日常生活的政治工具，国家用它来更进一步获得管理方面的利益。现代资本主义通过像城市规划这类知识性的实践和官僚政治的实践，从而创造了一种"抽象空间"。空间设计一方面将空间的使用与日常生活的控制统一起来，使得日常生活更依赖于资本主义组织；另一方面为社会控制联盟的权力架构提供支撑，以便进一步反对日常生活中工人阶级对空间的使用。第三，国家干预是权力架构的顶层设计。空间的破坏源于不可剥夺的人类生存的需要，它通过抽象

---

① 黎庶乐：《唯物史观空间话语的当代转换》，《世界哲学》2019年第4期。
② Henri Lefebvre, The Prodnction of Space, Blackwell Publishers Ltd, 1991, p. 388；［法］亨利·列斐伏尔：《空间的生产》，刘怀玉等译，商务印书馆2021年版，第571页。

空间的主导来实现，并通过意识形态规划来掩盖国家干预。列斐伏尔指认，国家干预空间存在着这样的矛盾：一方面，现代资本主义通过空间生产建构起抽象的社会空间来隐藏日常生活；另一方面，现代资本主义企图通过国家干预来掩盖人们日常生活的同时，也会破坏到其社会空间的建构，反而使得日常生活暴露出来，从而更彻底地暴露出其社会空间的抽象性。

四、结语

当代空间问题已经成为国内外学术界讨论的热点论题之一。时间与空间作为唯物辩证法的基本范畴之一，是人类的根本存在方式。从马克思零散的空间隐喻到列斐伏尔空间生产的整体性逻辑，反映了资本主义空间建构从不自觉到自觉的转变。列斐伏尔的异质性话语，不仅推进了现代资本主义空间生产的深层次批判，而且指明了社会主义差异空间和社会主义革命的可能性方向。然而，他在《空间的生产》前言中思考社会主义可曾创造过自己的空间时，却表示社会主义生产方式迄今为止尚没有自己的具体形式①。列斐伏尔这样回答的原因在于，具有决定性意义的总问题式已经由工业化转向都市化，未来的空间形态必定建立在都市社会的基础之上，而目前的社会主义并没有遵循这个方向发展起来。尽管他提出了不少关于社会主义空间生产、社会主义差异空间的有益构想，但是却没有真正深入社会主义国家中具体分析社会主义制度、生产方式、现代化道路及空间形态建构的实际情况。以中国为例，在曾经的美苏争夺绝对空间背景下，中国式的现代化道路从一开始就关注自身社会矛盾的发展，由此所采取的空间战略是在绝对空间中开辟出自身发展的相对空间。它奠基于对空间的差异性形态的认识，超越日益绝对化的意识形态偏见，从而将发展关注点转移到社会主义的价值追求上来。

改革开放 40 多年来，中国在城镇化进程中，由于引入资本市场出现了资本过度积累，过度城市化和土地投机等问题，这恰恰反映了社会主义制度与基于资本逻辑而形成的市场之间的角力。社会主义制度的优越性正是在空间

---

① 参见［法］亨利·列斐伏尔：《空间的生产》，刘怀玉等译，商务印书馆 2021 年版，前言第 28 页。

生产中始终坚持以人民为导向，积极引导资本市场的发展方向，以满足于人民对美好生活的向往。中国特色社会主义空间生产从无到有、从被动应对到主动发展，"不同的空间实践形式正是不同的现代化方案的显著标志"①。

---

① 武廷海、张能、徐斌：《空间共享——新马克思主义中国城镇化》，商务印书馆 2014 年版，第 134 页。

工具理性对人文精神的僭越

——从《启蒙辩证法》看"学术资本主义"*

李丽丽**

20 世纪 40 年代，霍克海默和阿多诺在《启蒙辩证法》中探讨了"文化进步走向其对立面的各种趋势"，他们指出，文化进步之所以走向对立面是因为启蒙的倒退，是因为理性变为工具理性。他们认为，文化进步是为了破除迷信和神话，但是启蒙对工具理性的过度重视，工具理性对人文精神的僭越，反而造成了文化进步走向其对立面，使启蒙倒退成了"事实神话"，这就是"启蒙悖论"。希拉·斯劳特和拉里·莱斯利在《学术资本主义》一书中提出并定义了"学术资本主义"，揭示了 20 世纪末"学术资本主义"对知识分子和高等教育带来的冲击。他们认为，所谓"学术资本主义"，是指"院校及其教师为确保外部资金的市场活动或具有市场特点的活动"。① 他们也把"学术资本主义"理解为：在"公立研究型大学"中，"利益动机向学术界的侵入"②。"学术资本主义"是由现代启蒙运动所催生的一种文化现象，其具有一体两面性，即学术性和市场性，而资本逻辑所代表的工具理性对学术价值理性的浸染，同样体现了工具理性与人文精神之间的紧张关系。《启蒙辩证法》对于理解"学术资本主义"的"悖反性"具有重要的启示意义。

---

　* 本文系广东省哲学社会科学"十二五"规划 2015 年度学科共建项目"高校中的价值虚无主义研究——基于'学术资本主义'的思考"（项目号：GD15XZX04）的阶段性成果。本文载于《教学与研究》2020-06-15。

　** 李丽丽，哲学博士，广州大学马克思主义学院副教授、硕士生导师，主要从事马克思主义哲学研究。

　① ［美］希拉·斯劳特、莱斯利：《学术资本主义：政治、政策和创业型大学》，梁骁、黎丽译，北京大学出版社 2008 年版，第 8 页。

　② ［美］希拉·斯劳特、莱斯利：《学术资本主义：政治、政策和创业型大学》，梁骁、黎丽译，北京大学出版社 2008 年版，第 8 页。

一、工具理性与"启蒙悖论"

霍克海默和阿多诺在《启蒙辩证法》的前言中指出："本书所探讨的是这样一个主题，即文化进步走向其对立面的各种趋势。"① 这种趋势源自启蒙的倒退或自我毁灭。启蒙是为了摆脱神话，但启蒙在驱除神话鬼魅的同时，却重现了鬼魅在古代世界的种种特征，启蒙倒退成神话，这就是"启蒙悖论"。具体说来，启蒙运动本是"人类脱离自己所加之于自己的不成熟状态"②，但是"启蒙根本就不顾及自身，它抹除了其自我意识的一切痕迹。"③ 在霍克海默、阿多诺看来，自希腊神话以来的整部人类史就是启蒙的历史，启蒙精神可以一直追溯到希腊神话，因为神话中人与神的斗争已经处处体现了理性的法则。此后，以柏拉图为代表的古希腊哲学家关于世界本体的讨论，都体现了启蒙要求摧毁神话，建立"抽象同一性"的要求。这样一来，"启蒙运动从柏拉图和亚里士多德形而上学的遗产中发现了某种古老的力量，并且对普遍的真理要求顶礼膜拜。"④ 这种普遍的真理要求就是启蒙的"抽象同一性"。

启蒙精神坚持抽象同一性，坚信理性至上，其实质就是人的理性化和数字化的进程，也就是人走向科学主义的过程。对启蒙运动而言，凡是"不能被还原为数字的"，不符合计算与实用规则的，都是幻象，这就是工具理性。工具理性的特点是遵循形式逻辑，主张实用主义，追求普遍性、可计算性和可交换性。在资本主义社会，工具理性在文化或艺术领域的表现就是把思想也变成商品，变成可以用来交换的物。在现代文明的发展过程中，虽然人的物质生活水平提高了，但精神却日益匮乏，"这一点明显表现为精神不断媚俗化"⑤。等价交换原则进一步助长了早已蕴含在启蒙中的知识的技术化、思想

---

① ［德］霍克海默、阿多诺：《启蒙辩证法：哲学分析》，渠敬东、曹卫东译，上海人民出版社2006年版，前言第1页。

② ［德］康德：《历史理性批判文集》，何兆武译，商务印书馆1990年版，第23页。

③ ［德］霍克海默、阿多诺：《启蒙辩证法》，渠敬东、曹卫东译，上海人民出版社2006年版，第2页。

④ ［德］霍克海默、阿多诺：《启蒙辩证法》，渠敬东、曹卫东译，上海人民出版社2006年版，第3-4页。

⑤ ［德］霍克海默、阿多诺：《启蒙辩证法》，渠敬东、曹卫东译，上海人民出版社2006年版，前言第4页。

的同质化和文化的商品化，使文化日益向其对立面转化，具体表现为工具理性与自由个性、批判精神和公共意识等人文精神形成鲜明的"悖论"。

1. 工具理性与自由个性

在启蒙的发展过程中，现代科学对于发展工具理性发挥了重要作用，"在通往现代科学的道路上，人们放弃了任何对意义的探求"，"知识并不满足于向人们展示真理"①，而是只重视实效性，技术成为知识的核心。在这一过程中，科学文化或知识便转变成了工具。知识的技术化使得事物的再现和标准化生产成为可能。思想文化接受工业化生产的标准化和大众化，所造成的结果就是自由个性不断丧失。"凭借大生产及其文化的无穷动力，个体的常规行为方式表现为唯一自然、体面和合理的行为方式"②。在知识的技术化过程中，个性、特殊性与共性、普遍性的紧张状态被不断消解，消解的过程不是二者达成和解，而是个性、特殊性逐渐被共性、普遍性所代替。技术化和工业化所追求的是标准化和大众化，而自由个性所追求的是标新立异和不可复制，二者迥然不同的特质注定了它们必定是此消彼长的关系。

2. 工具理性与批判精神

工具理性的出现，商品经济的发展，照亮了曾经昏暗的神话世界，让人们从神话的魔力中逃脱出来，但也在光亮中埋下了野蛮的种子，这种野蛮性用"抽象同一性"和"合理化"铲平一切异质性。工业社会的标准化模式，工具理性所要求的数字化、标准化和机械化，在人的心灵和精神领域也会留下印记，那就是把思想变成某种整齐划一的东西，既遵从政治秩序，也服从经济规则。所以，霍克海默和阿多诺说："思想是作为批判手段出现的。在神话学通往逻辑主义的道路上，思想丧失了自我反思的要素。"③ 因为工具理性必须要消解反思和批判，不然反思和批判就会瓦解工具理性自身的结构。工具理性统治下的思想文化具有数学公式般的僵化和模式化样态。然而思想文化本应具有反思性和批判性，思想文化不是顺从和媚俗，不应该只是一味地歌颂和肯定，对麻木不仁采取屈从和无所谓的态度，这与思想的本性不符，

① ［德］霍克海默、阿多诺：《启蒙辩证法》，渠敬东、曹卫东译，上海人民出版社2006年版，第2-3页。

② ［德］霍克海默、阿多诺：《启蒙辩证法》，渠敬东、曹卫东译，上海人民出版社2006年版，第22页。

③ ［德］霍克海默、阿多诺：《启蒙辩证法》，渠敬东、曹卫东译，上海人民出版社2006年版，第30页。

与精神的特质不相称。思想文化应该时刻对现实有敏锐的观察、及时的反思和有力的批判，唯有此，才能始终保持自身的进步性和先进性。

3. 工具理性与公共意识

"新奇的东西本不是商品，然而今天它已经彻头彻尾地变成商品"①，文化成为一种商品类型。文化的商品化意味着文化必须遵循市场经济的资本法则，与公益性相比，文化成了可以盈利的商品。比如出版权，"对市场本身而言，那些有一定的质量却没有什么用处的东西，转化成了购买力……某些受人尊敬的文学和音乐出版社就能够为作者提供帮助"②。市场经济的等价交换原则从身体和灵魂上对文化主体和文化产品进行限制，使其按照资本逻辑的原则进行运转，就连文化的公益性都必须以营利性为前提，因为赞助商出钱进行赞助，是公益性活动的前提。比如，电台所播放的交响乐，正是由于"厂商的赞助，电台才能播送这种节目"③，而厂商之所以赞助这类节目，也是由于提高利润的需要。工具理性使公共性、公益性成为营利性的附属品。启蒙的工具理性原则，在资本主义社会主要表现为等价交换原则，因为"市民社会是由等价原则支配的"④。等价交换原则是最高位阶的工具理性，因为资产阶级等价交换原则的抽象性和可计算性，最终使"资产阶级的正义和商品交换"得以成立。在资本主义社会，"有用的观念可以用来衡量一切……它只有通过交换才能获得价值。"⑤ 有用与有价值等同的后果就是"等价物本身变成了偶像"，资本逻辑高于一切。霍克海默和阿多诺认为，"一旦精神变成了文化财富，被用于消费，精神就必定会走向消亡。"⑥ 这就是文化向对立面转化的"启蒙悖论"。这里需要注意的是，霍克海默和阿多诺将文化走向其对立面的最终根源归结为理性自身的发展逻辑，而把等价交换原则仅视为自希

---

① ［德］霍克海默、阿多诺：《启蒙辩证法》，渠敬东、曹卫东译，上海人民出版社 2006 年版，第 142 页。

② ［德］霍克海默、阿多诺：《启蒙辩证法》，渠敬东、曹卫东译，上海人民出版社 2006 年版，第 119 页。

③ ［德］霍克海默、阿多诺：《启蒙辩证法》，渠敬东、曹卫东译，上海人民出版社 2006 年版，第 144 页。

④ ［德］霍克海默、阿多诺：《启蒙辩证法》，渠敬东、曹卫东译，上海人民出版社 2006 年版，第 5 页。

⑤ ［德］霍克海默、阿多诺：《启蒙辩证法》，渠敬东、曹卫东译，上海人民出版社 2006 年版，第 143 页。

⑥ ［德］霍克海默、阿多诺：《启蒙辩证法》，渠敬东、曹卫东译，上海人民出版社 2006 年版，前言第 4 页。

腊神话以来启蒙工具理性自身发展的结果，忽略了资本、市场等社会因素对文化发展的决定意义。这是《启蒙辩证法》在分析文化现象时的抽象性所在。

"学术资本主义"是一种文化现象，《启蒙辩证法》关于工具理性与"启蒙悖论"的探讨，为理解"学术资本主义"提供了一个新的视角。首先，"学术资本主义"及其"悖论"同样是现代启蒙运动所促成的一种文化现象，是启蒙运动发展的结果；其次，"学术资本主义"中工具理性和学术价值理性之间的紧张关系与《启蒙辩证法》关于工具理性和人文精神之间的"悖论"有相似性；最后，《启蒙辩证法》所描述的工具理性对价值理性的侵蚀，警示我们需要特别注意"学术资本主义"所导致的学术价值领域的精神危机。

二、"学术资本主义"及其悖论

大学最早可以追溯到古希腊的"学园"，但"学园"与现代大学相差甚远。欧洲中世纪的大学，如意大利的博罗尼亚大学和巴黎大学，为现代大学的建立奠定了基础，但其宗旨与现代大学仍有差别，其以人才培养为主。19世纪初，现代启蒙运动以后，德国洪堡所创办的柏林大学是现代大学的开端。洪堡主张"学术自由""教学与科研相统一"的大学精神和大学理念，将科学研究作为大学的职能之一，这与传统大学专注于人才培养是不同的。19世纪30年代，美国大学的兴起又进一步将服务社会作为大学的目的。20世纪70年代以后，全球化的浪潮将大学服务社会的理念扩展到服务全人类的发展。从现代大学的产生、发展历程来看，追求知识与真理、学术自由与自主、育人启智与服务社会兼容并蓄是现代大学的精神，这显然是现代启蒙运动的产物。

现代大学独特的精神品格、文化品格始于启蒙的现代性运动，其对真理的追求，对知识的崇拜使得大学成为现代社会中的"象牙塔"。而市场介入大学，使得"象牙塔"与实用性、效益产生了联系，这是伴随现代启蒙运动的深入发展而来的，是与服务社会、服务全人类这一实用目的和理念密不可分的，"学术资本主义"正是在这一背景下应运而生的。"学术资本主义"是现代启蒙运动发展的必然趋势，"学术资本主义"一词不具有政治含义，它是一种学术市场行为或学术市场化倾向。

第一，"学术资本主义"是由全球化和知识经济所带动的一种学术市场行为或学术市场化倾向，是伴随启蒙的现代化发展而来的。20 世纪 70 至 80 年代，以原子能、电子计算机和空间技术为标志的第三次科技革命极大地推动了启蒙运动的现代化发展。启蒙运动的现代化发展促进了跨国公司的出现，计算机技术和通信的发展，使全球贸易的格局从英美两极向多极化发展。全球化不仅改变了世界政治经济的格局，也使各国由原先的工业经济向后工业经济转变。后工业经济的特点就是加强了对科学知识和技术进步的依赖。希拉·斯劳特认为，全球化对高等教育产生了深远的影响。一方面，各国为了应对日益激烈的全球竞争减少了高等教育方面的政府支出；另一方面，"与市场，特别是国际市场紧密相关的技术科学和领域日益成为中心"[①]。全球化为"学术资本主义"的产生提供了外部条件，知识经济为"学术资本主义"的产生提供了内部条件。因此，全球化和知识经济二者的合力便产生了所谓的"学术资本主义"现象。

第二，"学术资本主义"不具有政治意涵，它反映的是现代启蒙运动过程中工具理性、市场经济模式、资本逻辑向学术领域的扩展和渗透。"资本主义"既可以指政治上的社会制度、阶级关系，也可指经济上的资源配置方式，即市场在资源配置中起主导作用的经济制度。学术带上一个资本主义的后缀，很容易让人误以为"学术资本主义"是资本主义社会特有的现象或只跟资本主义社会有关。事实上，"学术资本主义"中的"资本主义"没有政治意涵，它更多地体现为学术与市场之间的经济利益关系。只要存在市场经济、资本要素的地方，在当前知识经济的大背景下就有可能产生"学术资本主义"。因此，"学术资本主义"所反映的是现代启蒙运动所催生的学术市场关系，其政治制度、生产资料私有制、剥削等没有必然联系。

第三，"学术资本主义"具有资本逻辑与文化逻辑的双重特性，知识与市场的结合是现代启蒙运动发展的必由之路。资本逻辑以市场为导向，追求经济效益和利润增长，这是"学术资本主义"的现代性体现；文化逻辑以学术为导向，以求真、向善为旨归，这是"学术资本主义"传统人文精神的体现。"学术资本主义"一方面具有资本逻辑的特性，受商品市场和价值规律的影

---

① ［美］斯劳特、莱斯利：《学术资本主义：政治、政策和创业型大学》，梁骁、黎丽译，北京大学出版社 2008 年版，第 33 页。

响；另一方面又具有文化逻辑的特性，受学术价值理念的影响。二者之间的互动与影响构成了"学术资本主义"的双重特性，而这主要是由现代启蒙运动塑造出来的，"学术资本主义"是现代启蒙运动不可逆转的趋势。

资本逻辑、等价交换原则作为一种工具理性由于与文化逻辑天然的异质性，必然引发学术主体价值理性的内在紧张与撞击，如果其中的市场导向得不到有效规制，必然蚕食学术价值理性（这种价值理性以求真、向善、审美为宗旨），从而使本有的学术自主性、批判精神和公共意识受到干扰，面临某种意义上的"悖论"。因此，从工具理性与价值理性的角度看，"学术资本主义"也在塑造着与《启蒙辩证法》相似的"悖论"，这主要体现在：等价交换原则、资本逻辑从工具理性层面撕扯着学术主体的学术自由、批判精神和公共意识等人文精神。

1. 工具理性对学术自由的浸染

自中世纪大学产生以来，学术自由一直是学者、知识分子努力坚持的理念之一。学术自由既包括知识分子教学、科研的自由，也包括大学自治和学者治校。由于学术知识或学术研究的专业性、理论性和复杂性，"对知识进行组织或在努力扩展自己的专业知识时，个体教师依赖的主要是个人的独自工作"[①]。社会对尊重学术自由和学术委员会的权威地位达成普遍共识。然而伴随着经济全球化和知识经济的兴起，知识作为一种资本与市场发生了联系。由于知识成了一种交换价值，因此它需要满足交换另一方的需求，因为"市场对结果和客户福利同样重视"[②]。"短平快"的工具理性规则和市场法则，要求知识能够按照市场的需求进行标准化和模式化生产。这势必会降低知识分子的学术自主性，使他们的学术自主和自由意识减弱。正如霍克海默和阿多诺所说：每个人"看似自由自在，实际上却是经济和社会机制的产品"。[③]这是资本逻辑的标准化、模式化与文化逻辑的自由个性之间的悖论。

2. 工具理性对批判精神的削弱

文化逻辑应该兼具包容与批判精神，包容能够引导文化的多元化发展，

---

① ［美］盖格：《大学与市场的悖论》，郭建如、马林霞等译，北京大学出版社 2013 年版，第 2 页。

② ［美］斯劳特、莱斯利：《学术资本主义：政治、政策和创业型大学》，梁骁、黎丽译，北京大学出版社 2008 年版，第 5 页。

③ ［德］霍克海默、阿多诺：《启蒙辩证法》，渠敬东、曹卫东译，上海人民出版社 2006 年版，第 140 页。

而批判则能够促进知识的创新发展，其中批判精神主要体现在知识分子应该
对社会现实具有批判反思意识。知识分子不应该只是顺应社会，颂扬社会，
而应该对社会的真善美和假恶丑都有清晰的认识，从而对社会现实做出反思，
对社会核心价值进行引导。也就是说，知识分子"不能什么流行就迎合什
么……应不断满足社会的需求，而不是它的欲望"①。然而现代社会的逐利性
对文化逻辑的侵蚀，使得知识分子越来越受市场的牵绊和行政化的控制，这
种市场和行政的牵绊主要体现在：一方面，资本逻辑束缚了知识分子主动发
声的愿望；另一方面，伴随日益增多的学术市场化趋势，管理者"借鉴企业
和公司文化来管理高校，以企业资本投入的市场化运作作为组织行为方式，
用公司文化取代学府文化"②。这势必使知识分子受到更多行政与市场方面的
控制，削弱了他们的批判精神，使得有社会良知，有批判精神的知识分子越
来越少。精神的真正功劳应该是对物化的否定，对现实的反思，如今却表现
为"不断媚俗化"。正如霍克海默和阿多诺所言："大众的退步表现为他们毫
无能力亲耳听到那些未闻之音，毫无能力亲手触摸到那些难及之物"③。这是
资本逻辑的同质化与文化逻辑的批判反思性之间的悖论。

3. 工具理性对公共意识的挤压

首先，教师的基本职责应是"传道、授业、解惑"，教师应将培养合格的
学生作为自己的责任。然而在资本逻辑和工具理性的推动下，有些大学教师
只把自己看作普通上班族中的一员，把课时作为自己应该完成的工作量、当
作薪金报酬的体现，把学生当成自己服务的对象，而没有对其投入更多的时
间和社会责任感。学校更像一个生产的车间，流水线式地生产出毕业生这样
的产品。其实大学生作为鲜活的生命存在，教师除了应教给他们专业知识，
还要对他们给予精神上的关怀和价值观的培养，应该承担起"人类灵魂的工
程师"应尽的责任。其次，知识的有偿性亦削弱了知识分子的公共意识。随
着学术市场化和专利、版权等知识产权制度的发展，高校教师变成了双重身
份者，既是学者，也是学术资本的持有者。比如知识分子可以从专利、版权

---

① ［美］弗莱克斯纳：《现代大学论——美英德大学研究》，徐辉、陈晓菲译，浙江教育出版社
2001 年版，第 3 页。

② 李丽丽：《学术资本主义中的资本逻辑与文化逻辑》，《云南社会科学》2017 年第 6 期。

③ ［德］霍克海默、阿多诺：《启蒙辩证法》，渠敬东、曹卫东译，上海人民出版社 2006 年版，
第 29 页。

等的交易中获得经济利益。然而,"产业的文化和学术研究的文化在根本上是不同的"①。产业文化具有明显的市场导向,这种市场导向使知识的获利性增强,公共性降低。而学术研究本应以公共性和共享性为目的,是为了全人类的福祉。正如霍克海默和阿多诺所说:"在文化商品中,所谓的使用价值已经为交换价值所替代"②。这是资本逻辑的逐利性与文化逻辑的公共性之间的悖论。

《启蒙辩证法》关于工具理性和人文精神的探讨,使我们注意到启蒙运动暗含了工具理性对价值理性的侵蚀,暗含了价值虚无主义危机。价值虚无主义是近年来学界研究的热点,是指伴随神圣价值的失落、最高价值的解体而带来的价值追求的失序和混乱。"学术资本主义"境遇中的学术理性,也有可能面临与《启蒙辩证法》相似的"悖论"。这种"悖论"也可能会导致大学理念面临一定程度上的精神危机,即人文教育与价值教育在大学中的失宠、批判精神的边缘化、崇高理想、真、善、美等美好东西的丧失与坍塌。尽管这种精神危机并不一定上升到价值虚无主义的层面,但仍需引起人们的警惕。工具理性对学术自主性、批判精神和公共意识等人文精神的渗透,应引起人们高度重视,积极予以预防与克服,以确保知识分子对崇高理想、真、善、美的应有追求,因为"如果神圣被摧毁,那么我们面对的便只有跌跌撞撞的贪欲和自私"③。这有悖于文化逻辑的本性,也有悖于传统的人文精神。如何进行预防与克服?这需要多方的努力,既需要国家层面的宏观防治,也需要高校层面的中观推进,更需要知识分子微观层面自我意识和道德的提高。

三、《启蒙辩证法》视角之反思

《启蒙辩证法》有其自身特定的时代背景,《启蒙辩证法》出版于 1947 年,④ 这是一个法西斯统治余威未尽的年代,因此,极权主义、意识形态控制

---

① [美] 盖格:《大学与市场的悖论》,郭建如、马林霞等译,北京大学出版社 2013 年版,第 186 页。

② [德] 霍克海默、阿多诺:《启蒙辩证法》,渠敬东、曹卫东译,上海人民出版社 2006 年版,第 143 页。

③ [美] 贝尔:《资本主义文化矛盾》,严蓓雯译,人民出版社 2010 年版,第 186 页。

④ 事实上,霍克海默和阿多诺从 1942 年便开始撰写《启蒙辩证法》,此时还处于法西斯统治时期。

等都是此书的重要关注点。所以，从启蒙意识倒退的层面来看，《启蒙辩证法》涉及的内容较为庞杂，包括政治、经济、文化等很多方面。本文仅抓取了启蒙工具理性与自由个性、批判精神、公共意识等人文精神之间的"悖论"，以此为视角来探讨"学术资本主义"，并没有涵盖"启蒙悖论"涉及的所有方面，这是需要特别说明的。另外，尽管《启蒙辩证法》为我们理解"学术资本主义"提供了一个新的视角，但对于《启蒙辩证法》这一视角，我们仍需要保持反思的态度，这有利于我们正确认识"学术资本主义"的"悖反"性。

第一，《启蒙辩证法》对启蒙工具理性的批判是一种抽象的批判。《启蒙辩证法》也描述了商品经济法则、等价交换原则等工具理性对人文精神的侵蚀，阐释了思想商品化、精神物化、文化工业化的趋势。但《启蒙辩证法》不是将资本与市场看作资本主义社会工具理性产生的根源，而是将工具理性和"启蒙悖论"产生的根源归结为启蒙理性自身的发展。霍克海默和阿多诺将启蒙追溯到古希腊神话，他们认为，启蒙的倒退，"启蒙悖论"的产生，源自启蒙本身的"抽象同一性"原则，源自启蒙自身的"主体性原则"，这种抽象理性和观念进而影响了社会现实的发展。霍克海默和阿多诺将文化走向其对立面的最终根源归结为启蒙理性自身的发展逻辑，这是一种抽象的批判，是与马克思不同的一种抽象的社会批判。

马克思指出，资本主义社会到处都受到"资本"这种抽象物的统治。资本本来是由人创造出来的，应该受到人的控制，现在却反过来控制人，成为最高的统治物和价值，压迫人的生命价值。马克思认为，资本对人的控制通过拜物教淋漓尽致地表现出来。拜物教有三种形态：分别是商品、货币和资本，其中资本是拜物教的最高级别。以商品为内容，以货币为形式的资本拜物教吸收了商品和货币的一切拜物教性质，将人与人之间的直接关系变成了间接的物的交换关系，资本获得了独立存在，貌似"作为其本身的独立源泉"[①]，可以自行增殖。

如果说在商品拜物教和货币拜物教中，人们进行的还是为买而卖的商品交换，人和人的劳动的价值受到作为物的商品"w"或作为等价物的货币"g"的控制；那么，在最高级别的资本拜物教中，人们进行的就是为卖而买

① 《资本论》第3卷，人民出版社2004年版，第939页。

的商品交换，即"g-w-g'"。在这里，人们进行交换的唯一目的和最高目标就是获得利润，获得资本的增殖"g'"，资本获得了最高的统治。资本逻辑就是要将一切价值都置换为交换价值，将一切存在都纳入资本市场法则的统治之下，包括政治、文化等各个领域。因为对于资产阶级来说，"真正有价值的唯一活动就是挣钱、积累资本和堆积剩余价值"①。

马克思曾经提到资本与知识分子的关系，资产阶级把"学者变成了它出钱招雇的雇佣劳动者"②。资本驱散了知识分子头上的神圣光环，使人与人之间除了金钱关系，不再有其他的联系，这正是资本逻辑的等价交换原则在文化领域的体现。因此，思想商品化、精神物化、文化工业化的盛行，固然与等价交换原则、资本市场法则所代表的工具理性直接相关，但工具理性产生的根源是什么？这不能到理性本身中去寻找，而应该到社会现实中去寻找。正如马克思所说："意识一开始就是社会的产物"③。因此，社会现实、经济基础才是思想观念、文化现象和价值观变迁的根源。

第二，《启蒙辩证法》对"启蒙"的过度批判有失公允。尽管霍克海默和阿多诺并不否认启蒙所带来的自由和进步，但在"法西斯主义的严峻形势逼迫下，他们对西方启蒙的解读还是对启蒙做了过多的批判否定"④。他们认为，科学主义传统把启蒙变成了"事实神话"，变成了"彻头彻尾的欺骗"。

尽管在启蒙的过程中，科学有走向实证主义和逻辑形式主义的趋势，启蒙制造了新的宰制，引发了传统与现代、神圣与世俗、工具理性与人文精神之间的冲突，但"启蒙"和"科学"本身是否应该接受如此多的指责，承担如此多的责任？对待启蒙，我们应该客观、公正，对启蒙和科学传统的批判不能有失公允。于"学术资本主义"而言，我们也应该进行客观、公正的评判。启蒙的现代性运动促成了"学术资本主义"这一文化现象的产生。"学术资本主义"具有一体两面性，即文化导向和市场导向，而且这两种导向是异质性的，这注定了"学术资本主义"将会受到资本逻辑与文化逻辑的双重拉扯，从而引发一定程度上的精神危机。然而，对于"学术资本主义"，我们也

---

① ［美］伯曼：《一切坚固的东西都烟消云散了》，徐大建、张辑译，商务印书馆 2013 年版，第 120 页。

② 《马克思恩格斯选集》第 1 卷，人民出版社 2012 年版，第 403 页。

③ 《马克思恩格斯选集》第 1 卷，人民出版社 2012 年版，第 161 页。

④ 刘森林：《极致的启蒙还是合理的启蒙——〈启蒙辩证法〉展示的两种启蒙观》，《马克思主义与现实》2018 年第 1 期。

要正反两方面进行看待。对于其消极方面，我们要警惕和预防；对于其积极方面，我们要鼓励和支持。所以，对于文化产业与文化事业，我们要区别对待。对于文化产业，我们要有效利用，充分发挥文化产业对经济社会发展的推动作用和智力支持，更好地发挥科技创新对社会生产力的驱动作用，在这一过程中，要特别注意价值观的引导，防止资本逻辑对文化逻辑的浸染和侵蚀；而对于离市场较远或不能进行产业化的文化事业，比如人文学科的学术研究，我们要尽量避免市场因素对知识分子的干扰，给知识分子营造一个相对宽松、非功利的环境，让他们能够致力学术、潜心研究。

第三，《启蒙辩证法》与"学术资本主义"中的"工具理性"有相似性，但并不完全相同。《启蒙辩证法》与"学术资本主义"都涉及工具理性对人文精神的僭越问题。但由于《启蒙辩证法》特定的写作背景和思维方式，《启蒙辩证法》中的工具理性源自启蒙的"抽象同一性"，等价交换原则、市场法则只是"抽象同一性"这种思维方式的当代表现；而"学术资本主义"反映的是现代启蒙运动过程中学术与资本市场之间的交融、碰撞关系，所以，"学术资本主义"中的工具理性指的是资本逻辑、等价交换原则、市场法则所体现出的工具性、手段性。二者在性质上相同，指的都是一种忽视人和人的精神价值，单纯追求利益最大化、效用最大化的理性，但二者在具体形式上略有不同。

四、结语

"学术资本主义"是 20 世纪末，确切地说，是 20 世纪 80 年代以后，伴随现代启蒙运动的深入发展和全球化的加速发展而出现的一种新的文化现象。由于"利益动机向学术界的入侵"，"学术资本主义"导致了学术与市场之间的紧张、复杂关系，引发了资本逻辑与文化逻辑之间的悖论。以《启蒙辩证法》为视角，我们发现，《启蒙辩证法》有关工具理性与人文精神的探讨，为理解"学术资本主义"的悖反性提供了一个新的思路。但是《启蒙辩证法》也有自身的特定性和局限性，这是我们在以《启蒙辩证法》为视角看待"学术资本主义"时，应该细心加以甄别的。

作为一种文化现象的 "学术资本主义"*

李丽丽**

　　"学术资本主义"是一个高等教育学的概念，自 20 世纪末产生以来便成为高等教育学领域研究的热点；"学术资本主义"概念的提出对 21 世纪高等教育的发展产生了深远的影响。本文试图从文化哲学的角度，以大学文化、大学精神的变迁为主线，探讨 "学术资本主义"中工具理性与人文精神之间的较量与博弈，深度挖掘 "学术资本主义"中暗含的文化矛盾与价值冲突以及由此引发的价值虚无问题，以期为 "学术资本主义"的研究和阐释提供一种新的理路。

一、何谓 "学术资本主义"

　　"学术资本主义"是美国学者希拉·斯劳特和拉里·莱斯利在他们的著作《学术资本主义：政治、政策和创业型大学》一书中提出的概念。他们认为，所谓 "学术资本主义"，就是 "院校及其教师为确保外部资金的市场活动或具有市场特点的活动"①。这些活动主要包括 "产学合作企业""专利权使用费和许可协议""技术转让" 等涉及利润成分或营利性质的活动。希拉·斯劳特和拉里·莱斯利通过考察 1970 年到 1995 年，特别是 20 世纪 80 年代到 1990

　　* 本文为广东省哲学社会科学 "十二五" 规划 2015 年度学科共建项目 "高校中的价值虚无主义研究——基于 '学术资本主义' 的思考"（GD15XZX04）的阶段性研究成果。本文载于《文化研究》2020-09-30。

　　** 李丽丽，哲学博士，广州大学马克思主义学院副教授、硕士生导师，主要从事马克思主义哲学研究。

　　① ［美］斯劳特、莱斯利：《学术资本主义》，梁骁、黎丽译，北京大学出版社 2014 年版，第 8 页。

年代学术劳动的性质变化，得出这样一个结论：20 世纪 80 年代以来，伴随全球化的迅猛发展，知识与市场之间的联系日益紧密，学术劳动的性质开始发生实质性的变化。

斯劳特和莱斯利认为，"学术资本主义"的主体为公立研究型大学及其教学科研人员。他们指出，之所以以他们为研究对象，主要是因为部分西方国家（如英国、澳大利亚、加拿大）的私立大学数量较少，部分西方国家（如美国）虽存在较多私立大学，但由于它们得不到太多的政府拨款，"卷入各种各样的市场中已经有许多年"①，所以，不能构成"学术资本主义"这一新兴现象的研究主体。与之形成对比的是，大部分西方国家的公立研究型大学及其教学科研人员在历史上曾经离市场最远，经费主要来自政府资助。在当代，这类大学学术劳动的性质变化最为明显，教学科研人员走向市场的趋势也最为明显，因此，最符合"学术资本主义"这一现象的特点。

斯劳特和莱斯利以美国、英国、澳大利亚、加拿大 4 个英语国家为考察对象，所以，"学术资本主义"的提出具有西方语境，但这并不代表"学术资本主义"这一文化现象只存在于西方。伴随经济全球化的发展，知识与市场的结合、文化与资本的联姻已然成为一种全球现象，尽管这种结合在各个国家的称谓与表象各有不同，但就本质来看，并无实质性的差别，因此，斯劳特和莱斯利对"学术资本主义"的探讨和思考对正处于市场经济大潮中的其他国家（包括中国）也具有借鉴意义。另外，斯劳特和莱斯利考察的是 20 世纪末的公立研究型大学，在那个知识经济方兴未艾的年代，"学术资本主义"现象必定带有它的时代色彩。进入 21 世纪以来，"学术资本主义"出现了一些新特点。

第一，伴随全球竞争的加剧，知识对经济的推动作用变得更为重要。进入 21 世纪，全球竞争归根结底是科学技术的竞争，科学技术已经成为第一生产力。在这个背景下，一些关键领域中的关键技术对经济的发展变得极为重要，而作为原始创新重要策源地和主体的院校与知识分子就变得更为重要。所以，在未来，知识与市场、经济的结合只会越来越密切；相应的，"学术资本主义"现象也会越来越多。

---

① ［美］斯劳特、莱斯利：《学术资本主义》，梁骁、黎丽译，北京大学出版社 2014 年版，第 11 页。

第二,"学术资本主义"现象在范围上逐渐扩大。现在的"学术资本主义"现象已经不仅限于斯劳特和莱斯利所说的那些创业行为,这种现象已经从典型的创业行为扩大至非典型的市场行为或市场化倾向,从自然科学领域扩大至人文社会科学领域,具有独特品格的学术劳动与市场的联系在程度上均有所加深。目前对"学术资本主义"应该做扩大化解释,即凡是体现了市场机制或资本逻辑对学术文化领域渗透、影响的现象都应该可归到"学术资本主义"的范围。

第三,文化逻辑与资本逻辑之间的矛盾日益凸显。在这个知识大爆炸的时代,知识的更新速度越来越快,这就意味着市场对知识的需求速度越来越快,需求数量越来越多。市场对文化的介入越多、越深,二者之间的张力就越大,如果说在早期,"学术资本主义"中文化逻辑与资本逻辑处在相对温和的较量之中,那么现在二者的博弈、冲突就越发激烈。我们不能指望"学术资本主义"自身能够化解这种矛盾,因为这是它自身固有的矛盾。我们只能平衡这种矛盾,使"学术资本主义"朝着更有利于人类的方向发展。

"学术资本主义"的实质是市场或资本介入文化领域而产生的一种新的文化现象。"学术资本主义"这个词代表的是文化、学术与市场的关系,表征的是"利益动机"对文化领域的渗透。文化作为一种精神产品,能够与市场或资本相结合,并产生价值,是与知识经济的兴起密不可分的。知识经济的特点是重视知识与经济的结合,聚焦知识、文化的创新,知识在当今时代成为经济发展的加速器已经是社会的普遍共识。而高等学校的教学科研人员作为知识创新的重要主体,自然也被纳入了知识经济的范畴。知识成为一种可以交换的商品,这种特殊的商品就是"学术资本","当教学科研人员通过参与生产运用他们的学术资本时,他们就正在卷入学术资本主义之中"[1]。因此,"学术资本主义"代表了一种文化领域"分配决策由市场力量推动"[2] 的现象。"学术资本主义"这一概念的实质就是文化与市场或资本的结合。

文化与资本原本遵循两套完全不同的逻辑体系:一个是以利他为目的的文化逻辑,一个是以利己为目的的资本逻辑。所以,这注定了"学术资本主

---

① [美] 斯劳特、莱斯利:《学术资本主义》,梁骁、黎丽译,北京大学出版社 2014 年版,第 10 页。

② [美] 斯劳特、莱斯利:《学术资本主义》,梁骁、黎丽译,北京大学出版社 2014 年版,第 9 页。

义"本身便是一个矛盾体。资本对文化或学术领域的介入，一定程度上改变了大学的文化生态，将教学科研人员抛入了一种困境中，比如，"传道授业解惑"的本职工作与市场、金钱之间的矛盾，正如《学术资本主义》一书中所说的：在教学科研人员"被要求集中精力于本科教学时，大部分奖励仍取决于引进外部资金，而这些资金则要求他们进行可能使他们脱离课堂教学的研究"①。类似的困境还有很多，比如，是追求诗和远方，还是眼前的利益？是致力于治国平天下，还是个人得失？是醉心于"沉思的知识"，还是"表演的知识"？这种困境实际上是文化逻辑与资本逻辑二者矛盾的衍生。

尽管"学术资本主义"使用了"资本主义"，但实际上这里的"资本主义"跟政治制度没有关系，不能把"学术资本主义"理解为一种政治现象，这是显而易见的。另外，"知识经济"这个词也不能涵盖"学术资本主义"的全部寓意，所以，把"学术资本主义"仅仅理解为一种经济现象，也是不够全面的。如果想深入理解希拉·斯劳特和拉里·莱斯利所说的"学术资本主义"，还必须把"学术资本主义"当作一种文化现象来看待。本文试图阐明，从文化哲学的角度看，"学术资本主义"所代表的是一场文化、精神领域的变革，是一次数千年来大学精神、大学文化的变迁。

二、"学术资本主义"：人文精神与工具理性的博弈

大学精神到底是人文精神，还是科学精神？这要从大学的发展历史说起。尽管真正意义上的大学起源于欧洲中世纪，以培养和教化人为理念，但事实上，这种培养和教化人的大学精神在希腊时期便已经形成了，这就是希腊的古典人文主义。希腊古典人文主义重视对人性的探索，推崇对灵魂的塑造，努力提升人的精神品格，"其对人性的基本理解是身与心、灵与肉、感性与理性的统一，其对人的基本理想和总的追求是塑造身心俱美的人"②。如何塑造高贵的灵魂？如何获得更美好的生活？古希腊哲学家们认为，这要通过对人

---

① [美]斯劳特、莱斯利：《学术资本主义》，梁骁、黎丽译，北京大学出版社 2014 年版，第 11 页。

② 黄伊梅：《希腊古典人文主义的内涵与特质》，《学术研究》2008 年第 12 期。

的教育和教化。苏格拉底甚至在被处死之前，还在教导人们："不要只注意尽力获取金钱，以及名声和荣誉，而不注意或思考真理、理智和灵魂的完善。"①因为他认为金钱是第二位的，"真理、理智和灵魂的完善"才是第一位的，金钱不会带来美德，而相反，美德却可以带来金钱财富。柏拉图继承苏格拉底的衣钵，也努力塑造人的灵魂的理智部分；他认为，只有理性的人才能透过变动不居的现象，把握到真善美。古希腊的人文主义精神，对人的理性的追求，对真善美的渴望，成为整个西方文明的源头，从文艺复兴到启蒙运动，直至现代，在西方，我们看到的都是对人的理性的高扬。相应的，我们看到从古希腊的学园到中世纪的大学，再到现代早期的大学，都重在加强对人的理性的启蒙和教化，以人为本，培养人的高贵的人格及全面发展的才能，陶冶人的情操，这正是古典人文主义的精神所在。

古典人文精神是形而上与形而下的完美结合，是追求至真、至善、至美以及由此延伸而来的自由和独立的生活方式，因此，大学精神最初就是培养人们获得这种高贵的理性、完美的品格。然而，伴随自然科学的发展，自然科学地位的提高，知识变得越来越专业化和精细化，相较于人文主义，科学主义开始占据上风，随之而来的是大学精神中的人文精神在失落，工具文化大行其道，人们越来越重视知识所带来的实用性和效益，知识成了获取利益或利润的工具。与古典人文主义不同，威廉·冯·洪堡把科学研究作为大学的核心任务之一，现代大学则把教学和科研作为自身的两大任务，认为大学应该具有研究性质。当然一开始，科学研究只是作为培养全面人才的手段，只是到后来，科学研究才逐渐发展成为社会服务、解决社会问题的手段。自从大学开始走出"象牙塔"，成为"产、学、研"三位一体的机构后，大学精神就一直处于人文精神与工具理性的博弈当中，"学术资本主义"是这种博弈在当代发展的结果。

一方面，"学术资本主义"存在工具理性倾向。所谓"工具理性"，就是崇尚技术和工具，主张通过精确的计算，追求利益最大化，而忽略人文精神的理性。伴随自然科学可以解释的东西越来越多，领域越来越广，自然科学逐步在很多领域取得话语权。很多人文社会科学也开始尝试运用自然科学的方法进行推演，正显示了自然科学的压倒性气势。自然科学所具有的功能性、

---

① 《柏拉图全集》第 1 卷，王晓朝译，人民出版社 2002 年版，第 18 页。

实用性使得它很容易跟市场相结合，产生实际效益。因此，那些实用性更强、离市场更近的学科，便首先产生了"学术资本主义"现象，比如生物科学。这种趋势逐渐延伸至其他学科，比如，材料科学、光学、认知科学乃至人文社会科学的新闻传播学、艺术学等。所以，"学术资本主义"的产生，与实用主义、工具理性的工具文化紧密相连，也与把学术、知识当作获取经济利益的相关手段。

另一方面，"学术资本主义"中的知识分子仍然保有人文主义的品格。尽管目前存在知识与市场相结合的倾向，并且这种倾向也会对大学的人文精神和知识分子的价值观产生一定的影响，比如，会导致他们"从利他主义和公共服务的价值观转向市场的价值观"①。但是大部分知识分子仍然有自己的底线与坚持，虽然参与市场能够带来更多的经济效益，能够有效地改善生活，但对于大部分知识分子而言，相对于金钱来说，他们更看重学术兴趣与学术造诣。正如《学术资本主义》一书中所说："他们不单单是用逐利意识取代利他主义……他们……只是把获取利润视为为单位服务、做科学研究以及为共同利益服务的一种手段。"② 也就是说，即便处于"学术资本主义"中，知识分子也不会彻底放弃原有的学术价值观，完全转向市场的、由工具理性所主导的价值观。

因此，"学术资本主义"就是处在这种人文精神与工具理性相互博弈中的矛盾体，而处于"学术资本主义"中的知识分子就很容易在价值观方面出现分裂与拉扯。一方面，人文精神所崇尚的真善美、思想自由、精神独立仍然是大学精神中最深沉的底色；另一方面，工具文化所带来的金钱狂欢、物欲横流又在离散着大学精神，猛烈冲击着知识分子心灵的宁静，引起学术异化。伴随"学术资本主义"趋势愈演愈烈，文化矛盾、价值冲突不断加剧，大学精神也在经历着改革与变迁，在当代该坚持怎样的大学精神、大学文化？该如何在多种价值矛盾与博弈中保持平衡？又该如何使知识分子心有所归，不至于走向价值虚无？这是需要认真思考的问题。

---

① ［美］斯劳特、莱斯利：《学术资本主义》，梁骁、黎丽译，北京大学出版社 2014 年版，第 167 页。

② ［美］斯劳特、莱斯利：《学术资本主义》，梁骁、黎丽译，北京大学出版社 2014 年版，第 167 页。

三、"学术资本主义"与价值虚无主义

什么是价值虚无主义？尼采第一次从价值论的角度批判虚无主义，他认为虚无主义最直观的表现是"上帝死了"，是"最高价值的自行废黜"，克服价值虚无主义需要强力意志和塑造超人。所以，价值虚无主义在最初意义上指的是崇高价值的坍塌所带来的价值虚无状态，正如尼采说的"上帝"死亡之后的状态，"什么都不是真的，一切都是允许的"①。伴随现代化的推进，消费社会的形成，与尼采所处时代相比，价值虚无主义变得更为普遍和严峻，从崇高价值到一般价值都面临被虚无的危险。学者们开始从现代性批判的角度反思价值虚无主义，具有代表性的有列奥·施特劳斯、卡尔·洛维特和马歇尔·伯曼等人。他们普遍认为，现代虚无主义的含义是指只要经济上可能，道德上就是允许的，就是有价值的。也就是说，在现代，经济价值已经成为最高的价值存在，它可以虚无化一切对象，使一切对象都从属于金钱，文化也不例外，这是现代价值虚无主义的表现形态。那么，价值虚无主义和"学术资本主义"有什么关系呢？有学者认为，当文化和艺术都成为经济的附庸的时候，这就是一种深度价值虚无主义。② 所以，就"学术资本主义"作为一种文化现象而言，在资本逻辑、市场机制对文化的介入过程中，我们不能忽视经济利益对文化、学术的渗透所带来的知识分子价值理性的裂变，因为这种裂变有可能导向价值虚无。这种价值理性的裂变体现在以下三个方面。

一是崇高价值与世俗价值的矛盾。知识分子应该追求至真、至善、至美，还是追求世俗价值？当市场介入大学之后，这种矛盾就逐渐凸显出来了。真善美的崇高价值无关金钱，它本身不会带来经济效益，但对知识分子来说却极端重要，因为这是大学文化的根基所在。然而现代社会消费文化的出现，正在不断侵蚀着大学文化中的传统人文精神，使得神圣与世俗之间的张力逐渐减弱。物质、金钱、利益抑或荣誉、名誉、头衔，当这些被当作人生目的

---

① ［德］尼采：《道德的谱系》，梁锡江译，华东师范大学出版社 2015 年版，第 223 页。

② 刘森林：《〈启蒙辩证法〉对虚无主义的反思批判》，《武汉大学学报（哲学社会科学版）》2019 年第 1 期。

加以追求的时候，那些神圣与崇高就离我们越来越远了。文化、艺术、学术本来离市场较远，在马克思所处的年代文化商品化还没有发展成一种磅礴之势，但在知识经济的大潮下，文化商品化早已成为现实，并发展成"学术资本主义"。

二是思想自由与思想谄媚的冲突。学术价值理性最重要的要素之一便是不受任何利益牵绊的思想自由，学者们可以根据自己的兴趣从事研究。然而当这种学术旨趣越来越受到实用主义、功利主义思想牵制，当自由思想越来越受到外在于自身的目的钳制的时候，就可以被称为思想谄媚。以基础研究和应用研究为例，如果"研究变得更加商业化，这时，社会科学家把焦点集中于基础研究的'种子'"①就有可能被扼杀掉，这种情况在自然科学领域是类似的，而且尤甚。当更多的人在利益的诱导下被吸引去做应用研究，而更少的人愿意从事基础研究的时候，从长远来看，这会损害科学的未来。

三是精神独立与精神平庸的争执。除了思想自由之外，学术价值理性还有一个重要因素，那就是精神独立，精神独立意味着拒绝随大流的平庸化和没有个性的标准化。标准化和大众生产的优点是文化可以依照市场逻辑快速产出经济价值，而在这一流水线模式中，知识分子逐渐丧失了个性、独立思考和批判反思能力。

"学术资本主义"始终面临着崇高与世俗、自由与谄媚、个性与平庸等方面的价值冲突，分裂着知识分子的学术价值理性，如果名利、世俗、平庸、消费主义、实用主义等价值观占据上风，就很容易腐蚀、虚无传统的学术价值理性。如何来调和这种矛盾？"学术资本主义"作为一种文化现象，它是经济结构的反映，正是政治经济全球化和知识经济这一经济基础产生了"学术资本主义"这一文化现象，所以，"学术资本主义"这一现象的产生具有不可逆转性，是现代化的产物，代表了大学精神的改革与变迁。因此，于大学精神而言，留恋于古典的传统人文精神不随时代创新是不可取的，沉迷于当今的世俗与实用目的不坚持学术底线也是不可行的。"学术资本主义"困境产生的根源归根结底仍然是传统与现代的冲突在文化领域的表现，要和解这种冲突，最重要的是要在传统与现代二者的张力中找到平衡，这就需要重塑大学

---

① ［美］斯劳特、莱斯利：《学术资本主义》，梁骁、黎丽译，北京大学出版社2014年版，第166页。

精神，重塑的过程实际上就是继承与创新的过程。

"学术资本主义"是现代化的必然产物。中国的大学同样面临着类似的"学术资本主义"所带来的价值冲突与矛盾，我们不能置身事外。但在中国谈论"学术资本主义"也有中国的特殊语境，中国作为后发外生型现代化国家，过去不具备西方传统意义上的人文精神，现在也没有完全形成西方语境中的现代理性，仍然在争取西方"早已获得的那种自主性和独立性"①，所以，中国一方面要努力追求现代化；另一方面又要反思现代化。基于这种状况，当我们面对"学术资本主义"现象时，我们所面临的形势可能要比西方复杂得多。但至少有一点中国与西方一样，那就是应该塑造传统与现代兼容并包的大学精神。

四、结语

斯劳特和莱斯利想用"学术资本主义"一词来表明拥有"知识资本"的大学教师参与市场给大学带来的根本性变革，同时，他们也想利用这个词来表达学术与资本相结合所呈现出的矛盾状态。作为一种文化现象的"学术资本主义"，其内部暗含着多种力量之间的博弈，产生了多重悖论。当工具理性过分侵蚀传统人文精神的时候，以"学术 GDP"为代表的学术异化行为会对大学精神、大学文化产生负面影响，引发价值虚无主义。然而"学术资本主义"作为现代化的必然产物，我们既要肯定其积极意义，即科技创新、文化产业对经济社会发展的积极推动作用等；也要反思其消极影响，即资本逻辑对学术价值的虚无化等。

---

① 陶东风：《新文科新在何处》，《探索与争鸣》2020 年第 1 期。

安德森与汤普森之争：
英国文化马克思主义的走向问题[*]

黎庶乐[**]

自英国第二代新左派引入欧陆马克思主义之后，英国文化马克思主义进入了对文化主义范式的重新思考和批判的阶段，这反映了第一代新左派研究路径的危机。针对第一代新左派结合英国经验主义传统，强调对工人阶级文化和历史的研究路径，第二代新左派站在欧陆马克思主义立场上，正式拉开了英国文化马克思主义内部争论的序幕。这里包括三场争论：安德森对汤普森、伊格尔顿对威廉斯、约翰逊和霍尔对汤普森的批判。他们的矛头直指第一代新左派对文化和历史的分析掩盖了当下英国资本主义社会的结构和意识形态的重要性。其中，以安德森与汤普森的辩论尤为重要，这影响着英国文化马克思主义的未来走向。

一、安德森与汤普森的第一场辩论：英国究竟应该发展一种怎样的马克思主义

以安德森为代表的第二代新左派对早期英国文化马克思主义的批判引起了第一代新左派的强烈反应，其中以汤普森表现最为激烈。这表现在三个方

---

[*] 本文系湖南省教育厅优秀青年项目"马克思消费文化及其当代价值研究"（14B013）的阶段性成果；2017 年度广州大学青年拔尖人才培养计划项（BJ201728）的阶段性成果。本文载于《哲学评论》2019-05-31。

[**] 黎庶乐，广州大学特聘广州学者教授，博士生导师。广州市高层次人才，兼任中国辩证唯物主义研究会价值论研究专业委员会第四届理事会理事，广东省习近平新时代中国特色社会主义思想研究中心广州大学基地特聘研究员，广州市哲学学会秘书长。

面：其一，汤普森认为，自安德森接手《新左派评论》以来，其政治倾向明显减弱而理论倾向却明显增强，汤普森对安德森这种过度理论化、学院化的作风十分不满。其二，汤普森批评安德森忽视英国思想传统与文化的重要性，而过分强调将英国马克思主义置于国际主义的语境中，背离了英国社会主义发展的现实情况。其三，汤普森反对安德森通过对英国进行结构性分析来批判文化主义和人道主义的做法。他认为这从根本上否认了工人阶级作为社会主义运动中的主体地位，从而完全扼杀了英国文化马克思主义与工人阶级的紧密联系。

应该说，汤普森对工人阶级历史与文化的研究符合当时英国社会左派分子重新思考社会主义道路的需要，对英国文化马克思主义的形成与发展起了重要的作用。而安德森过度贬低英国社会主义的成就以及第一代新左派对于英国文化马克思主义的贡献，这削弱了整个新左派运动在未来的发展。如果说，在西方马克思主义内部思潮里，阿尔都塞对此前的马克思主义人本主义思潮实施摧毁性的打击的话，那么，安德森在英国对阿尔都塞结构主义的引入，直接导致了他与汤普森长达二十年的争论。事实上，英国文化马克思主义的内部争论与西方马克思主义内部的人道主义与结构主义之争所集中的问题是一致的，归根结底都是历史与结构、主体向度与客体向度的争论。汤普森重视英国工人的阶级意识，通过搜集历史材料来论证反抗资本主义和夺取社会主义胜利的可能性，坚持社会主义的人道主义。而安德森则主张打破民族主义的狭隘性，并从结构主义出发对汤普森进行批判，进而指出社会主义的人道主义只是"民粹主义"和"前社会主义"。

从英国马克思主义的发展路径来看，安德森与汤普森争论的实质是围绕着当代英国到底应该发展一种怎样的马克思主义这个主题展开的。第一场辩论，对英国本土思想文化传统的态度决定选择不同的马克思主义道路。早在1963年出版的《英国工人阶级的形成》一书前言中，汤普森从英国的经验主义传统和社会主义发展的现实需要出发，"强调阶级是一种历史现象，而不把它看成是一种'结构'，更不是一个'范畴'，我把它看成是在人与人的相互关系中确实发生（而且可以证明已经发生）的某种东西"。"我相信，阶级是社会与文化的形成，其产生的过程只有当它在相当长的历史时期中自我形成时才能考察，若非如此看待阶级，就不可能理解阶级。"在这里，汤普森已经表达了自己反对以"结构"来看待阶级，因为结构无法解释"这个人如何才能进入某种‘社会功能’？还有，那个特别的社会组织（连同其财产权和权力结构），是如何出现的？而这些，就是历史问题了”。① 显然，在经历了1956年苏伊士和匈牙利危机之后，马克思主义内部受到重大冲击，社会主义道路越发迷茫。汤普森认为，马克思主义的当务之急是依托英国经验主义和社会主义传统，重新确立工人阶级的主体地位，同时通过对工人阶级历史和文化的研究，激活社会主义政治的文化活动。故此，他批判了斯大林主义的经济决定论，重视历史和经验，通过调动工人阶级的主体能动性来复兴社会主义的人道主义，从而形成一种具有英国特色的马克思主义理论形态。

与汤普森固守英国经验主义和社会主义传统相反，安德森偏爱欧陆马克思主义理论家，他在汤普森出版《英国工人阶级的形成》之后，发表《现存危机的起源》② 一文对英国社会进行结构性分析，并认为英国传统的经验主义实际上是资产阶级和旧贵族结合的产物。这使得英国革命缺乏像法国革命那样对自由、解放和革命等精神的追求，更无法出现像法国那样的大规模的工人阶级运动。正是由于工人阶级的先天不足，使得他们无法真正地抵抗英国统治阶级，更不用说形成自己的革命意识，他们在整个当代英国资本主义社会结构中只是处于从属地位。因此，他认为汤普森所坚守的传统实质上是“伪经验主义”，根本无法依靠工人阶级建立有效的社会主义政治。就此，“安德森提出了理论与实践两方面的要求，理论上必须借助于欧陆马克思主义理论，实践上要关注第三世界革命，从而推动英国社会主义事业的发展”③。

由此可见，汤普森批评了安德森的理论化倾向和国际主义倾向，以及对英国文化思想的敌视，并且指出安德森把法国革命当作英国资产阶级革命的理想模式的观念，这种模式并不适合于英国独特的社会经济发展历程。这种偏离本土理论实践的模式，无法理解英国的制度发展和文化发展模式自成一体，从而否定了激进传统的文化和政治的天然联系，丧失了英国民族特色。

① ［英］汤普森：《英国工人阶级的形成》下，钱乘旦等译，译林出版社2001年版，前言第1、4、3页。
② 安德森对英国资本主义的历史轨迹 工党意识形态以及英国工人阶级的这些分析，由安德森和奈恩从1964年到1966年用一系列的论文来完成。以奈恩-安德森的论题体现在安德森的《现存危机的起源》一文上，这种分析针对的是英国资本主义发展特殊模式的政治影响。这篇文章收录在由安德森和布莱克本主编的《走向社会主义》书中。
③ 李凤丹：《卖国文化马克思主义研究——基于大众文化与政治的关系》，江西人民出版社2010年版，第125页。

而安德森却认为汤普森所继承的实际上是"伪经验主义"，批评汤普森忽视英国资本主义社会结构以及其对工人阶级运动产生的重要影响，其平民主义政治和道德主义倾向十分明显。安德森"认为这些前辈学者偏离了思想缜密的马克思主义理论而具有折衷主义色彩，并且他们推行的是一种狭隘浪漫的社会主义理论。《新左派评论》通过将完全不同的马克思主义理论结合起来而获得不断发展，还认为早期新左派所倚重的本土政治与思想传统遭到了他们所秉持的褊狭经验主义理论的损害。"① 因此，安德森强调自己对英国历史发展的结构性分析和对欧陆马克思主义的引入，不仅对于文化马克思主义的发展具有开创性意义，而且有助于修正汤普森等人提出的社会主义人道主义的观点，从而有效地推动英国社会主义事业的发展。

二、安德森与汤普森的第二场辩论：关于马克思主义是否一门科学，即对历史唯物主义的理解

自 20 世纪 60 年代中期起，随着阿尔都塞和他的追随者著作的横空出世，结构主义浪潮一时风靡整个欧洲大陆。但直到 20 世纪 70 年代，阿尔都塞才真正地影响了当时英国的学术界。英国第二代新左派受到阿尔都塞对经济主义、人道主义和经验主义等思想和政治批判的影响，夸大了阿尔都塞结构主义所产生的效应，从而致使英国文化马克思主义内部出现了结构主义范式和文化主义范式的分裂。此后，英国文化马克思主义研究的理论路径和伯明翰当代文化研究中心的研究主题不可避免地被改变了。

正是在这样的背景下，汤普森和安德森掀起了第二次辩论的高潮。1978年汤普森出版的《理论的贫困》对安德森进行批评和 1980 年安德森出版的《英国马克思主义的内部论争》对汤普森的批评进行回应。这是继 20 世纪 60 年代中期之后，汤普森与安德森之间的第二次对话。汤普森效仿马克思对蒲鲁东批评所写的《哲学的贫困》的书名以《理论的贫困》为题目，就题目而言已经具有浓烈的批判、讽刺意味。而其批评的矛头更是直指阿尔都塞对历

---

① ［英］迈克尔·肯尼：《第一代英国新左派》，李永新、陈利译，江苏人民出版社 2010 年版，中文序言第 4 页。

史的结构主义改造，使得历史沦为抽象的理论范畴，是"回归一种资产阶级精英主义的旧有传统"① 和唯心主义。"当阿尔都塞登上舞台时，他对实践史学家几乎没有影响。但是出于某些原因，他在研究生、一些年轻的史学家和文学学者间忽然成为一股强大的力量。大多数史学家本来在等待他写出创新的历史著作来证明其正确性，但是事情不但没有朝这一方向发展，反倒是阿尔都塞的追随者们（这当中甚至还有部分史学家）开始宣称历史不是一门学科，研究历史是毫无价值的。"②

由此，汤普森在《理论的贫困》中列举了结构主义的"四宗罪"。首先，从历史的角度来看，结构主义的兴起有其意识形态的根源。"结构主义也许确实可以被看成这个时代的幻象，就如同20世纪早期出现的进化论（'过程'）和唯意志论。第一次世界大战前几十年间的社会主义运动中，进化论都是一个中性的、意识形态迷误。"③ 事实上，汤普森并不抗拒结构的概念。他只是尽力将那些有效的结构概念以及其启发性机制与结构主义区别开来。其次，结构主义是对历史和人的误判。汤普森认为，结构主义指出历史是没有主体的过程，也是无人支配的人类实践。进而阿尔都塞的立场表明，历史是在一个结构内设定的过程，是由看不见的手转动的太阳系仪。"结构主义（荒谬的终点站）是自我疏离的最终产物——反映出这个时代的常识，所有人类项目、努力、制度，甚至文化本身，似乎都是人类之外、与之相抗衡的客观事物'他者'，而反过来，人类对于'他者'也是其周围的事物。以前他者也被称为'上帝'或命运，现在重新命名为结构。"④ 这些人不过是牛津和剑桥当中的流氓知识分子，只不过暴露了他们对历史和文化唯物主义的无知罢了。再次，无论是法兰克福学派或阿尔都塞，都非常强调统治支配的思想模式，因而必须警惕它的思想倾向。汤普森认为，在这种思想模式的统治支配下，群众的积极性和创造性空间完全被摧毁了，只有少数开明的知识分子得以挣脱。毫无疑问，"这种思想倾向本身便是在恐怖的法西斯主义、媒体灌输群众和斯大林主义中培育出来的。但社会主义理论源自一个荒唐的前提，这样的前提必然导致悲观或专制的结论。此外，它很可能会加剧知识分子抵触参与实际

① E. P. Thompson, *The poverty of theory*, London: Merlin Press, 1978, p. 4.
② E. P. Thompson, *The poverty of theory*, London: Merlin Press, 1978, p. x.
③ E. P. Thompson, *The poverty of theory*, London: Merlin Press, 1978, p. 96.
④ E. P. Thompson, *The poverty of theory*, London: Merlin Press, 1978, p. 206.

政治活动的心理。可以肯定的是,(理想的)无产阶级可以,在这个或那个紧急关头,突然转换到革命的姿态,像地质断层一样,那时他们就准备好接受理论的服侍了"①。最后,结构主义力图将历史当作一门科学。正是因为阿尔都塞的作品对学术研究产生的影响促使汤普森愤而为历史辩护,从而对抗阿尔都塞的封闭系统。汤普森反对将历史当作一门科学。他认为,阿尔都塞关于社会形态及其历史的说明将人的经验、历史置于以社会形态、生产力、生产关系、上层建筑、意识形态相互作用的结构之下,把这样建立起来的历史唯物主义称作科学或者马克思的历史科学。在汤普森看来,"阿尔都塞及其同僚试图将历史唯物主义重新推入政治经济学范畴的牢笼中"②。

对马克思主义是否科学,或曰对历史唯物主义的理解,使得汤普森和安德森发起了第二次辩论。继《理论的贫困》出版之后,汤普森和安德森之间的分歧进一步扩大,争论也越发激烈。1980 年安德森在《英国马克思主义的内部论争》前言中,首先肯定汤普森的英国马克思主义历史学的重要贡献,总结《理论的贫困》集中在四个问题上:历史的角色、人类主体在历史中的地位、马克思主义的本质和命运、斯大林主义现象等。③ 安德森通过对汤普森和阿尔都塞进行了批判性分析,认为结构主义方法有助于对历史学工作的材料进行总结和抽象,从而得到"历史的全部法则和意义,在现有的水平上使思想体系完全适应于现在和未来"。对于马克思主义的本质,安德森则认为:"马克思主义主要地而且是出类拔萃地属于那种探讨整个社会的本质及其发展方向的思想体系的范畴。"④ 进而分析历史唯物主义应该作为一门科学而存在。

随后,安德森于 1983 年出版了《历史唯物主义的轨迹》,并开篇道明:"作为西方马克思主义的继任者,马克思主义与西方马克思主义同样有着'战略的贫困'的问题,而非'理论的贫困'的问题。"⑤ 安德森在此书中对汤普森列举的"四宗罪"进行一一驳斥。

第一,结构主义在马克思主义理论的阵地享有的优越性恰是保证其战胜后者的决定性因素。这正是结构主义最为关注的一个问题,即人类历史和社

---

① E. P. Thompson, *The poverty of theory*, London: Merlin Press, 1978, p. 250.
② E. P. Thompson, *The poverty of theory*, London: Merlin Press, 1978, p. 92.
③ P. Anderson, Arguments within English Maxism, NLB and Verso Editions 1980, p. 3.
④ [英]安德森:《当代西方马克思主义》,余文烈译,东方出版社 1989 年版,第 2 页。
⑤ P. Anderson, *In the tracks of historical materialism* Verso Editions, 1983, p. 28.

会中结构与主体关系的本质。而且，它始终是推动人类文明发展的历史唯物主义中最核心最基本的问题之一。

第二，当代学者对汤普森作品的大量讨论都专注于人类能动性在阶级的形成和破坏以及社会结构的出现和废弃中的作用。安德森认为，汤普森关注于能动性在阶级形成和社会结构中的作用，最终是为了重申"共产主义"的道德要求，以雄辩的主张建立起一个新的乌托邦主义。然而，这样的立场的问题在于，它无法提供现成解释，为什么马克思主义实际在21世纪的国际工人运动中占据压倒性的优势地位。因此，我们不禁要问：历史唯物主义在社会主义思想文化整体中占据主导地位的历史理由是什么？更确切地说：马克思主义作为社会主义理论的独特特点在哪里，以及它能够延伸多远？

第三，历史唯物主义在左派上的结构卓越性体现在三个方面上，这些标志使得它与其他所有社会主义文化的贡献区分开来。其一是它作为一个思想体系的纯粹范围。虽然有许多其他社会主义思想家也有兴趣和长处，但是只有马克思和恩格斯能够在他们之后写出不断累积发展的理论综合体。其二是在更广泛的社会主义思想范围之内，马克思主义拥有的第二种特殊力量就源于其作为历史发展理论的特性。其三是马克思主义已经脱离其他社会主义思想传统，在与资本主义的斗争中以其激进主义作为政治号召武器。① 因此，安德森认为，迄今为止，所有成功的社会主义革命一直高举着历史唯物主义的旗帜或聚集在其下。然而，汤普森却认为马克思主义针对的是人类的道德缺失，这是扎根于其本质——阶级斗争理论的一种无意识，导致了阶级之间无休止的斗争，他并没有将人类看成一个整体来进行改善。由此，他倡议应超越国家、阶级及其他类似障碍，对整个人类直接实行普遍主义，以抵抗热核毁灭的威胁。②

第四，最初大多数结构主义思想家都在形式上致敬马克思主义，当时马克思主义在法国仍然处于解放运动后的支配地位。正如列维·斯特劳斯宣称，其研究仅仅是对上层建筑的研究，力图与马克思主义者主张的"经济基础毋庸置疑的首要地位"形成互补。

---

① P. Anderson, *In the tracks of historical materialism* Verso Editions, 1983, pp. 85-87.
② P. Anderson, *In the tracks of historical materialism* Verso Editions, 1983, pp. 95-97.

三、安德森与汤普森之争的实质：英国文化马克思主义的走向

对于汤普森而言，无论是斯大林和阿尔都塞，还是安德森，他们都是政治上和理论上的精英主义者。一方面，当他们用结构主义方法分析当代英国资本主义社会时，他们就把工人阶级置于结构之内，不仅"历史无主体"，而且工人阶级也无法摆脱意识形态的梦魇。另一方面，他们无视历史对资本主义社会结构的透视，仅仅关注于结构性关系对于人的重要性，从而使得马克思的"人们创造自己历史"彻底转变为人只能在结构问题式下活动。这样，"阿尔都塞主义是还原为理论范式的斯大林主义。最终，斯大林主义被理论化为意识形态"①。汤普森针对安德森的批评写道："讽刺的是，我们这些马克思主义者则因为持有清晰明确的文化主义立场而遭受无休止的批判；然而，今天一些批评者兜兜转转走了一圈，从我们所说的真正的马克思主义立场出发，指责我们犯有文化主义的罪——'文化的时刻'，那正是他们自己的立场。"② 应该说，汤普森的《理论的贫困》抓住了阿尔都塞理论最致命的地方，但是他并没有成功地维护历史学知识的客观性，更没有将结构主义定性为政治上保守的，而只是将阿尔都塞主义视为斯大林主义意识形态的复杂形势。

正是汤普森自身的局限性使他在忽略 20 世纪 60 年代初国际共产主义的特殊历史背景下对阿尔都塞进行批判，这更多地表现出讽刺，而非深刻。安德森这一次对汤普森的批评，可以称得上是英国新左派历史上最为著名的辩论。安德森反对汤普森等学者把历史唯物主义引入英国政治领域，由此大力倡导道德主义和平民主义，削弱理论研究，而强化未经批判分析的工人阶级文化。更不用说，汤普森对"经验"的使用与研究本来就不甚明确。安德森认为，复杂多样的社会现实本身就决定了，条理清晰的人道主义价值观根本不可能来源于经验。他认为，社会经验、常识以及人性等表面看来非常纯粹的概念完全可以被看作意识形态斗争的场域。与此相比，安德森更倾向于把

① E. P. Thompson, *The poverty of theory*, Merlin Press, 1978, p. 94.
② E. P. Thompson, *The poverty of theory*, Merlin Press, 1978, p. 288.

马克思主义理解为一门科学，历史唯物主义应该进行结构性改造，更符合当时理论研究的需要。然而，对阿尔都塞的包容却并没有使安德森解决自己在欧洲共产主义与经典马克思主义之间的矛盾和困境。

综上所述，英国马克思主义的内部争论不仅是历史与结构、主体与客体的争论，更是英国文化马克思主义走向的争论。正如索珀指出的，汤普森最终还是顺利化解了自由主义者以及当代马克思主义理论家对他提出的各种质疑，并且对社会主义人道主义"精神"与当代社会主义政治之间的相关性作出了恰当的理解，强调伦理主义对于目前社会主义运动的重要性。而安德森则在《西方马克思主义探讨》中通过概述西方马克思主义产生的历史条件及其特征，基于历史唯物主义的经典时期——马克思、恩格斯、列宁和卢森堡的著作来定义西方马克思主义。安德森认为，经典马克思主义的特征在于保持理论与实践之间的关系。

然而，由于西方马克思主义是在学术内部发展起来的，不是作为工人运动的一部分发展起来的，所以西方马克思主义注定难以保持这种理论与实践之间的关系。安德森从这一对比中得出三个结论：第一，西方马克思主义是失败、孤立和绝望的产物；第二，西方马克思主义的主要成就是在反对斯大林时代共产主义意识形态僵化这一背景下发生的，也是在"二战"后资本主义稳定和随之而来的空前发展这一背景下发生的；第三，西方马克思主义取代了经典马克思主义的理论主题。经典思想家们主要关注社会的历史、政治和经济制度，而西方马克思主义后继者们则关注哲学、文化和美学维度——这不仅仅是从基础到上层建筑的转变，也是重新定义了上层建筑本身。正是这一点，致使西方马克思主义者经常沉迷于历史唯物主义的黑格尔主义或唯心主义。用安德森的话说："西方马克思主义传统中的哲学家从来不主张，历史唯物主义的主要或终极目标是知识理论。但几乎所有人的共同假设是，马克思主义之内的理论研究的初步工作是，摆脱由马克思所揭示的社会研究规则的约束，但如果需要完成研究的话，必须专注于马克思著作的特定主题。结果是，可观数量的西方马克思主义作品成为关于方法问题的冗长和复杂论述。"① 对于安德森来说，西方马克思主义既能化解自己在欧洲共产主义与经典马克思主义之间的矛盾和困境，又为英国文化马克思主义的发展打开了一

---

① ［英］安德森：《西方马克思主义探讨》，文贯中等译，人民出版社 1981 年版，第 69 页。

个全新的思想领域，但是却使英国文化马克思主义付出了远离革命政治的巨大代价。

虽然安德森与汤普森之争表面看来是不分胜负的，但是这场争论却深刻地影响着英国文化马克思主义的发展走向。受到结构主义和霸权理论的影响，斯图亚特·霍尔主张将结构主义与文化主义结合起来，并强化文化理论与社会主义的政治缺陷之间的密切联系，进而提出关于无阶级的论断，这致使英国新左派思想史上第一次出现了对马克思主义的质疑。到了 20 世纪 70 年代末，由于英国工党的失败、撒切尔的上台和保守主义的全面复兴，马克思主义遭遇了空前危机。在新社会运动的推动下，英国文化马克思主义者开始转向多元文化研究。"霍尔对新政治学、新的政治主体和新方法的强调，性别和种族研究的兴起，以及 20 世纪 80 年代历史学和文化研究的新关注点，可以说是英国文化马克思主义终结的标志。"[1]

---

① 李丹凤：《英国文化马克思主义的逻辑与意义》，人民出版社 2015 年版，第 163 页。

后 记

伴随着现代化的进程，人们的生活世界发生了前所未有的变化：道德、意识、共同体乃至历史与空间等，都发生了现代性的转型。一方面，现代性塑造出了生活世界的崭新面貌：现代人的道德根基与共同体秩序不再依赖于传统的形而上学理念而是基于人自身，从而彰显了主体性的尊严；现代人的时空观经历了祛魅的进程，催生出了不同以往的历史观；资本逻辑在现代社会中愈发泛滥，甚至超出了经济的范围，影响着精神、文化乃至学术。另一方面，现代性也带来了生活世界的普遍异化：道德变得越来越程序化，主体意识变得越来越原子化，共同体变得越来越疏离化，时空也变得越来越碎片化，资本逻辑与工具理性等不断侵蚀着生活世界。为此，我们必需站在哲学的高度对生活世界进行审思，既能看到现代性所带来的进步，又能看到现代性对生活世界的异化，并在批判西方资本主义的基础上，探索化解异化的可能路径。本书致力于实现对现代生活世界的多方位的哲学审思，并呈现出如下的特色：第一，宏观与微观的双重视角，既有微观层面的道德、意识的审思，也有宏观层面的共同体、历史的审思；第二，跨学科的理论视域，既坚持了马克思主义的理论基础，又吸收现当代西方哲学、西方马克思主义乃至法学、政治学、社会学等学科的理论成果，在开放性的视域中实现对生活世界的理论审思；第三，基础与前沿的结合，既对哲学基础理论进行深入探讨，又将基础理论应用在前沿问题之上，实现对当今社会的实时反思。

本书是广州大学马克思主义学院多位老师的集体成果，全书由陈志伟副教授和冉杰教授组稿，罗明星教授负责统稿。罗明星、冉杰、陈志伟、李丽丽、黎庶乐、刘莉、黄禧祯、高燕、黄罡、李丽红、刘田等学者为本书提供了优秀的原创性成果。特别感谢广州大学马克思主义学院的支持，特别感谢人民日报出版社副社长欧阳辉，责任编辑寇诏为本书的最终出版给予的大力支持。

本书作者
2024 年 6 月 26 日广州